리더십,
사명을 성취하는 힘

하워드 맘스태드 · 데이비드 해밀턴 · 제임스 할콤 공저

Courageous Leaders

Copyright ©2000 YWAM Publishing,
originally published under the title
Courageous Leaders All rights reserved

Korean Translation Copyright © 2003 YWAM Publishing, Korea

리더십,
사명을 성취하는 힘

하나님이 주신 비전으로 시작하여
하나님이 인도하신 계획과
하나님이 동기부여하신 행동으로 옮기기

"너는 마음을 강하게 하고 담대히 하라 그들을 두려워 말라 그들 앞에서 떨지 말라 이는 네 하나님 여호와 그가 너와 함께 행하실 것임이라 반드시 너를 떠나지 아니하시며 버리지 아니하시리라"(신 31 : 6).

"마음을 강하게 하라 담대히 하라 너는 이 백성으로 내가 그 조상에게 맹세하여 주리라 한 땅을 얻게 하리라 오직 너는 마음을 강하게 하고 극히 담대히 하여 나의 종 모세가 네게 명한 율법을 다 지켜 행하고 좌로나 우로나 치우치지 말라"(수 1 :6-7).

감사의 글_7
추천의 글_8
들어가는 글 - 왜 또 하나의 리더십에 관한 책이 필요한가_ 12

Part A
옳은 일을 행하기 - 하나님이 주신 비전

서문 - 리더가 되기 위한 준비_16

>>> 제 1 장 | 옳다는 것은 무엇인가?_19

시선을 높은 곳에 두기-하나님과의 수직적인 관계 | 시야를 넓히기-자신의 세계와의 수평적인 관계 | 리더십의 기반이 되는 하나님의 성품 | 변화를 가져오려면 먼저 변화되라

>>> 제 2 장 | 옳은 일을 행하기_36

하나님을 따르라 | 하나님과 공동 창조하라 | 종합적 세계관을 취하라

>>> 제 3 장 | 강하고 용기 있는 리더들_56

격려하는 리더 | 의사를 전달하는 리더 | 연합을 도모하는 리더 | 보호하는 리더 | 섬기는 리더

>>> 제 4 장 | 자신의 세계를 변화시키기_77

자신의 세계를 제자화하기 위한 열정 | 진리를 향한 열정 | 하나님을 알고 그를 알리려는 열정 | 변화받고 변화시키려는 열정

Part B
일을 올바르게 행하기 - 하나님이 인도하신 계획

서문 - 5단계 지도자 계획_96

>>> 제 5 장 ㅣ 계획 수립 제1단계 - 종합적인 목표 결정하기_106
종합적인 목표란 무엇인가? ㅣ 종합적인 목표를 결정하는 방법 ㅣ 종합적인 목표의 중요성

>>> 제 6 장 ㅣ 계획 수립 제2단계 - 성취필요항목 작성하기_121
성취필요항목이란 무엇인가? ㅣ 브레인 라이팅이란 무엇인가? ㅣ 성취필요항목 작성하기 ㅣ
브레인 라이팅의 중요성

>>> 제 7 장 ㅣ 계획 수립 제3단계 - 이정표 세우기_136
이정표란 무엇인가? ㅣ 이정표를 만들고 확인하기 ㅣ 이정표 차트 제작하기 ㅣ
이정표 연결 차트의 중요성

>>> 제 8 장 ㅣ 계획 수립 제4단계
       - 주요과업들과 하위 프로젝트 파악하기_161
주요과업이란 무엇인가? ㅣ 이정표와 주요과업 결합 차트란 무엇인가? ㅣ 주요과업 규정하기 ㅣ
주요과업 규정의 중요성 ㅣ 복합적인 종합 목표를 위한 하위 프로젝트 만들기 ㅣ 하위 프로젝트의
성취필요항목 목록 ㅣ 주요과업과 하위 프로젝트의 중요성 ㅣ 하위 프로젝트를 계획하는 방법

>>> 제 9 장 ㅣ 계획 수립 제5단계
       - 필요자원 평가 및 크리티컬 패스 확인_183
필요자원과 크리티컬 패스란 무엇인가? ㅣ 필요자원에 대한 성경적인 관점 ㅣ
필요자원 평가의 중요성 ㅣ 크리티컬 패스 분석이란 무엇인가? ㅣ 크리티컬 패스 분석의 중요성 ㅣ
크리티컬 패스와 여유 시간

Part C
옳은 일을 올바르게 행하기 - 하나님이 동기부여하신 행동

서문 - 하나님의 방법으로 이행되는 하나님의 계획 _206

>>> 제 10 장 | 하나님과 함께 행동으로 옮기기_209
가진 것에서 시작하라 | 융통성 있는 고집을 발휘하라 | 창조성을 기르라 | 하나님의 목표, 하나님의 방법으로 행하라

>>> 제 11 장 | 불가능한 것을 받아들이고 가능한 것을 행하기_226
불가능한 것을 받아들이라 | 돈의 함정을 피하라 | 가능한 것을 행하라 | 하나님의 방법에 초점을 맞추라

>>> 제 12 장 | 미래를 예견하고 현재에 충실하기_250
리더들과 관리자들 | 선견지명(통찰력)을 키우라 | 진행 상태를 파악하라 | 보고와 관리

>>> 제 13 장 | 하나님의 방법으로 행하기_269
전신갑주를 취하라 | 장애물을 극복하라 | 종의 신분을 견지하라 | 숲과 나무를 함께 보라

>>> 제 14 장 | 목표 달성 - 사명의 완수_289
변화하며 변화시키라 | 승리를 쟁취하라 | 하나님께 영광을 돌리라

참고도서 및 추천도서_296
부록 | 5단계 지도자 계획 양식_298

감사의 글

주님은 우리가 이 책을 쓸 수 있도록 마음과 생각을 열어 주시며 격려해 주셨고, 그때마다 우리는 감격적인 체험을 통해 무한한 축복을 받았다. 감사하게도, 창조주 하나님은 우리에게 그분과 함께 동역할 수 있는 기회를 허락하셨다. 만일 하나님의 은혜가 없었다면, 우리는 이 글을 쓰지 못했을 것이다. 알파와 오메가이신 하나님은 이 책의 핵심이시다.

우리는 이천 년 전 당신의 아들 예수 그리스도를 통해 사람들의 삶을 바꾸며 세계를 변화시키기 위한 위대한 프로젝트를 시작하신, 인격적이면서도 무한하신 하나님께 찬양과 존귀와 영광을 돌린다. 또한 계속해서 우리의 삶에 영향력을 끼치며 삶을 변화시키는 주님의 역사를 보며 성부와 성자와 성령 하나님께 다시 한번 뜨거운 감사를 드린다.

모쪼록 이 책을 읽는 모든 사람들이 감동을 받아, 자신들의 세계를 변화시키고 하나님께 존귀와 영광을 돌리며 주님과 함께 사역하는 용기 있는 리더들이 되기를 소망한다.

하워드 맘스태드
데이비드 해밀턴
제임스 할콤

추천의 글

목적을 성취하는 리더십은
비전과 실무의 균형에서 흘러나옵니다

얼마 전부터 우리는 리더는 다스리는 자리에 있는 사람이 아니라 영향을 주는 사람이라는 개념의 전환을 갖게 되었습니다. 강연과 캠페인뿐만 아니라 개인적인 관계에서도 리더는 자신의 인품과 가치관으로 사람들의 변화를 도와야 한다는 말입니다. 이 메시지로 우리는 다소 일 중심적인 리더를 부정적으로 보기 시작했으며 마치 관계 중심적인 리더만이 성경적인 리더인 것처럼 생각하게 되었습니다.

하지만 어떤 일을 성취해 나가는 데 있어서 훌륭한 인품과 대인 관계만으로는 부족하다고 봅니다. 일을 원활하게 진행시켜 성과를 거둘 실무 능력이 없는 리더가 '리더로서' 존경받을 수 있을까요? '일'의 성취와 공동체의 성장은 없이 착한 리더와 함께 일한다는 것에 만족하며 지낼 수 있을까요?

참된 리더는 일과 관계의 균형을 잡을 줄 아는 사람입니다. 훌륭한 인품과 대인 관계와 더불어 업무 추진 과정과 공동체의 목적을 성취하는 것을 통해서도 리더는 충분히 영향을 발휘할 수 있어야 합니다. 오직 그러한 리더만이 위기와 변수로 가득한 세상 속에서 가정과 교회와 단체와 기업이 각각의 비전을 성취하도록 이끌 수 있습니다. 그런 의미에서 이 책 『리더십, 사명을 성취하는 힘』은 중요한 의의를 갖습니다.

이 책은 비전을 향하여 흔들리지 않는 견고함으로 세부적인 과정을 이끄는 실무 관리 능력을 겸비한 리더십에 대한 이야기입니다. 일반적으로 나와 있는 다른 리더십 책들과는 달리 제시된 비전을 어떻게 성취하느냐의 문제까지 다루고 있으므로 실무 관리 능력이 약한 리더, 계획과 기획에 어려움이 있는 리더와 공동체의 현실적인 문제에 진지하고도 실제적인 도움을 주고 있습니다. 국내에는 처음 소개되는 저자들이지만, 이들 역시 국제 예수전도단(YWAM)의 훈련 모체인 열방대학(The University Of The Nations)을 설립하고 견고히 세워나가는 과정 속에서 실제적인 리더십 역량과 경험을 쌓았던 이들입니다.

그렇기 때문에 리더십에 대한 경영적인 관점과 '하나님의 음성 듣기, 하나님의 성품과 원칙 알아가기' 같은 예수전도단의 독특한 영적 가르침 및 가치들이 결합되어 있다는 점은 이 책의 또 하나의 장점이라 하겠습니다.

『리더십, 사명을 성취하는 힘』은 기업 경영인들과 예비 CEO, 각 단체의 대표들과 기획자들이 꼭 읽어야 할 책입니다. 또한 비전과 의견 제시는 많지만 정작 실제로 책임을 지고 그 일을 시작하는 이가 드문 우리의 교회 상황 속에서 목회자와 사역자들이 어떤 리더십을 발휘해야 하는가에 대한 실제적인 성찰과 적용 부분에서 큰 도움을 받을 수 있으리라 생각됩니다.

『리더십, 사명을 성취하는 힘』이 부디 이 땅의 리더들과 공동체를 부요케 하는 도구로 사용되기를 바라며, 이 책을 기쁘게 추천합니다.

옥한흠
사랑의교회 담임 목사. 국제제자훈련원 원장

추천의 글

성공하는 리더를 위한 유용한 지침서

조직이나 공동체의 변화에서 가장 중요한 것은 사명(mission)과 비전(vision)입니다. 사명이란 "우리가 왜 존재하느냐?"에 대한 응답이며, 비전은 "우리 회사가 어디로 가고 있느냐?", "성취하고자 하는 바가 무엇이냐?"에 대한 응답입니다.

성공을 이룬 많은 사람들과 조직들은 모두 명확한 사명과 비전을 가지고 있었습니다. 만일 조직의 중간 리더나 회사의 중역들이 언제 어디서나 자기들의 사명과 비전을 명확하게 설명할 수 있다면 그 공동체와 회사는 성공으로 가는 단계의 첫 걸음을 시작한 것입니다.

하지만 훌륭한 사명과 비전이 제시되었는데도 여전히 개인과 공동체 안에 아무 변화도, 아무 성과도 얻어지지 않는다고 불평하는 리더들과 공동체가 있습니다. 목적은 설정했지만, 그것을 성취하는 실제적 과정과 단계에서 기대만큼의 성과가 나타나지 않았다는 말입니다.

여기에는 몇 가지 이유가 있습니다.

첫 번째는, 리더가 나눈 비전을 구성원들과 정확하게 공유하지 않았을 경우입니다. 리더 혼자 조직의 커다란 문화를 바꾼다는 것은 사실상 어렵기 때문입니다. 두 번째는, 조직의 시스템과 제도가 비전을 성취하기 어렵게 되어 있을 경우입니다. 이 때는 밑 빠진 독처럼 모든 노력과 에너지가 집중되지 않고 빠져나가 버립니다. 세 번째는, 제시된 사명과 비전에 조직이나 공동체가 공감하지 않을 때입니다. 이 책은 두 번째의 문제를 안고 있는 리더에게 필요한 내용을 담고 있습니다.

저자들은 리더들을 향한 이 시대의 요청을 정확하게 파악하고 있습니다. 그래서 전문적인 리더십 관련 작가들도 미처 다루지 못한 주제를 참으로 적절하게 풀어냈습니다.

비전과 사명을 구체적으로 성취하는 방법은 무엇인가? 세부 계획은 어떻게 수립할 것인가? 어떤 식으로 실행 단계를 구분하여 분담할 것인가? 중간 체크 수단과 효과적인 평가 방법은 어떤 것인가?

올바른 목적 설정(Do The Right Thing)을 통해 비전의 제시와 공유를 이룬 조직이 다시 한번 도약하기 위해서는 리더가 제대로 일하는 법(Do Things Right)을 배워야 합니다. '일 중심이 되지 않으면서도 단호하게 목적을 성취하는 5단계 프로젝트'라는 부제처럼, 이 책에 담긴 지도자 계획 5단계 플랜은 올바른 일을 올바르게 성취하도록(Do The Right Things Right) 독자들에게 효과적이고 실제적인 도구를 제공할 것입니다.

인생의 성공은 "얼마나 빠르게 달려갔느냐?"가 아니라 "무엇을 향해 어떻게 달려갔느냐?"에 따라 판가름납니다. 부디 이 책이 공동체로 하여금 한 방향을 바라보며 효과적인 방법과 프로세스를 통해 목적을 성취하게 하는 '성공하는 리더'의 좋은 지침서가 되길 바랍니다.

김경섭
한국리더십센터 대표. 「성공하는 사람들의 7가지 습관」 역자

들어가는 글

왜 또 하나의 리더십에 관한 책이 필요한가?

우리는 어디로 가고 있는가? 그리고 무엇을 할 수 있는가? 왜 누군가가 마땅히 해야 할 일을 하지 않는가? 누가 지도할 것인가?

그렇다, 누가 지도할 것인가? 이러한 외침들이 여러 세대에 걸쳐 좌절감으로 때로는 끓어오르는 분노로 메아리쳐 왔다. 사람들은 절박하고 가치 있는 일들을 성취해 달라고, 올바른 방향을 향해 나아가게 해 달라고, 지금 일어나고 있는 일들을 선하게 이끌어 달라고, 공동체를 변화시켜 달라고, 악을 대항하여 승리하게 도와 달라고, 올바른 일을 해 달라고 요구한다.

하나님이 세계를 변화시키도록 당신에게 생각이나 꿈이나 바람이나 비전을 주셨는가? 당신은 두려움을 극복하기 원하는가? 세계를 변화시키기 위해 용기 있게 앞으로 걸어나가기 원하는가?

여러 해 동안 우리는 그리스도 안에 있는 형제자매들이 놀라운 비전들을 말하는 것을 들어 왔다. 하지만 이러한 비전들의 대부분이 희망이나 꿈으로만 남아있다가 차츰 시들해져 버린다. 왜 그럴까?

경영관리 분야의 권위자 피터 드러커(Peter Drucker)는 그의 책 「미래의 리더」(The Leader of the Future)에서 "리더십은 배워야 하고 배울 수 있는 것이다"라고 말한다. 우리는 이 말에 동의하며 실제로 그렇게 되는 것을 목격했다. 이 책은 많은 사람이 훌륭한 리더, 용기 있는 리더가 되도록 격려하며 준비시키는 데 그 목적이 있다. 그러한 리더들은 하나님께로부터 받은 비전을 하나님이 인도하신 계획 속에 옮기고 그 계획을 다시 하나님이 동기부여하신 행동으로 옮길 것이다.

우리는 젊고 잠재력 있는 리더들이 이 책에서 제시한 리더십 원리들과 방법들을 배우기 위해 전심으로 노력하는 것을 지켜보면서 깊은 감동을 받았다.

이 책의 제1부는 비전, 당신의 희망과 꿈, 그리고 하나님의 뜻을 아는 것의 중요성, 옳은 일을 하기 위해 하나님의 인도를 구하는 것을 강조한다.

제2부는 복잡한 계획이나 프로그램 등의 올바른 진행을 위해 '하나님의 인도함 받은 계획'을 효과적으로 수립하는 5단계 과정을 소개한다. 계획이란 한 나라의 제자화와 같은 대규모 프로그램이나 또는 교회나 가정, 사무실의 제자화와 같은 소규모의 프로젝트를 위해서도 개발될 수 있다.

제3부는 당신이 하나님이 동기부여하신 사역을 하도록 계획을 수행하고 성취 목표에 도달하도록 인도해 준다.

이 책은 도로 안내 지도나 비행 계획표처럼 올바른 과정을 거쳐 목표지점에 도착할 수 있게 도와줄 것이다. 아울러 잘못된 출발이나 잘못된 방향 설정, 중도 하차나 낙오를 예방하도록 도와줄 것이다. 하나님이 주신 비전으로 출발하여, 하나님의 인도를 따라 계획을 수립하고, 하나님이 이끄시는 행동으로 옮김으로써 마침내 하나님께 존귀와 영광을 돌린다면 그 얼마나 흥분된 일인가!

이 책에 소개된 방법들은 지역 공동체의 제자화, 교육연합체의 구상 및 개발, 구제와 개발 프로그램, 사업체 설립, 주택 건축 등 크고 작은 사역을 포함한 계획이나 프로그램에 무난하게 적용할 수 있을 것이다.

3부로 된 이 책은 비전 단계에서 계획 수립 단계로, 계획 수립 단계에서 계획 실천 단계로 각 단계를 순조롭게 이어가며 계획이나 프로그램의 성취목표가 효율적으로 성취되도록 안내한다. 또한 지도력의 원리 부분에서도 흔히 존재하는 이원론적 사고방식들, 예를 들면 '원리와 실천(이론과 실제), 물질 세계와 영적인 세계, 마음(정서)과 생각(사고), 이유와 방법, 목표 중심과 과정 중심' 사이의 분열된 틈들을 메우고 종합적인 세계관을 제시한다. 이 책에 있는 원리와 방법들을 적용하면 하나님의 음성을 들으며 신령과 진리 안에서 하나님의 뜻을 행하는 데에 헌신된 삶을 살게 되며 하나님과 협력하여 일하는 법을 배우게 된다. 많은 사람들이 용기를 얻고 비전을 받아들이고, 그것을 하나님이 인도하신 계획으로 옮기고, 하나님이 동기부여하신 대로 과감히 옮김으로써 목표를 성취하고 과업을 완수하게 되리라 믿는다.

Courageous Leaders

Part A

옳은 일을 행하기
하나님이 주신 비전

서문_리더가 되기 위한 준비

제1장_옳다는 것은 무엇인가?

제2장_옳은 일을 행하기

제3장_강하고 용기 있는 리더들

제4장_자신의 세계를 변화시키기

서 문

리더가 되기 위한 준비

"너희는 이 세대를 본받지 말고 오직 마음을 새롭게 함으로 변화를 받아 하나님의 선하시고 기뻐하시고 온전하신 뜻이 무엇인지 분별하도록 하라" (롬 12:2).

창조주 하나님은 세상을 변화시키고 하나님의 뜻에 따라 올바른 일을 행하도록 믿는 사람들에게 비전을 주신다. 그리고 그 일을 올바로 할 수 있도록 계획하게 하신다. 올바른 계획이 있어야 옳은 일을 바르게 수행할 수 있다. 하나님의 방법대로 세워진 계획들은 하나님과 동역할 수 있는 놀라운 기회를 제공한다.

이 모든 말은 아주 분명하고도 당연하게 들린다. 그러나 이 세상에는 하나님의 뜻이 아닌 일을 하도록 교묘하게 유혹하는 것들이 많다. 하나님은 그의 뜻에 반대되는 일을 할 수 있는 자유를 허락하신다. 하나님이 주신 비전과 목적을 가지고도 인간은 자신의 생각대로 계획을 세우려 할 수 있다. 그러나 그것들은 하나님의 계획이 아니기 때문에 실패하거나 우회하여 많이 돌아가거나 지연되는 결과를 초래한다. 또 하나님의 뜻대로 계획을 세웠다 해도 자신의 방법대로 이루려는 경향이 있는데 이것은 주님의 방법을 따르지 않고 세상 방법을 따르는 것이다.

제1부에서는 옳은 일을 올바른 방법으로 성취하기 위해 리더들이 반드시 갖추어야 할 기본적인 리더십의 자질에 대해 초점을 맞추고 있다. 먼저

제1장에서는 모든 리더들이 변화를 일으키지만 참다운 변화는 오직 경건한 리더들만이 일으킬 수 있다는 점을 강조한다. 하나님의 목적이 성취되기 위해서는 먼저 정결케 되고 변화되어 점점 더 하나님을 닮아가며 하나님을 친밀히 알고 구해야 한다. 창조주 하나님과의 친밀함이 계속 자라가야 한다. 리더가 옳은 일을 행하기 위해서는 하나님이 변함 없는 표준이 되시도록 해야 한다. 제2장에서 소개하고 있듯이 하나님은 올바름(정당함)의 표준이시다. 창조주 하나님과 친밀하게 되고 옳은 일 행하기를 추구하는 삶이야말로 하나님과 함께 역사를 만들고 새로운 현실을 개발하기 위한 무수한 가능성과 기회의 문을 여는 삶인 것이다. 하나님의 인도함을 받는 리더들로서 세계를 유익하게 축복할 새로운 일들을 개척할 수 있다.

제3장에서는 진정한 리더십의 몇 가지 핵심적인 요소들을 탐구한다. 먼저 자신들 앞에 놓여 있는 목표를 달성하기 위해 헌신한 사람들의 예를 소개하고 그들이 하나님께 받은 리더십의 특성들을 보여준다.

마지막 4장에서는 구체적인 목표를 성취하려는 열정적인 리더들에게 초점을 맞추고 있다. 여기에서는 소명과 목표, 또는 사역 계획들이 주님의 인도하심을 따라 다양한 형태를 취할 수 있음을 강조한다. 어떤 리더는 특정 집단의 활동을 직접 지도하는 위치에 있지 않으면서도 저작활동이나 예술활동 또는 리더십과 관계없는 지식이나 기술 등을 통하여 수많은 사람들에게 나아갈 길을 제시해 주는 리더 역할을 하기도 한다. 제4장에서는 새로운 계획이나 프로그램을 수립하기 전에 당신의 생각을 '사전계획서'라는 양식 안에 기록하는 방법을 제안함으로 끝을 맺는다. 특히 하나님이 주신 비전을 계획과 행동으로 옮기기 전에 먼저 하나님의 길과 성품에 대해 묵상하고 기도하도록 권면한다.

제1부에서는 비전에서 계획으로, 계획에서 행동으로 매끄럽게 전환할 수 있는 기초를 제공할 것이다. 제1부에서 소개한 원리들과 예들은 리더가 되기 위한 새로운 통찰력과 용기를 제공해 줄 것이다. 그 원리들과 진리들을 깊이 숙고하면 하나님의 온전하신 뜻을 행하며 하나님과 함께 역사를 창조해 나가는 데에 큰 도움이 되리라 믿는다.

1

옳다는 것은 무엇인가

"유다 왕 웃시야와 요담과 아하스와 히스기야 시대에 아모스의 아들 이사야가 유다와 예루살렘에 대하여 본 이상이라" (사 1:1).

이사야는 네 명의 유다 왕들을 두루 거치며 약 60여 년 동안 리더 역할을 훌륭히 감당했다. 그 혼란한 시기 동안 리더들은 몇 세대에 걸쳐서 나라의 운명에 중대한 영향을 미치는 결정들을 내렸다. 정치적인 혼란, 전쟁, 군사력의 변화, 경제적인 발전과 침체, 사회와 가정의 윤리적 타락, 문화적인 정체성과 지속성에 대한 문제들이 해묵은 위험과 새로운 위협으로 고개를 쳐들고 있었다. 이러한 상황 속에서 어떤 군주들은 역사의 시험에 실패했고, 또 어떤 군주들은 최악의 상황에서도 오히려 탁월한 리더십을 나타냈다. 웃시야 왕(B.C 792-740)은 나라를 잘 통치하여 백성들에게 소망과 확신을 불어넣어 주었다. 웃시야의 통치 덕분에 온 나라가 정치적, 군사적, 경제적으로 번영을 누릴 수 있었다. 그러나 웃시야가 원칙에서 벗어났을 때 그 동안의 업적이 치명타를 입었다. 웃시야의 불성실한 태도로 소망이 무너지고 확신이 깨지면서 통치 초기의 승리는 그늘에 가리워졌다.

웃시야의 아들 요담(B.C 750-732)은 옳은 일을 하기는 했지만 평범한 왕에 지나지 않았다. 그는 현재의 상황에 도전하려는 비전과 용기가 없었다. 그의 치세 하에서 사회는 계속 악화되고 황폐해졌다. 요담의 아들 아하스(B.C 735-715)는 철저한 실패자였다. 그는 옳은 일을 하지도 않았고 일을 올바르게 행하지도 않았다. 리더의 타락은 나라의 권력을 훼손시킨다. 그러나 그의 아들 히스기야(B.C 715-686)는 유다 왕국의 군주들 중에서 의로운 리더들 중 하나였다. 유다 왕국은 군사적인 패배를 모면함과 동시에 문화적, 영적 부흥을 경험하게 되었다. 이들 네 왕의 통치기를 두루 거치면서 이사야는 왕들에게 그때마다 당면한 문제점들을 지적했다. 모든 왕들이 용기 있는 리더가 될 수 있는 잠재력을 가지고 있었다. 이사야는 서신의 앞부분에서부터 통치자들에게 타락과 이기적인 리더십에서 돌이키라고 촉구하며 그들의 죄악상을 낱낱이 폭로했다.

> "네 방백들은 패역하여 도적과 짝하며 다 뇌물을 사랑하며 사례물을 구하며 고아를 위하여 신원치 아니하며 과부의 송사를 수리치 아니하는도다" (사 1:23).

이런 슬픈 현실 앞에서도 이사야는 이상적인 리더십에 대해 묘사하고 앞으로 나아갈 길을 제시하였다. "보라 장차 한 왕이 의로 통치할 것이요 방백들이 공평으로 정사할 것이며"(사 32:1). 이것은 이사야의 갈망이었고 오늘날의 신문에서도 읽을 수 있는 동일한 갈망이다. 내면적인 성실과 용기를 가진 사람들을 찾는 외침이며, 당면한 시대의 어려움과 상처 받은 세상을 변화시켜 선하시고 공의로우신 하나님의 성품이 반영되는 세계로 만들어 갈 자들을 찾는 부르짖음인 것이다.

>>> 시선을 높은 곳에 두기 - 하나님과의 수직적인 관계

리더들은 어떻게 만들어지는가? 이사야의 경우에는 한 가지 환상을 보는 것에서 시작되었다. 그 환상의 경험은 일상의 사건들로부터 그를 이끌어 내었고, 눈을 들어 하늘의 가장 높으신 하나님을 깊이 생각하도록 했다. 이러한 초점의 변화가 그의 삶과 리더십의 특징이었다. 당신의 초점은 무엇에 집중되어 있는가? 당신의 눈은 어디에 고정되어 있는가? 리더는 이사야처럼 먼저 진정한 리더이신 하나님을 만나는 진정한 체험을 가져야 한다. 그럴 때에 그(녀)가 속한 세계에 긍정적인 영향을 끼칠 수 있는 올바른 관점을 갖게 된다. 이 세상에서 옳은 일을 올바르게 하기 위해 리더는 이사야와 같이 먼저 하늘을 향해 시선을 집중해야 한다. 올바른 최고 리더 되신 분과 관계를 가지고 시작해야 한다는 뜻이다.

> "웃시야 왕의 죽던 해에 내가 본즉 주께서 높이 들린 보좌에 앉으셨는데 그 옷자락은 성전에 가득하였고 스랍들은 모셔 섰는데 각기 여섯 날개가 있어 그 둘로는 그 얼굴을 가리었고 그 둘로는 그 발을 가리었고 그 둘로는 날며 서로 창화하여 가로되 거룩하다 거룩하다 거룩하다 만군의 여호와여 그 영광이 온 땅에 충만하도다 이같이 창화하는 자의 소리로 인하여 문지방의 터가 요동하며 집에 연기가 충만한지라 그때

에 내가 말하되 화로다 나여 망하게 되었도다 나는 입술이 부정한 사람이요 입술이 부정한 백성 중에 거하면서 만군의 여호와이신 왕을 뵈었음이로다 때에 그 스랍의 하나가 화저로 단에서 취한 바 핀 숯을 손에 가지고 내게로 날아와서 그것을 내 입에 대며 가로되 보라 이것이 네 입에 닿았으니 네 악이 제하여졌고 네 죄가 사하여졌느니라 하더라 내가 또 주의 목소리를 들은즉 이르시되 내가 누구를 보내며 누가 우리를 위하여 갈꼬 그때에 내가 가로되 내가 여기 있나이다 나를 보내소서"(사 6:1-8).

이사야의 리더십은 그의 환상, 즉 하나님을 직접 보았던 체험에 그 뿌리를 두고 있었다. 리더들이 어려움을 통과할 때 이것 외에는 어떤 것도 그들을 지탱시켜 줄 충분한 기반이 되지 못한다. 하나님과의 직접적인 만남에서 시작하고, 영감을 얻고, 움직여야 끝까지 지탱할 수 있다. 오스왈드 챔버스(Oswald Chambers)의 말과 같이 "하나님의 비전을 가진 사람은 단순히 대의명분이나 특별한 문제에 헌신하지 않고 하나님께 헌신한다."

종종 위에 인용한 성경 말씀을 '이사야의 부르심'이라고 말한다. 그러나 아무리 주의 깊게 살펴보아도 하나님이 이사야를 직접적으로 부르시는 장면은 없다. 하나님은 "이사야, 가라!", "내가 너를 보내노라!" 하고 명령조로 말씀하지 않으신다. 이사야는 어떤 의무를 수행하도록 일방적으로 징집된 것이 아니다. 삼위의 하나님이, 마치 혼잣말처럼 "내가 누구를 보낼까?", "누가 우리를 위해 갈까?" 하고 질문하실 때 이사야는 하나님이 어떤 분이신지를 보았기 때문에 스스로 기꺼이 자원했다. 하나님의 질문을 듣는 순간 이사야는 하나님의 마음속에 있는 열망과 소원을 간파했다. 하나님의 열정을 느꼈고 하나님의 소원을 감지했던 것이다. 그렇기에 하나님의 뜻을 행하는 데에 기꺼이 자신을 헌신할 수 있었다.

하나님의 뜻이란 단순히 철학적인 개념이나 신학적인 교리를 말하는 것이 아님을 깨달아야 한다. 온 우주에서 가장 놀라우신 분의 간절한 열망을 말하는 것이다. 이 세상에는 소위 하나님이라 지칭되는 많은 신들이 있다. 그러나 오직 성경의 하나님만이 무한하신 동시에 인격적인 존재이시다. 그 하나님은 "하늘과 하늘들의 하늘이라도 주를 용납지 못하겠거든"(왕상 8:27, 대하 2:6)이라는 말씀처럼 무한히 광대하신 분이시다. 한편, 인격적이어서 "통회하고 마음이 겸손한 자와 함께하시는" 분이다(참고, 사 57:15).

'하나님은 인격적인 존재'라는 말이 주관적인 인간의 상상으로 하나님의 형체를 빚을 수 있음을 의미하지는 않는다. 하나님께서는 비인격적인 생명체들로부터 구별되는 속성이 있음을 뜻하며, 인간들도 어느 정도까지는 그러한 속성들을 갖고 있음을 의미한다. 이는 사랑의 창조주 되신 하나님이 인간을 자기 형상을 따라 빚으시기로 작정하셨기 때문이다. 인격적 속성에는 지성, 의지, 감정이 있는데 하나님은 마치 사람이 마음의 깊은 소원을 친한 친구와 나누는 것처럼, 그분의 뜻을 우리와 나누신다. 이러한 나눔은 친밀한 우정을 나타내는 한 표현이다. 하나님은 나눔과 이해와 협력을 인간과 주고받기를 원하신다. 하나님은 우리를 친구와 같이 대하시며, 협력자로서 이 세상을 좋게 변화시키려는 그분의 뜻을 우리에게 보여주신다.

>>> 시야를 넓히기 - 자신의 세계와의 수평적인 관계

리더십은 암자에 은둔하는 신비한 고립주의자를 위한 것이 아니다. 하나님을 친밀하게 알기 원할 때 하나님은 우리의 시야를 열어 상처받고 곤궁

한 세상의 현실을 보게 하신다. 하나님을 바라보면 마침내 세상이 보인다. "여호와의 눈은 온 땅을 두루" 감찰하신다(대하 16:9). 하나님과 친밀하게 될 때 우리의 시선은 그분의 시선을 따르게 되고 그분의 관심사를 자신의 것으로 받아들이게 된다. 하나님이 이 세상 모든 일과 상황에 관심을 가지시기 때문에 우리도 마찬가지로 관심을 기울이게 된다. 하나님의 임재 가운데 보내는 시간은 하나님의 사고대로 생각하고, 그분의 감정대로 느끼고, 그분의 뜻을 선택하고, 그분의 말씀대로 말하고, 그분의 행동으로 행동하도록 가르침 받는 시간이다.

만약 하나님을 진실로 사랑한다면 하나님이 창조해 놓으신 것들의 상태에 대해 결코 무관심할 수 없다. 리더십은 섬김을 뜻한다. 만약 참으로 섬기는 종이 되려면 시선을 밖으로 돌려 섬김이 필요한 사람들을 바라보아야 한다. 상처받은 세상의 문제들에 초점을 맞추고 불쌍히 여기는 마음을 가져야 한다. 바로 예수님이 사람들에 대해 가지셨던 태도다. "무리를 보시고 민망히 여기시니 이는 저희가 목자 없는 양과 같이 고생하며 유리함이라"(마 9:36). 리더는 예수님처럼, 하나님의 마음을 아프게 하는 것들을 안타까워하고 빈곤한 세상에 손을 뻗쳐야 한다.

>>> 리더십의 기반이 되는 하나님의 성품

왕 중의 왕이시며 최고의 리더이신 하나님의 거룩한 성품에 대한 계시는 이사야의 평생의 사명을 확고하게 했고, 리더십의 기반이 되었다. 하나님의 성품과 본성에 대한 계시야말로 리더십을 견고하게 하는 유일한 기반이다. 그것은 참된 리더십에 대해 올바로 가르쳐 주며 힘을 고취시켜 준다. 하나님은 리더십의 궁극적 본보기시며 다른 모든 리더십을 평가하는 표준이시다. 하나님의 리더적 특성들을 이해하면 할수록, 리더는 이 세상에 꼭 필요한 참된 변화를 일으키게 된다.

　리더들이 핵심적인 원리들과 유익한 교훈들을 얻을 수 있도록 하나님의 성품과 본성에 관해 많은 책들을 쓸 수도 있겠지만 여기에서는 하나님의 성품 중 몇 가지만 언급할 것이다. 우리는 당신에게 하나님의 풍성한 성품들을 발견하기 위해 일생 동안 노력하라고 권하고 싶다. 먼저 창세기의 처음 몇 구절에서 하나님이 자신에 대해 계시하신 성품들을 집중적으로 살펴보자. 하나님과 연관된 세 개의 동사들이 함축하고 있는 리더십에 관한 의미들을 숙고해 보자.

1) 창조의 하나님

창세기에 나타난 하나님에 관한 첫 번째 진술은 "태초에 하나님이 천지를 창조하시니라"이다(창 1:1). 하나님은 새로운 일을 행하시며 유익한 변화를 일으키시며 새로운 분야를 개척하시는 창조자요, 혁신가요, 전문경영자시다. 하나님은 태초 이전의 머나먼 과거에 혁신 능력을 마감하신, 옛날 옛적의 창조자가 아니다. 성경은 '현재진행중'인 하나님의 창조적인 성품에 대해 여러 번 언급하고 있다. 하나님은 과거와 마찬가지로 오늘날도 개혁하시며 최첨단에 계시는 동시대적인 창조자다. 창조의 영역에서 물러나 버린 분이 아니다. 오히려 그분의 창조 능력은 누구와도 비교될 수 없고 쫓아올 수 없는 경지다. 이사야는 이 점을 분명하게 깨달았다. 하나님이 그에게 다음과 같이 말씀하신 것을 보면 알 수 있다.

　"네가 이미 들었으니 이것을 다 보라 너희가 선전치 아니하겠느뇨 이제부터 내가 새일 곧 네가 알지 못하던 은비한 일을 네게 보이노니 이 일들은 이제 창조된 것이요 옛적 것이 아니라 오늘 이전에는 네가 듣지 못하였느니라 그렇지 않았더면 네가 말하기를 내가 이미 알았노라 하였으리라"(사 48:6-7).

이사야는 왕이요 창조자 되신 하나님의 말씀과 창조적 속성이 거룩한 리더십의 주요 본질임을 깨달았다(사 43:15). 하나님이 지시하시는 새로운 일들은 언제나 그의 변함 없고 신실하신 성품을 따라 행해졌기 때문에 결코 목적이 갈팡질팡 엇갈리거나 바뀌지 않는다. 언제나 삶을 향상시키는 변화가 지속된다.

창조주라는 말은 하나님이 현상유지나 하는 신이 아니라는 뜻이다. 하나님은 변화를 만드시는 분이다. 이 세상 일들이 그냥 흘러가도록 방관하거나 묵인하고 넘어가지 않으신다. 반대로 이 세상의 상태와 악함을 바라보시며 가슴 아파하신다. 이 세상이 그의 피조물들을 위해 더 좋은 곳이 되기를 원하신다. 하나님은 결코 나약하게 앉아 있거나 상처받은 인간들의 슬픔에 무관심하지 않으신다. 하나님은 절망적인 표정으로 "될 대로 되라", "모르겠다" 하면서 숙명론을 내세워 손을 놓는 분이 아니다. 오히려 이 세상을 변화시키기 위해 적극적으로 일하고 계신다. 그리고 우리를 부르신다.

만약 우리가 진실로 하나님의 백성이 되려 한다면, 일반적인 사회 규범들을 맹목적으로 따르지 않으시는 하나님의 태도를 배워야 한다. 어떤 어려움을 만나든지 간에 깊이 고려해 보지도 않은 채 "그래! 그럴 줄 알았어!"라고 쉽게 포기하거나 수동적으로 받아들여서는 안 된다. 하나님의 선함과 사랑의 성품이 반영되지 않은 상황에 대해 들었을 때도 그러한 상황들을 완전히 변화시키는 하나님의 능력이 나타날 수 있도록 여러 방법들을 찾아내야 한다. 또한 매스컴에서 전하고 있는 이 세상의 비극들에 대해 둔감해져서는 안 된다. 오히려 이 세계가 하나님의 뜻에서 그토록 멀리 떨어져 있다는 사실을 통감하고 상처 많은 현실 세계에 경건한 변화를 가져오기 위해 섬기는 삶을 살아야 한다.

하나님의 창조적인 능력에 대해 숙고하면서 '하나님은 꿈을 꾸는 분(visionary)'이라는 사실을 기억해야 한다. 하나님은 다음과 같이 말씀하신다. "내가 종말을 처음부터 고하며 아직 이루지 아니한 일을 옛적부터 보이고 이르기를 나의 모략이 설 것이니 내가 나의 모든 기뻐하는 것을 이루리라"(사 46:10). 하나님은 앞을 바라보시는 진취적인 분이다. 그렇기 때문에 장래를 예견하고 현재보다 더 나은 미래를 만들기 위해 일하신다. 당면한 현실만을 생각하지 않고 내일의 가능성을 꿈꾸신다. 성경 전체를 통해서 하나님의 이러한 꿈을 엿볼 수가 있다. "하나님은 모든 사람이 구원을 받으며 진리를 아는 데 이르기를 원하시느니라"(딤전 2:4). 주께서는 "아무도 멸망치 않고 다 회개하기에 이르기를 원하시느니라"(벧후 3:9).

이러한 선포는 하나님의 마음속의 열망, 곧 그분의 비전을 나타내는 것이다. 하나님은 문제투성이 현실에 막혀 아무런 비전 없이 계시는 분이 아니다. 오늘의 비전을 내일의 현실로 바꾸기 위해 적극적이고 창조적으로 일하신다. 훌륭한 리더가 되기 위해서 우리는 하나님을 친밀하게 알아야 한다. 그리하여 하나님의 꿈이 우리의 꿈이 되고, 그분의 비전이 우리의 비전이 되며, 그분의 뜻이 우리의 뜻이 되어야 한다. 그렇게 될 때 우리는 하나님의 목적에서 빗나가지 않고 하나님의 공동 사역자로서 일하게 된다. 그분의 계획이 우리의 계획이 되고 그분의 우선순위가 우리의 우선순위가 되어야 한다. 비전을 정할 때에도 우리의 절실한 필요들보다 하나님의 꿈들이 더 큰 영향을 미쳐야 한다. 당신이 창조적인 하나님을 따라 리더십을 길러 나간다면 오늘의 창조적인 혁신이 더 나은 내일을 만들 수 있을 것이다. 현재에 갇혀서는 안 된다. 창조자 하나님을 본받아 변화를 일으킬 수 있어야 한다. 진정한 리더는 하나님처럼 미래의 비전 성취를 위해 모든 힘을 활용하여 현실을 재창조하는 사람이다.

2) 함께 계시는 하나님

"땅이 혼돈하고 공허하며 흑암이 깊음 위에 있고 하나님의 신은 수면에 운행하시니라(감싸고 계시니라)"(창 1:2). 창세기에서 우리가 두 번째로 볼 수 있는 하나님에 대한 진술이다.

"운행하시다"라는 말은 무슨 뜻인가? 이 히브리어 동사는 성경에서 하나님과 관련하여 한 번만 사용되었다. 이 단어는 보통 알을 품고 있는 어미 새의 행동을 묘사할 때 사용된다. 어미 새의 품속은 생명이 생기는 곳이며, 새끼에게는 가장 편안하고 따뜻하며 친밀한 장소다. 마찬가지로 어미 품속 같은 하나님의 임재, 즉 하나님이 함께 계시는 곳은 생명 없는 것을 생명체로, 잠재된 것을 현실로, 혼돈을 질서로, 어두움을 빛으로, 절망을 소망으로 변화시키는 곳이다.

'창조자 하나님'(God the Creator)이 하나님의 행위에 대해 설명하는 말이라면, '운행하시는(감싸고 계시는) 하나님'(God the Overer)은 하나님의 함께하심을 의미하는 말이다. 리더는 행동하고(does) 또한 존재한다(is). 하나님의 창조 행위와 함께 그분의 임재(임마누엘)는 중대한 의미가 있다. 하나님은 리더시다. 멀리 떨어져 있거나 다른 곳으로 가버린 분이 아니라 항상 인간과 함께하는 분이다. 그분의 임재로 인해 주변의 모든 삶이 부요해진다. 이것이 바로 리더가 따라야 할 목표가 되어야 한다.

이사야는 리더가 백성들과 함께 있어야 하는 것의 중요성을 깨달았다. 그리고 장차 오실 리더에 대해 예언하였다. "그 이름을 임마누엘이라 하리니 이를 번역한즉 하나님이 우리와 함께 계시다 함이라"(참고, 마 1:23, 사 7:14, 8:8-10). 이 예언은 예수님에 의해 성취되었다. 요한도 "말씀이 육신이 되어 우리 가운데" 거하셨다고 설명하고 있다(요 1:14). 이사야는 오실 "임마누엘"이 지닌 최고 리더의 자질을 이렇게 묘사하였다.

"이는 한 아기가 우리에게 났고 한 아들을 우리에게 주신 바 되었는데 그 어깨에는 정사를 메었고 그 이름은 기묘자라, 모사라, 전능하신 하나님이라, 영존하시는 아버지라, 평강의 왕이라 할 것임이라 그 정사와 평강의 더함이 무궁하며 또 다윗의 위에 앉아서 그 나라를 굳게 세우고 지금 이후 영원토록 공평과 정의로 그것을 보존하실 것이라"(사 9:6-7).

하나님이 이 세계를 창조하신 다음 손을 털고 멀리 안락한 의자에 앉아 인간의 역사를 관망하며 홀로 굴러가도록 내버려 두지 않으셨다는 것은 얼마나 다행인가! 하나님은 혼란한 상황에도 관여하시며 당신이 창조한 세계에 헌신하는 분이다. 우리와 동일한 인간이 되어 함께 있기 위해 큰 희생을 치르고 기꺼이 대가를 지불하셨다. 십자가에서 최고의 대가를 지불하신 것이다. 모든 리더들 중 가장 위대한 리더가 우리의 변화를 위해 자신의 생명을 내어 주셨다.

마찬가지로 진정한 리더는 팀원들과 인격적으로 연결됨으로써 그들에게 희망과 확신과 용기와 생명력을 불어넣어야 한다. 안락의자에 앉아 있는 탁상 이론가로서 존재해서는 안 된다. 혼란스러운 상황들 안으로 걸어 들어가 팀과 함께 변화의 과정을 겪어야 한다. 이러한 정신은 리더에게 날마다 종의 마음을 가지고 생명을 내려놓을 것을 요구한다.

만약 인도하고 있는 사람들과 자신과의 관계가 소원하다면 그들을 올바로 지도하지 못한다는 것을 위대한 리더는 잘 알고 있다. 그렇기 때문에 조지 워싱턴은 포지 계곡 전투에서 겨울 내내 춥고 배고픈 혁명군 병사들과 함께 지냈다. 결국 오합지졸이었던 시민군들을 단련시켜서 승리의 군대로 만들었다. 엘리트주의로 지도했다면 실망과 낙담만을 초래했겠지만 부대원들을 향한 헌신과 실질적인 동참이 있었기에 병사들의 마음에 충성심을 자아낼 수 있었다.

다윗 역시 자신이 인도하는 사람들과 함께 있는 것이 리더십에 있어 중요함을 깨닫고 있었다. 성경에 보면 "그가 백성 앞에서 출입하였다"고 기록하고 있다(참고, 삼상 18:13). 그런 그가 리더로서 크게 실패했던 때는 "예루살렘에 남아", 곧 부대에서 멀리 떨어져서 부대를 지휘하려고 시도했을 때였다(참고, 삼하 11:1).

리더로서 최고 모델인 예수님은 '함께 있는 원칙'을 실천하셨다. 열두 명의 사도들을 불러 모으신 주된 목적은 "자기와 함께 있게" 하시려는 것이었다(막 3:14). 이렇게 함께 있는 관계가 형성되고 난 후에야 다음의 과업을 주실 수 있었다. "또 보내사 전도도 하며 귀신을 내어쫓는 권세도 있게 하려 하심이러라"(마 3:14-15). 관계는 과업을 위한 필수 요소다. 사역은 관계에서 싹이 트인다. 용기 있는 리더들은 '관계와 일' 모두에 자신을 내어주어야 한다. 함께 있는 것과 사역하는 것, 이 두 가지는 분리될 수 없다. 왜냐하면 하나님 안에서 이것은 둘로 나뉘어 있지 않기 때문이다.

하나님은 우리 가운데 계시면서 역사하시기 때문에 실제적으로 관여하신다. 모든 일의 진행 상태를 세밀히 알고 계시며 그럴 듯한 상황보고에 속지 않으신다. 하나님은 변하지 않는 목표를 갖고 계시지만 우리 상황을 잘 아시기 때문에 그 목표를 성취하는 방법에 있어서 놀라울 만큼 융통성을 발휘하시고 인내하신다. 과거의 공헌과 기여도에 대한 고려와 평가 없이 일방적으로 해결책을 떠맡기지 않으신다. 언제나 우리 모두의 결정들을 참작하시고 몇 가지 긴급대책을 준비하시는, 더할 나위 없이 훌륭한 팀 운영자시다. 성경의 예언자들은 이러한 원리를 깨달았으며 그러한 기반 위에서 사역했다. 하나님은 예레미야에게 이 원리에 대해 말씀하셨다.

> "내가 언제든지 어느 민족이나 국가를 뽑거나 파하거나 멸하리라 한다고 하자 만일 나의 말한 그 민족이 그 악에서 돌이키면 내가 그에게 내리기로 생각하였던 재앙에 대하여 뜻을 돌이키겠고 내가 언제든지 어느 민족이나 국가를 건설하거나 심으리라 한다고 하자 만일 그들이 나보기에 악한 것을 행하여 내 목소리를 청종치 아니하면 내가 그에게 유익게 하리라 한 선에 대하여 뜻을 돌이키리라"(렘 18:7-10).

하나님은 시간적·공간적으로 관여하시는 매우 실재적인 분이다. 현실 속에 계시기 때문에 결코 허구적인 것이나 일어나지도 않을 가상의 문제들을 붙들고 씨름하지 않으신다. 동시에 변화하는 현실에 놀라우리만큼 민감하시며 언제나 현실에 잘 맞게 전략을 조정하신다. 현실은 현실로, 잠재적인 가능성들은 잠재적인 가능성들로 그때마다 알맞게 대처하신다. 하나님에게서 융통성 없는 완고함이란 찾아볼 수 없다. 또한 하나님은 인간과 역동적으로 관계하시기 때문에 하나님의 리더십은 그 순간뿐 아니라 그 이후로도 지속적으로 유효하다. 하나님의 뜻은 비인격적이거나 기계적이지 않고, 자기 자신이 창조한 세계와 진정한 관계를 맺으며, 변함없이 신실하시다.

반면에, 인간들의 선택과 결정도 매우 중요하다. 하나님은 비록 그것이 자신의 뜻과 반대된다 하더라도 존중하시고 진지하게 취급하신다. 이것은 리더로서의 진정한 겸허함을 나타내는 것이다. 하나님은 자신의 뜻만을 강요하는 것이 아니라 우리의 뜻을 깊이 고려하신다. 마찬가지로 리더는 자신이 이끄는 팀과 가까이 머물기를 힘써야 하며, 비전을 현실로 만들기 위한 장기 발전을 확실히 하기 위해 현재의 전략을 수정할 수 있어야 한다. 이것은 오직 팀과의 친밀한 관계와 원활한 의사소통이 유지될 때만 가능하다. 리더는 팀에 속한 사람들의 결정을 존중한다. 또한 모든 팀원들 안에 열심 있고 자발적인 협력이 일어나도록 해 준다.

3) 의사를 밝히시는 하나님

"하나님이 가라사대 빛이 있으라 하시매 빛이 있었고"(창 1:3). 창세기에 있는 하나님에 대한 세 번째 진술이다. 하나님은 침묵하는 분이 아니다. 말씀하시는 분이다. 실제적으로 하나님은 뛰어난 의사소통가시다. "그가 말씀하셨다", "여호와께서 가라사대", "그가 전하셨다"라는 말들은 성경에 수없이 반복되어 나타난다. 그러므로 우리는 하나님이 우리에게 자신의 뜻을 알리신다는 사실을 확신할 수 있다.

우리는 하나님의 꿈에 대해 추측할 필요가 없다. 그 꿈들이 인간의 이해를 초월하기도 하지만 그 핵심은 분명하다. 하나님은 정보를 억제하고 보류하는 분이 아니라 진리를 계시하는 분이라는 사실이다(31175구절, 1189장, 66권으로 이루어진 성경책이 그 증거다). "산들을 지으며 바람을 창조하며 자기 뜻을 사람에게 보이며"(암 4:13). 정직하게 찾는 자들에게 하나님은 자신의 뜻을 숨기지 않으신다. 다윗 왕도 아들에게 왕위를 물려 주면서 이렇게 말했다.

"내 아들 솔로몬아 너는 네 아비의 하나님을 알고 온전한 마음과 기쁜 뜻으로 섬길지어다 여호와께서는 뭇 마음을 감찰하사 모든 사상을 아시나니 네가 저를 찾으면 만날 것이요 버리면 저가 너를 영원히 버리시리라"(대상 28:9).

이처럼 하나님은 숨거나 침묵이라는 덮개로 자신을 가리는 분이 아니라 오히려 의사소통이 사랑의 행동임을 알고 가능한 충분하게 의사를 전달하신다. 정보를 나눌 때 팀원 간의 조직력이 강화된다. 그러므로 리더는 하나님과 팀원들, 어느 쪽에도 정보의 공백 상태로 지내서는 안 된다.

하나님의 뜻을 추구하는 리더는 하나님의 뜻은 결정된 사실이거나 요지부동이 아님을 깨달아야 한다. 사람들은 하나님의 뜻을 거스릴 수 있고 실제로 거스리기도 한다. 많은 사람들이 그분의 뜻과 반대되는 일을 하는 경우도 있다. 성경은 숙명적인 결정론을 지지하지 않는다. 사람들은 불리한 환경에 처했을 때 "그것은 틀림없이 하나님의 뜻일 거야!"라고 무기력하게 말하면서 숙명론적인 태도를 취한다.

그러나 진정한 리더는 그렇게 하지 않는다. 하나님의 뜻을 이해하며, 현재 경험하는 많은 것들이 하나님의 뜻과는 반대 입장에 서 있다는 것을 안다. 리더는 '결과는 정해져 있는 것이 아니고, 변화는 창조할 수 있으며, 방해는 극복할 수 있고, 현실은 바꿀 수 있다'는 것을 안다. 특히 장애물이 제거되어야만 현실 변화가 가능하다는 것을 알기 때문에 전쟁을 준비하듯이 자기 스스로를 준비시킨다. 이때야말로 용기가 발휘되어야 한다! 창조자시며, 우리와 함께하시며, 의사소통하시는 하나님은 결국 구속과 회복과 변화를 일으키신다. 우리는 바로 이런 하나님과 동역하는 것이다. 하나님의 꿈, 즉 우리의 꿈은 실현될 수 있다!

>>> 변화를 가져오려면 먼저 변화되라

이사야는 높으신 하나님의 환상을 보며 두려워했다. 천군 천사들의 창화하는 소리를 들었을 때 그는 하나님이 가장 두렵고 거룩하신 분임을 깨달았다. 그것은 하나님의 모든 결정이 언제나 순전하고, 올바르고, 선하고, 공평하고, 자비롭고, 진실되고, 의롭고, 지혜롭고, 친절하고, 정직하고, 고상하고, 은혜롭고, 사랑과 긍휼이 넘치는 것을 의미한다. 하나님은 모든 행위에 신실하고 신뢰할 만한 분임을 스스로 증명하셨다. 하나님은 결코 거짓으로 교묘하게, 이기적으로 부당하게 행동하지 않으신다. 하나님의 도덕적 고결함은 아무 흠이 없으시다. 이사야는 두려웠다. 자신의 삶은 하나님과 같지 않았기 때문이다. 그 자신의 삶에는 이런 성품들이 없거나 부족한데 어떻게 선하시고 의로우신 하나님과 교제할 수 있겠는가!

이사야는 하나님의 뜻을 아는 것만으로는 충분치 않고 하나님의 방법대로 행해야 한다는 것을 깨달았다. 하나님의 비전을 성취하려면 하나님의 성품을 반영해야 한다. 외적인 임무 성취 이전에 내적인 변화가 필요했다. 자신의 방법으로는 하나님의 일을 할 수가 없었던 것이다. 하나님의 뜻을 하나님의 방법으로 행하는 것, 이것이 바로 올바른 일을 올바르게 행한다는 의미다.

현대인은 부조리와 은폐와 과장 광고 속에서 살고 있다. 리더들은 속마음과 다르게 겉을 포장한다. 공과 사로 양분된 삶을 살아간다. 이것은 리더의 삶의 방식이 아니다. 진정한 리더는 이사야처럼 외적으로만 아니라 내적인 필요에도 기꺼이 직면하여 내면을 변화시켜 달라고 하나님께 부르짖어야 한다. 공과 사의 온전한 조화를 이루셨던 예수님의 고결하고 순전한 삶을 본받아야 한다. 진정으로 하나님이 자신을 통해 역사하시기를 원한다면, 이사야처럼 먼저 하나님이 내면 안에서 역사하시기를 간구해야 한다.

  모든 리더들은 변화를 일으킨다. 그러나 오직 경건한 리더만이 경건한 변화를 일으킨다. 그러므로 리더는 우리를 정결케 하시고 변화시키셔서 주님을 더욱 닮아가게 하시는 하나님을 부지런히 구해야 한다.

2

옳은 일을 행하기

옳은 일을 행하려면 하나님을 변함 없는 표준점으로 삼아야 한다. 하나님은 올바름의 표준이고 선하심의 척도다. 종종 우리는 옳다는 말을 좁은 의미로만 생각한다. 옳은 일이란 "하지 마라"와 "해라"로 제한된 목록이라고 생각한다. 그러나 성경에 나오는 하나님은 일차원적인 신이 아니다. 하나님은 무제한적인 창조 능력을 갖고 계시며 선하고 옳은 행동으로 들어 가는 문을 기꺼이 열어주시는 분이다.

이 세상은 득점 아니면 실점으로 엄격하게 양분되어 있지 않으며, 옳은 일 반대편에는 늘상 그릇된 일이 맞물려 있는 것도 아니다. 물론 성경은 이 세상에 옳고 그름, 선과 악 사이에 갈등이 있다고 하지만 그 선과 악이 완전한 대칭구조를 이루고 있는 것은 아니다. 하나님의 선하심은 모든 악보다 훨씬 더 강하다. 올바르게 행하기 원하는 사람들을 위한 선택의 폭이 그릇

되게 행하는 사람들의 선택의 폭보다 훨씬 넓다. 선은 창조적인 능력을 강화시키지만 악은 잠재력을 제한한다. 하나님을 추구하면 무한한 기회의 문이 열리지만 하나님이 아닌 다른 것을 추구하면 생명력이 제한받게 된다.

하나님의 선하심은 도덕적 의미만이 아니다. 하나님의 선하심은 통념으로 제한된 도덕의 틀에 얽매이지 않는다. 왜냐하면 하나님의 올바름(공정함)은 윤리학뿐만 아니라 미학도 포함하기 때문이다. 즉, 어떤 일을 올바르게 행한다는 것은 그 일을 정확하게 할 뿐만 아니라 훌륭하게 하는 것을 의미한다. 또한 그 일의 진행 과정과 최종 결과 모두가 하나님의 성품과 지혜와 아름다움을 반영해야 함을 의미한다. 때때로 우리는 옳은 일을 하면 삶이 제한된다고 생각한다. 흑백 중 하나를 선택해야 하는, 소망 없고 제한된 우울한 삶이라 생각한다. 이것은 전혀 사실이 아니다. 왜냐하면 하나님은 이 세계를 놀라운 색과 아름다움으로 가득 채우신 탁월한 예술가시기 때문이다.

옳은 일을 행한다는 것은 규정된 규칙들을 따르는 것이나 단순히 도덕적 규정들을 충족시키는 것 이상이다. 그것은 근본적으로 변화된 삶을 사는 것이며 모든 일을 비길 데 없이 탁월하게 하시는 하나님을 열렬히 추구하는 것이다. 진정한 리더들이 행하는 옳은 일들은 하나님의 아름다운 성품과 올바른 방법들이 잘 반영된 일들이다.

하나님의 선하심은 삶의 모든 영역, 즉 생각과 말과 행동에 영향을 미치고 개인 자신의 변화와 주변세계의 변화를 가져온다. 하나님의 선하심은 교회 안에서뿐만 아니라 넓은 운동장에서도, 가족 간의 관계에서뿐만 아니라 사업상의 관계에서도, 개인적인 성실과 도덕의 영역에서뿐만 아니라 과학적인 조사 연구와 기술의 영역에서도 드러나게 된다.

이처럼 삶의 모든 영역의 주인이 하나님임을 이해한다면 리더들은 공적인 영역인가 사적인 영역인가에 따라 서로 다른 기준을 적용할 수 없다. 단체인가 개인인가에 따른 차이도 없다. 진정한 리더는 올바름의 표준에서 하나님이 밀려날 때 개인이나 사회 전체에 엄청나게 파괴적인 일들이 일어난다는 것을 알고 있다. 절대적인 기준점이 없으면 인격은 객관적인 도덕의 닻으로부터 끊겨 상대주의적, 상황주의적, 개인주의적 기준에 따라 수시로 변화되는 풍조 가운데 표류하게 된다. 이것은 현대만의 독특한 징후가 아니다. 이것은 모든 세대의 현실이다. 성경에서도 "사람이 각각 그 소견에 옳은 대로" 행하던 과거의 비극들을 생생하게 설명하고 있다(삿 21:25).

웅대한 규모와 위대한 계획, 높은 뜻과 열망을 가지고 최선을 다한다 할지라도 가장 올바르신 하나님의 성품과 본성을 반영하는 방법으로 행하지 않는다면 그것은 실패인 것이다. 하나님을 확실한 기준점으로 삼는 원칙을 지키지 않았기 때문에 많은 유망한 계획들이 시작은 좋았으나 미약하게 끝나 버렸다. 이스라엘 왕들의 리더십에 대한 기록은 이처럼 하나님에게서 떨어져 나간 많은 리더들의 비극적인 이야기를 잘 보여 주고 있다. 그러나 이러한 것들을 보기 위해 구태여 성경말씀을 볼 필요는 없다. 세상을 개선하겠다고 수많은 공약을 남발하고 지키지 않는 리더들의 실례는 오늘날의 신문을 보는 것만으로도 충분하다.

왜 그토록 많은 리더들이 길을 잃고 평범하게 또는 심한 곤경에 빠진 채 끝나 버리는가? 그러지 않으려면 하나님을 의존해야 한다. 다윗은 규칙적으로 하나님과 의논하는 습관을 지닌 이스라엘의 탁월하고 용기 있는 리더였다. 성경에서 "여호와께 물어 가로되", "여호와께서 대답하여 가라사대"라는 말이 반복적으로 사용된 것을 볼 때 위대한 리더 다윗과 하나님이 얼마나 친밀하게 묻고 대답했는지를 알 수 있다(삼상 23:1-12). 하나님은 이 위대한 군사적·정치적 리더를 이렇게 평가하셨다. "내가 이새의 아들 다윗을 만나니 내 마음에 합한 사람이라 내 뜻을 다 이루게 하리라"(행 13:22). 이처럼 매사를 주께 묻는 삶의 자세야말로 주님처럼 섬김의 삶을 살므로써 세상에 변화를 일으킬, 리더가 갖춰야 할 자세다.

예수님은 윤리적으로 옳고 품위있는 일들을 행하셨다. 예수님의 삶은 탁월한 모델이 된다. 예수님과 함께한 동시대 사람들도 "그가 다 잘하였도다"라고 칭찬했다(막 7:37). 예수님은 성육신하신 하나님이셨지만 하나님 아버지와 친밀한 교제 가운데 살면서 다음과 같이 단언하셨다. "내가 스스로 아무것도 하지 아니하고 오직 아버지께서 가르치신 대로 이런 것을 말하는 줄도 알리라"(요 8:28).

>>> 하나님을 따르라

예수님은 사람이 다른 이를 지도하기 전에 먼저 하나님을 따라야 한다는 원리를 가르쳐 주셨다. 뛰어난 리더들은 하나님을 따르는 것에서부터 리더십을 공급받는다. 하나님을 기다리고 음성을 듣고 성품을 이해하고 그분의 비전을 깨닫고 그분의 교훈에 순종하는 법을 알고 하나님의 계획을 이행하는 자들이다. 그들은 다른 사람들에게 동기를 부여하여 하나님의 인도하심을 따라 세상에 변화를 가져오는 사람들이 되도록 만든다. 하나님의 인도 따라 세상을 변화시키는 것이 그들의 삶의 이념이고 열정이며 사역이기 때문이다.

하나님을 따르는 자가 되는 것과 좋은 리더가 되는 것의 연결고리는 예수께서 로마 백부장과 나누었던 대화 가운데 분명히 나타나 있다.

"백부장이 대답하여 가로되 주여 내 집에 들어오심을 나는 감당치 못하겠사오니 다만 말씀으로만 하옵소서 그러면 내 하인이 낫겠삽나이다 나도 남의 수하에 있는 사람이요 내 아래도 군사가 있으니 이더러 가라 하면 가고 저더러 오라 하면 오고 내 종더러 이것을 하라 하면 하나이다"(마 8:8-9).

그 백부장은 만약 사람이 누구를 지도하는 권위를 가지려면 더 높은 권위에 순복할 줄 알아야 한다는 사실을 바르게 이해하였다. 이와 같이 리더는 역사의 최고 권위자이신 하나님의 권위 아래 순복해야 한다.

하나님을 따를 때 삶 속에는 섬길 수 있는 수많은 가능성의 문이 열린다. 삶에 제한을 받는 것이 아니라 오히려 양질의 삶을 살게 되는 것이다. 예수님은 "내가 온 것은 양으로 생명을 얻게 하고 더 풍성히 얻게 하려는 것이라"고 말씀하셨다(요 10:10). 하나님을 따르는 것은 수동적으로 그의 뒤를 따라 힘들게 걸어가는 것이 아니라 그의 팀원, 즉 그분의 역동적인 동반자가 되어 하나님과 함께 역사를 형성해 가는 것이다. 하나님이 통치하시는 리더십 아래서 세계의 운명은 여전히 진행중이다. 역사란 우주게임(Cosmic game: 고정된 점들을 이어가는 게임의 일종)의 점들처럼 고정된 것이 아니라 하나님과 창조적으로 상호 작용하면서 순종 가운데 만들어 가는 것이다. 미래는 창조적인 잠재력과 이루어지지 않은 가능성들로 가득 채워져 있다.

>>> 하나님과 공동 창조하라

앞장에서 보았듯이 성경에 있는 하나님에 대한 가장 우선적이며 기본적인 계시는 "하나님은 창조자"라는 것이다. 창세기 1장 27절은 "하나님이 자기 형상 곧 하나님의 형상대로…남자와 여자를 창조하시고"라고 말씀하고 있다. 하나님은 인간도 하나님처럼 창조자가 되도록 그의 형상대로 창조하셨다. 히브리어 성경에는 "창조하다"를 뜻하는 히브리어 동사 "바라"(Bara)가 54회 사용되었다. 이 동사의 주체는 대부분 하나님이지만 인간의 행동을 묘사하는 데에도 여섯 번 사용되었다(참고, 수 17:15, 17:18, 삼 2:29, 겔 21:19a, 21:19b, 23:47). 이외에도 하나님이 선지자에게 창조하라는 명령을 내리신 것을 볼 수 있다(참고, 에스겔 9장). 무한하신 창조자 하나님이 유한한 피조물인 우리 인간에게도 창조에 참여토록 해주신 것은, 참으로 놀라운 특권이요 선물이다.

이처럼 하나님의 뜻과 선택에 의하여 모든 것이 다 결정된 것은 아니다. 창세기의 기록은 하나님이 어떻게 동물들을 창조하셨고, 그 후에 어떻게 하셨는지를 기록하고 있다. "여호와 하나님이 흙으로 각종 들짐승과 공중의 각종 새를 지으시고 아담이 어떻게 이름을 짓나 보시려고 그것들을 그에게로 이끌어 이르시니 아담이 각 생물을 일컫는 바가 곧 그 이름이라 아담이 모든 육축과 공중의 새와 들의 모든 짐승에게 이름을 주니라"(창 2:19-20).

하나님은 창조의 질서 가운데 구체적으로 모양을 이루어 가는 책임을 인간에게 주셨다. 동물들에게 어떤 이름들이 주어져야 할지는 결정되지 않은 과제였다. 하나님은 "아담이 어떻게 이름을 짓나 보시기" 원하셨다. 동물들의 이름을 아담보다 먼저 결정하지 않으셨고 자신의 뜻을 따라 아담의 생각을 조종하지도 않으셨다. 선택과 결정은 오직 아담의 몫이었고 하나님은 초보 동역자의 결정을 존중하면서 따라주셨다. 역사 창조 과정에 인간을 참여시키고 결정을 기꺼이 존중하시는 하나님은 얼마나 은혜롭고 놀라운 분인가!

그렇다면 리더는 역사를 어떻게 보아야 하는가? 어떤 사람들은 역사를 미리 정해진 고정된 사건들의 연속으로 본다. 또 다른 이들은 역사를 있을 수 있는 사건들의 연속체로 본다.

하나님의 주권과 인간의 자유의지라는 이 두 주제는 종종 신학적 논쟁을 일으키곤 한다. 그러나 그것은 서로 배타적인 진리가 아니다. 성경은 분명히 우주를 다스리시는 하나님의 주권과 인간의 자유의지를 사용한 결정의 중요성, 이 두 가지를 다 언급하고 있다. 그러므로 성경적인 세계관은 역사 안에서 정해진 사실들과 가능성 있는 사실들 두 가지 모두를 포함한다. 모든 것이 미리 결정되어 있는 것은 아니다. 인간의 선택은 중요하며 역사의 과정을 바꿀 수 있다.

하나님은 결정되지 않은 영역에서뿐만 아니라 그의 뜻이 분명히 표현된 영역에서도 인간에게 결정을 내리는 자유를 허락하신다. 사실 이 세상에 일어나는 일들 중에는 하나님의 뜻에 거슬리는 일들이 수없이 많다. 예수님이 사용하신 비유 중 많은 곳에서 '주인의 뜻대로 행하지 않는 자들'을 언급하고 있다(눅 12:47). 하나님은 비록 인간의 결정이 자신이 바라는 것이 아닐지라도, 심지어 뜻을 거스릴 때에라도 그 결정을 존중하시고 그대로 진행되도록 허락하신다. 하나님은 그의 형상대로 창조된 인간 개개인들에게 역사를 이루어 갈 수 있는 결정권을 주셨다. 인간의 선택과 결정은 새로운 현실을 창조한다. 오늘날 이 세상에서 보는 많은 부분이 인간들의 부정적인 의사결정 과정, 즉 하나님의 사랑의 성품과 일치되지 않는 결정들에 의한 것이다.

그렇다고 해서 모든 것이 다 인간의 손에 잡히는 대로 이루어지지는 않는다. 하나님이 역사의 주권자이기 때문이다. 그렇다면 이 세상에서 긍정적인 새로운 현실을 창조하는 일에 어떻게 주권자이신 하나님과 동역할 수 있을까? 그것은 의도적으로 하나님의 임재를 구함으로 시작되고, 또 유지된다. 이 일은 보람 있는 일이지만 진정한 헌신이 있어야 한다. 성경은 느헤미야가 예루살렘의 비참한 상황을 듣고 "앉아서 울었다"고 기록하고 있다(참고, 느 1:4). 기도처에서 많은 시간을 보내었던 그는 하나님의 관점으로 예루살렘의 상황을 보았고, 하나님의 긍휼로 부담감을 가지게 되었던 것이다. 느헤미야와 같이 진심에서 우러나오는 묵상과 말씀연구, 자기 자신을 성찰하는 기도, 예배를 통하여 우리는 하나님의 마음을 닮아가야 한다. 즉, 우리가 하나님처럼 생각하고 하나님처럼 느끼며 하나님처럼 말하고 하나님의 일을 하도록 변화되는 체험이 있어야 한다. 오직 그럴 때에만 세상을 변화시키는 데 꼭 필요한 믿음과 능력을 갖게 된다.

　기도는 사역을 시작할 때 단 한 번으로 끝나는 것이 아니다. 우리는 느헤미야와 백성들의 기도와 예배에 대한 기록을 느헤미야서에서 여러 번 살펴볼 수 있다(1:5-11, 2:4, 4:4-5, 5:19, 6:9,14, 8:6, 9:5-38, 12:27-43, 13:14, 22, 29, 31). 이 많은 성경구절들은 느헤미야의 사역을 방해하는 것들이 아니다. 지속적인 기도와 예배가 바탕이 된 느헤미야의 리더십이 성공의 열쇠였던 것이다. 기도와 행동은 병행되어야 한다. 아브라함 링컨이 말했던 것과 같이 "기도할 때는 모든 것이 하나님께 달려 있는 것처럼 기도하라. 그리고 일할 때는 모든 것이 당신에게 달려 있는 것처럼 일하라."

>>> 종합적 세계관을 취하라

기독교 목회자 몇 명이 미래에 관하여 토론하는 모임에 초청을 받은 적이 있었다. 사회자는 그들에게 만약 예산이나 인적 자원에 제한을 받지 않는다면 십 년 동안에 무엇을 성취할 수 있을지 생각해 보라고 제의했다. 그들은 흥분하며 약 30분 동안 소그룹 별로 모든 가능성에 대해 토의했다. 소그룹 토의를 마친 후 전체 앞에서 수많은 교회들을 세울 것에 대해, 강력한 복음전도로 수만 명의 개종자들이 생겨날 것에 대해, 번창하는 제자화 프로그램과 선교여행에 대해 흥분하며 이야기했다.

사회자는 그들에게 소그룹으로 돌아가서 자기 나라 정부의 각료 중 한 사람의 입장에서 똑같은 실습을 해 보라고 말했다. 잠시 후, 그들이 꿈꾸었던 모든 것들이 단지 종교적인 면만을 다룬 것이었다는 사실을 깨달았을 때 실내에는 침묵이 감돌았다. 유아사망률을 현재의 비율보다 반으로 감소시킬 수 있는 건강관리 프로그램이나 에이즈 해결방법에 대해 계획을 세운 사람은 아무도 없었다. 또한 나라의 기능을 마비시키는 외채를 깨끗이 청산하는 방법이나 무너져 가는 운송체계의 하부조직에 대한 철저한 조사 방법에 대해 계획을 세운 사람도 없었다. 아무도 나라의 기업들 안에 정직과 정의의 새로운 기준이 세워져야 할 것에 대해 또는 모든 시민이 안심하고 마실 수 있는 음료수를 책임질 새로운 기술 개발에 대해 꿈을 꾸지 않았다. 사회의 부도덕한 이중적인 기준을 근절하는 문제나 문맹 퇴치율을 100%로 끌어올릴 수 있는 교육시스템을 꿈꾼 이도 없었다. 건전한 연예와 오락 시스템 설립에 대해, 그리고 고용인을 유리하게 채용하는 문제와 집 없는 빈민을 위해 품위 있는 주택을 제공하는 방법에 대해 꿈을 꾸지 않았다.

왜 그렇게 선견지명이 부족한가? 왜 그렇게 비전의 폭이 좁은가? 모임에 참석했던 목회자들은 나라를 걱정하지 않는가? 물론 그들 역시 나라를 걱정하고 있다. 그러면 그들은 주변 사람들의 필요에 관심이 없는가? 아니다. 그들도 관심을 갖고 있다. 그러나 그리스도인들은 이 세상을 두 가지로 나누어 보게 하는 안경을 쓰고 살아왔다. 그들은 이 세계를 '영적인 것'과 '세속적인 것'으로 나누고, 하나님이 전자에는 관심이 아주 많으시지만 후자에는 그다지 큰 관심을 갖지 않으신다고 생각해 왔다.

이것은 성경이 보여주는 그림이 아니다. 히브리어 성경의 처음 다섯 권을 읽어보면 하나님은 모세에게 율법을 주실 때 단지 종교적인 영역의 예배에 관해서만 교훈하신 것이 아니었다. 많은 다른 영역들, 즉 개인 위생, 농업, 정치, 경제, 교육, 공중 위생, 성 도덕, 사법제도, 이민과 귀화, 공휴일, 음악과 미술 등에 대해서도 교훈하셨다. 하나님은 이처럼 모든 영역들에 관심을 갖고 계신다. 리더 역시 통합된 세계관을 취해야 한다. 사회 모든 영역들 안에 하나님의 나라가 온전히 이룩되기를 추구해야 하는 것이다. 하나님은 어느 한 부분만의 주님이 아니라 모든 영역의 주님이시다. 이러한 통합된 세계관은 진실로 용기 있고 세계를 변화시킬 리더가 되기 원하는 사람들에게 반드시 필요한 요소다.

윌리엄 캐리는 현대선교의 아버지로 알려져 있다. 그는 편협하게 선교를 종교 영역으로만 제한하지 않았다. 그에게는 세속적인 것과 거룩한 것을 구분하는 이분법이 없었다. 성경적인 세계관을 가지고 있었기 때문에 인도 대륙 안의 수많은 영역에 지대한 영향을 끼칠 수가 있었다. 영국의 이 구두수선공은

    세계적으로 유명한 **전도자요, 선교전략가**가 되었을 뿐만 아니라

    과학을 강의했던 **식물학자요**

    동양언어로 인쇄된 신문사를 최초로 설립했던 **출판업자요**

운명론적 점성술로부터 사람들을 자유케 한 **천문학자**요

인도에 최초로 증기기관을 선보인 **기업가**요

임업에 대한 글을 썼던 **환경론자**요

인도에 저축은행의 아이디어를 소개한 **경제학자**요

일부다처제, 여아 살해, 미망인 화형 등의 악습 타파에 앞장선 **사회개혁가**요

수많은 학교를 설립한 **교육자**요

벵골 어, 산스크리트 어, 말라티 어를 유창하게 구사하고 가르쳤던 **언어학자**요

인도의 문관공무원들을 훈련시킨 **지식인**이요

벵골 어로 대중복음가요를 작사한 **예술가**요

농업과 원예학회의 기반을 만들었던 **농학자**이기도 했다.

그야말로 세상을 변화시키는 일에 철저히 헌신했던 용기 있는 리더의 진정한 본보기가 아니겠는가! 세상을 통합적으로 보는 캐리의 관점은 리더가 되기를 열망하는 모든 사람의 세계관이 되어야 한다. 캐리가 보여 준 영향력의 폭은 리더들에게 도전의 폭이 매우 다양함을 일깨워 준다.

진정한 리더의 또 다른 예는 조지 워싱턴 카버다. 미국 남북전쟁 중에 흑인 노예로 태어난 카버는 극복하기 힘든 많은 장애에 부딪혔다. 흑인들에게는 교육의 기회가 제한된 사회에서 살아야 했을 뿐만 아니라 몸도 쇠약했고 형편도 열악했기 때문에 낙심할 수밖에 없는 환경이었다. 그러나 하나님을 향한 강한 믿음으로 카버는 이러한 어려움을 극복하고, 유명한 과학자가 되었다. 또한 그의 지칠 줄 모르는 노력과 헌신은 미국 남부를 변화시켰다.

수 세대 동안 남부의 경제는 대부분 목화에만 의존하는 상태였다. 목화를 계속해서 경작함으로 흙의 영양분이 심각하게 고갈되었고 땅의 생산성도 파괴되어 갔다. 카버는 흙을 되살리고, 목화에만 의존하는 불안한 경제 상황으로부터 탈피할 수 있는 다른 농작물을 소개하려고 시도했다. 목화 생산을 전멸시키는 전염병 '둥근 꼬리 바구미' 때문에 심한 경제적 재난을 만났을 때 농부들은 카버의 조언을 따랐다. 그리고 농작물을 땅콩과 고구마로 전환 재배하였다. 문제는 이 농작물을 유통시킬 시장이 없었다. 카버는 그 지방의 빈곤한 농부들을 위해 실험실에서 구조적인 해결책을 연구하기 시작했다.

수백만 사람들의 삶을 변화시킨 카버의 과학적인 발견과 실제적인 발명은 신앙생활에서 결코 분리되지 않았다. 사실 그러한 활동들은 그의 신앙생활의 연장이었다. 카버는 매일 아침 실험실 정원을 거닐면서 하나님과 친밀하게 교제하며 그분의 창조의 비밀을 열어보여 주시도록 간구하는 경건한 산책으로 하루를 시작하곤 했다. 하나님을 부지런히 찾고 구한 결과, 그는 땅콩에서 땅콩 치즈, 땅콩 비누, 땅콩 화장품, 리놀륨에 이르기까지 3백 종류가 넘는 용도와 고구마에서 1백 종류가 넘는 새로운 생산품들을 개발하였다.

카버의 삶은 이분법적 세계관만 아니라면 선한 일을 행할 수 있는 창조적인 기회들이 무수히 많다는 것을 우리에게 보여 준다. 믿음이 삶의 모든 면과 융합되었기 때문에 그는 장애물을 극복하고 빈곤한 농부들을 위한 새로운 해결책을 하나님과 공동으로 창조할 수 있었으며 세상을 변화시킬 수 있었다. 카버의 삶은 또한 리더십에 관한 고정관념을 깨뜨린다. 사회를 변화시키는 그의 영향력은 예기치 않은 방법으로 나타났다.

하나님의 창조성은 그 범위가 지극히 광대하기 때문에 리더십에 대해 단 하나의 모델만을 주장할 수 없다. 리더가 될 수 있는 방법도 매우 다양하기 때문에 리더십을 한 가지 형태나 방법에 국한할 수 없다. 리더의 유형은 하나님이 창조하신 사람들만큼이나 다양하다. 그렇지만 섬김을 극대화하기 위해서 용기 있는 리더는 큰 그림을 볼 수 있는 균형감각을 지녀야 한다. 이것은 다음에 나오는 실제적 원리들을 받아들여야 한다는 것을 의미한다.

1) 사람 중심/프로젝트 중심

사람들은 때때로 리더십에 대해 존재(being)냐 행위(doing)냐, 관계 중심이냐 사역 중심이냐, 사람 중심이냐 일 중심이냐 등과 같이 대립적으로만 가르쳐 왔다. 이렇게 어느 한편을 다른 한편과 대립하게 하는 것은 지혜롭지 못할 뿐만 아니라 리더십을 손상시킨다. 리더는 이 두 가지 요소들의 균형을 잡아야 한다. 이것은 느헤미야의 리더십에서 분명히 나타난다.

느헤미야는 사역과 사람들, 둘 다에 대한 책임을 지고 있었다. 즉, 백성들에게 예루살렘 성벽을 재건하게 하는 동시에 그들의 복지를 더욱 향상시키는 데 리더십을 발휘하였다. 백성들은 성벽 재건을 위해 봉사했다. 그러나 느헤미야의 궁극적인 목표는 항상 백성들의 복지와 안녕이었다.

이것은 느헤미야가 장로들에게 했던 말 가운데도 분명히 나타나 있다. "자, 예루살렘 성을 중건하여 다시 수치를 받지 말자"(느 2:17). 느헤미야는 사람들과 프로젝트 모두를 중시했기에 프로젝트가 진행되고 있는 중에도 백성들을 돌아보기 위해 내용을 조정했다. 이것은 사람들에게 그 일에 대한 강한 동기를 불어넣어 주었다. 느헤미야서는 사람들과 프로젝트 사이의 상호작용을 잘 보여 주고 있다. 그림 A-1에서와 같이 이 중요한 두 원리를 번갈아가면서 강조하고 있는 문학적인 교환 기법에 유의하라.

사람에게 초점을 맞춤	1:4-11		4:7-15		5:1-19		7:1-12:26		13:1-31
프로젝트에 초점을 맞춤		2:1-4:6		4:16-23		6:1-19		12:27-47	

그림 A-1

느헤미야서는 사람들과 성벽 모두를 하나님께 봉헌하는 장면을 최고의 절정으로 삼고 있다(느 12:30). 이것은 사람들과 프로젝트의 깊은 상호관계를 다시 한 번 강조해 준다.

예수님도 제자들을 선택했을 때 '같이 있는 것과 행동하는 것', '관계와 일', 두 가지의 중요성에 대해 말씀하셨다. "이에 열둘을 세우셨으니 이는 자기와 함께 있게 하시고 또 보내사 전도도 하며 귀신을 내어쫓는 권세도 있게 하려 하심이러라"(막 3:14-15). 리더는 팀이 관계면에서 잘 성장하면서도 임무를 성취할 수 있는 환경을 조성해야 한다. 사람들과 프로젝트 둘 다를 중요시하는 것이 좋은 리더십이다.

2) 목표 중심/과정 중심

리더들은 목표와 과정, 이 두 가지의 균형을 이루는 기술을 개발해야 한다. 어떤 리더는 목표만을 강조한다. 즉 최종결과, 하루의 생산성, 오직 원하는 목표의 달성만 중요하게 여긴다. 그런 리더는 결과로써 수단을 정당화한다. 역사의 페이지에는 과정을 무시하고 목표만을 추구했던 리더의 실례들로 가득 차 있다. 그러나 그렇다고 해서 목표의 중요성을 도외시해서는 안 된다. 만약 목표가 없다면 리더십을 발휘할 이유도 없다. 안타깝게도 어떤 집단에서는 과정을 너무 강조하여 아무 목표도 성취하지 못한다. 만약 팀원들의 진행 과정은 원만하나 사역이 완성에 이르지 못한다면 이것 역시 실패한 리더십이다. 리더는 두 가지 능력이 다 있어야 한다. 올바른 방법으로 바른 목표를 향하여 가도록 사람들에게 동기를 부여해 주어야 한다. 그것이 모든 팀원을 섬기는 것이며 동시에 하나님의 방법을 존중하는 것이다. 목표지점에 이르기 위해 어떤 과정을 거쳤는가는 목표에 도달했다는 결과 자체만큼 중요하다. 그 이상도 이하도 아니다.

열왕기하 5장에 보면 아람의 군대장관 나아만의 이야기가 나온다. 그는 문둥병에 걸렸고 치료방법을 찾았다. 결국 엘리사를 찾아간 나아만은 요단 강에서 일곱 번 목욕하라는 엘리사의 충고를 듣게 되었다. 예상치 못한 충고에 나아만은 화를 냈다. 그것은 그가 원했던 과정이 아니었다. 그는 그 과정을 기꺼이 이행하고 싶지 않았기 때문에 자칫 했으면 목표 달성을 놓칠 뻔했다. 그러나 다행히 그는 부하의 말을 경청할 줄 알았다. 그래서 종이 그를 설득했을 때 엘리사가 권고한 가르침을 따랐다. 과정을 존중히 여긴 결과 그는 목표를 이룰 수가 있었다.

리더가 팀원들의 말을 기꺼이 경청하지 않는다면 하나님이 정하신 목표에 도달하는 과정을 놓치게 될지도 모른다. 다른 사람들에게, 그리고 주님께 귀를 기울여 듣는 것은 '목표와 과정'의 균형을 유지하는 열쇠다. 예수님은 말씀하신다. "내가 곧 길이요 진리요 생명이니"(요 14:6). 그분 안에서 과정과 결과 모두가 완벽하게 구현된다.

3) 원칙 중심/실천 중심

리더는 항상 "왜" 그리고 "어떻게"라는 질문을 하면서 내포된 의미와 실제적 적용 방안을 생각하는 기술을 개발해야 한다.

"왜 그렇게 되었을까?"라고 질문할 때 그 안에 담긴 의미를 파악하는 사고력이 개발되어 행동의 이면에 있는 핵심적인 가치와 기본적인 대전제들을 볼 수 있게 된다. 리더로서 행동의 이면에 있는 이유와 원리를 이해하고 전달하는 능력은 다른 리더들을 기를 수 있는 필수 자질이다.

동시에 리더는 "어떻게"라고 질문하면서 핵심가치와 원리를 실천적으로 적용할 수 있는 창조적 전략을 도출하는 능력을 개발해야 한다. 리더십에 대한 개념들을 이론적으로 이해하는 것만으로는 충분치가 않다. 리더는 그 개념들을 현장에서 실제로 적용할 수 있어야 한다.

어떤 사람들은 원칙이나 가치개념에 초점을 맞추면서 내포된 의미를 생각하는 경향이 있고, 또 어떤 사람들은 실천을 강조하면서 실용적인 사고로 기울어지는 경향이 있다. 만약 당신이 원칙과 가치개념에 대한 이해 없이 실용적인 기술만 있거나 기술은 없이 추상적으로 원칙과 가치개념만을 이해하고 있다면 당신의 리더십은 제한받게 될 것이다. 그러므로 리더들은 타고난 강점들은 더욱 강화하고 선천적으로 약한 점들은 보완하기 위해 힘을 쏟아야 한다. 자신의 한계를 인식하는 리더들은 약한 부분을 보완할 수 있는 팀원의 조언을 듣고 은사가 뛰어난 팀원들을 의지한다. 팀원들을 존중해 주고 그들의 은사를 사용할 기회를 줄 때 리더십이 강화되고 팀원 모두가 사역의 의의와 실천 방법을 납득하게 된다.

바울도 디도에게 원리와 실천의 균형을 잡아 리더십을 가르쳤다. 46개 구절밖에 안 되는 디도서에서 바울은 14개의 규범을 전한다(1:13, 2:1, 6, 15a, 15b, 15c, 15d, 3:1, 9, 10, 12, 13, 14, 15). 디도가 완수해야 할 과업과 그것을 끝마칠 수 있는 실제적인 지침들을 준다. 그러나 바울은 거기에서 멈추지 않는다. 그는 만약 디도가 바른 리더가 되려면 수행하는 과업은 물론, 그 배후의 근본적인 이유까지도 이해해야 한다는 것을 알았다. 바울은 거듭해서 그 이유들을 설명하고 있다.

"이는 … 하려 함이라" (1:9, 13, 2:5, 8, 10, 3:7, 8).

"하기 위해" (3:14).

"그러므로" (1:13).

"이는 … 하니", "말미암아" (1:11, 2:8, 3:5a, 5b, 9, 12).

이와 같이 바울은 교훈할 때에 위와 같은 어구들을 사용하여 디도가 리더십의 원리들을 충분히 이해하고 원리들 안에 담겨 있는 함축된 의미들을 이끌어 내도록 도왔다. 바울은 어떤 일의 의의와 가치를 생각하는 능력을 개발시켜 주었다. 중요한 의사결정을 하는 위치에 있는 모든 이들에게 이와 같은 사고 기술은 매우 중요하다. 내재되어 있는 의미를 생각하는 것과 실제적인 적용을 생각하는 것이 리더의 생활 방식이 되어야 한다.

이 기술이 제2의 천성이 될 때까지, 즉 사고방식과 의사소통에서 자연스럽게 될 때까지 어떻게 발전시킬 수 있을까? 한 가지 비결은 복합적으로 질문하는 훈련을 하는 것이다. 예수님은 이 점에 있어서도 본이 되신다. 예수님은 복음서에서 315개의 질문을 하셨는데 이중에서 115개는 간단히 "예", "아니오"로 대답할 수 있는 단답형 질문들이다. 그리고 나머지 200개의 질문은 복합적이거나 질문을 받은 이들로 하여금 탐구적인 사고를 하도록 요구하는, 답이 정해지지 않은 질문들이다. 특히 그 중에 45개는 함축적인 사고를 요구하고 촉진시키는 "왜"라는 질문들이다. 탐구적인 질문들을 기술적으로 사용하는 것은 예수님의 탁월한 리더십 중 하나였다. 이와 같이 복합적으로 질문하는 능력은 함축적인 사고의 중요성을 깨달은 모든 리더들의 습관이 되어야 한다.

리더는 사역과 관련된 사람들에게뿐만 아니라 주님께 질문해야 한다.

"다음에는 무엇을 할까?" "어떻게 그것을 할까?"에 대한 답을 알지 못할 때, 또는 "왜 그것이 이런 식으로 되어야만 하는가?" "이러한 행동이나 사고훈련의 결과는 어떤 것일까?"와 같은 함축적인 질문에 대한 답을 알 수 없을 때 리더는 하나님께 물어야 한다.

하나님은 우리의 질문을 두려워하지 않으신다. 오히려 우리가 질문하는 것을 전심으로 환영하신다. 왜냐하면 질문을 통해 배우는 자들의 기술이 날카롭게 연마되기 때문이다. 무엇보다도 리더는 배우는 자, 곧 제자가 되기 위해 부름 받았다는 사실을 잊어서는 안 된다. 예수님은 "구하라 그러면 너희에게 주실 것이요 찾으라 그러면 찾을 것이요 문을 두드리라 그러면 너희에게 열릴 것이니"라고 권면하셨다(눅 11:9). 그에게 구할 것이 너무 많지만 '지혜'와 '통찰력'을 최우선 순위로 구하라. 가르쳐 주시고 지도해 주시도록 구하라. 당신을 인도하사 마땅히 가야 할 길을 보여 주시도록 구하라!

"지혜를 얻으며 명철을 얻으라 내 입의 말을 잊지 말며 어기지 말라 지혜를 버리지 말라 그가 너를 보호하리라 그를 사랑하라 그가 너를 지키리라 지혜가 제일이니 지혜를 얻으라 무릇 너의 얻은 것을 가져 명철을 얻을지니라 그를 높이라 그리하면 그가 너를 높이 들리라 만일 그를 품으면 그가 너를 영화롭게 하리라 그가 아름다운 관을 네 머리에 두겠고 영화로운 면류관을 네게 주리라 하였느니라"(잠 4:5-9).

4) 마음 중심/사고 중심

진정한 리더들은 감정을 담고 있는 '마음(Heart)'과 머리를 써서 생각하는 '사고(mind)'를 분리하여 하나는 높이 평가하고 다른 것은 도외시하지 않는다. 오히려 지적인 추구와 정서적인 민감성, 이 두 가지가 함께 개발되기를 구한다. 이성과 직관은 모두 다 가치 있는 것이다. 자기의 연약함을 보완하기 위해 다른 사람들에게 있는 은사들을 의지하고 활용하는 리더야말로 지혜로운 리더다.

예수님은 마음과 사고가 완전한 균형을 이루었다. 예수님은 예루살렘 거민들의 무감각 때문에도 아파하셨지만 친구 나사로의 죽음 때문에도 마음이 동하여 눈물을 흘리셨다. 정서적으로 무감각한 분이 아니셨고, 지적으로는 매우 예리하셨으며, 당시 사회의 훌륭한 사상에 대해 토론하셨고, 통찰력과 지혜로 사람들을 놀라게 하셨던 분이다. 예수님의 믿음은 결코 맹목적인 감정의 발산이 아니라 계시된 진리에 대한 분별 있는 반응이었다. 그분은 마음과 사고의 조화를 강조하셨다. "예수께서 가라사대 네 마음(heart)을 다하고 목숨(soul)을 다하고 뜻(=사고, mind)을 다하여 주 너의 하나님을 사랑하라"(마 22:37). 진정한 리더는 둘 중 하나만 선택하지 않는다. 하나님을 향한 우리의 사랑은 "둘 다" 또는 "그리고"라는 말로 표현되어야 한다. 전체적으로 통합된 세계관이야말로 리더를 위한 성경적인 관점이다.

5) 큰 그림 중심/세부 사항 중심

리더는 세부적인 것들에 대한 '지나친 관심'과 '지나친 무관심' 사이에서 균형을 잘 잡아야 한다. 리더가 지나치게 세부적인 것에 신경을 쓰면 일일이 관리·통제를 하는 비생산성의 오류에 빠지게 된다. 한편 그 반대의 리더는 팀의 필요나 잠재력을 모른 채 동떨어져 효율성을 상실하게 된다. 리더는 숲과 나무를 동시에 볼 수 있어야 한다. 그러나 리더만 이 둘 사이의 균형을 유지하는 것으로는 충분치가 않다. 리더는 팀원들이 큰 그림에 대해 분명히 이해하고 각자의 기여도가 중요하다는 것을 인식하도록 잘 이해시켜야 한다. 이처럼 사람들에게 비전을 계속 상기시키는 것은 팀의 연합과 동기부여를 위해 꼭 필요하다.

정보는 힘이요 능력이다. 그러므로 리더는 모든 팀원들을 힘있게, 능력 있게 만들기 위해 가능한 광범위하고 충분하게 정보를 나누어야 한다.

결론/요약

리더로서 올바르게 행할 수 있는 비결은 참되신 하나님의 뒤를 따르는 것이다. 성경이 말씀하는 창조적인 하나님을 바로 알고 옳은 일 하기를 원하면 하나님과 함께 역사를 형성하고 새로운 현실을 창조할 수 있는 수많은 기회가 주어진다. 하나님을 따르기를 힘쓸 때 하나님이야말로 삶의 모든 것을 다스리시는 주님임을 알게 된다. 그러므로 하나님의 나라를 제한하는 왜곡되고 편협하고 분리된 그 어떤 세계관도 버려야 한다.

리더는 이 세상을 유익하게 하고 섬길 수 있는 새로운 일들을 개척해야 한다. 그러기 위해서 사람들을 격려하고 계획들을 추진시켜야 한다. 또한 방향이 설정된 목표가 있어야 하고 진행 과정에 민감해야 한다. 배우는 자로서의 태도를 지니고, 질문을 사용하는 기술을 발전시킴으로 함축적인 사고와 실천적인 사고방식을 배워야 한다. 마음(감정)과 사고(생각)를 둘로 나눠서는 안 된다. 이 모든 것을 다해 하나님을 사랑해야 한다. 마지막으로, 큰 그림과 세부적 사항 사이의 균형을 잘 잡아 행해야 한다. 그렇게 함으로써 풍성한 의사소통을 통하여 팀을 잘 섬길 수 있게 된다. 이러한 것들이 개발되면 강하고 용기 있는 리더가 되는 것이다.

3

강하고 용기 있는 리더들

"너희가 나를 사랑하면 나의 계명을 지키리라"(요 14:15).

"마음을 강하게 하라 담대히 하라 너는 이 백성으로 내가 그 조상에게 맹세하여 주리라 한 땅을 얻게 하리라 오직 너는 마음을 강하게 하고 극히 담대히 하여 나의 종 모세가 네게 명한 율법을 다 지켜 행하고 좌로나 우로나 치우치지 말라 그리하면 어디로 가든지 형통하리니 이 율법책을 네 입에서 떠나지 말게 하며 주야로 그것을 묵상하여 그 가운데 기록한 대로 다 지켜 행하라 … 내가 네게 명한 것이 아니냐 마음을 강하게 하고 담대히 하라 두려워 말며 놀라지 말라 네가 어디로 가든지 네 하나님 여호와가 너와 함께 하느니라"(수 1:6-9).

앞에 놓여 있는 목표를 바라볼 때 압도되거나 자신이 별로 강하고 용기 있지 못하다는 느낌을 갖게 될지도 모른다. 그러나 주님은 "네가 어디로 가든지 내가 함께 하리라"는 말씀을 상기시켜 주신다. 예수님이 부활하시기 전에 제자들은 전혀 담대하지 못했다. 그러나 예수님이 부활하신 후 제자들은 성령으로 충만해지고 담대해져서 더 이상 두려워하거나 낙담하지 않았다. 주의 말씀을 전파하고 병을 고치며 예수의 이름으로 기사와 이적을 행했다(행 4:28-31). 베드로와 요한은 강하고 담대한 가르침과 행동 때문에 투옥되어 후에 산헤드린 공의회에 끌려갔지만 조금도 두려워하지 않고 다음과 같이 말했다.

> "이에 베드로가 성령이 충만하여 가로되 백성의 관원과 장로들아 만일 병인에게 행한 착한 일에 대하여 이 사람이 어떻게 구원을 얻었느냐고 오늘 우리에게 질문하면 너희와 모든 이스라엘 백성들은 알라 너희가 십자가에 못박고 하나님이 죽은 자 가운데서 살리신 나사렛 예수 그리스도의 이름으로 이 사람이 건강하게 되어 너희 앞에 섰느니라… 저희가 베드로와 요한이 기탄 없이 말함을 보고 그 본래 학문 없는 범인으로 알았다가 이상히 여기며 또 그 전에 예수와 함께 있던 줄도 알고"(행 4:8-10, 13).

3장에서는 강하고 용기 있는 리더의 핵심적인 요소를 몇 가지 살펴볼 것이다. 최고의 리더 예수님과 목표를 위해 헌신하고 하나님의 영감에 이끌리어 '강하고 용기 있는' 리더십을 증명해 준 다른 리더들의 예를 보게 될 것이다.

'강하다'는 것은 압박이나 고통을 견디기 위한 육체적·도덕적·지적 능력, 설득력, 열정, 확고함, 끈기 등을 말한다. '용기 있다'는 것은 위험과 두려움과 극도의 어려움에 직면할 때 인내하며 헤쳐나가는 용감함과 목표를 달성하기 위한 단호한 결정, 반대나 위협에도 사기를 잃지 않는 대담함, 부담을 잘 감당하는 융통성과 탄력 등을 의미한다.

여호수아에게 말씀하셨듯이 하나님은 바울에게도 "담대하라"고 말씀하셨다(행 23:11). 또한 오늘날 경건한 리더가 되기 원하는 사람들에게도 똑같이 말씀하신다.

"우리가 소망의 담대함과 자랑을 끝까지 견고히 잡으면"(히 3:6).

"깨어 믿음에 굳게 서서 남자답게 강건하여라"(고전 16:13).

"너희 모든 일을 사랑으로 행하라"(고전 16:14).

>>> 격려하는 리더

리더는 팀, 단체, 조직 또는 나라로 하여금 의로운 목표들을 성취할 수 있도록 힘을 더해 주고 격려하는 사람이 되어야 한다. 하나님이 세우신 리더는 하나님의 계획에 초점을 맞추고 거기에 우선권을 둘 수 있도록 사람들에게 힘을 불어 넣고 격려해 준다. 주님은 가망성 없는 제자들을 유능한 리더로 키우셨다.

2세기 전에 25세 된 젊은 농부가 일하러 밭에 나갔다. 거기서 그는 주님과 깊은 만남을 체험하게 된다. 그 젊은이는 다음과 같이 썼다.

어느 날이었다.

나는 밭에서 일을 하며 교회에서 즐겨 부르던 "예수! 가까이 할수록 귀한 분!"이라는 찬송을 부르고 있었다.

두 번째 소절을 노래했다.

"나의 영혼을 능력으로 강건케 하시고 성령으로 역사하소서

내 입의 말과 생각을 받으소서
나약한 나를 강하게 붙드시고 인도하소서
만약 당신이 나의 영혼에 들어와 계시기만 한다면,
기꺼이 나 자신과 모든 것을 잃어버려도 좋습니다
그때에는 내 속에 평화를 방해하는 것들이
사라질 수밖에 없으리"
이 찬송이 끝났을 때 갑자기 눈앞에 어떤 장면이 보였다.

그는 이 세상이 악에 잠겨 있는 환상을 보았다. 동시에 삶을 헌신하려는 자신의 모습도 보였다. 그때 내면 깊은 곳에서 울려오는 한 목소리를 들었다. "너는 사람들 앞에서 나의 이름을 증거할 것이다. 너는 그들을 권고하여 회개케 하고 나를 찾고 구하게 하라! 내가 그들의 마음 문을 두드리는 동안에 나를 구해야 한다. 그들이 어둠에서 빛으로 돌아오게 하라!"

노르웨이의 알브 매그너스(Alv Magnus) 박사는 1995년 스웨덴에서 열린 열방대학(U of N) 워크숍 전체 강의에서, 어떻게 이 한스 호그(Hans Hauge)라는 청년이 노르웨이를 변화시키는 데 쓰임 받았는지 연구 조사한 것을 발표했다. 한스는 주님을 만난 후에 즉시 다른 사람들에게 예수님에 대해 증거하기 시작했다. 며칠 만에 그의 가족 전원이 회심하였고 이웃 사람들도 회심했다. 한스가 그들에게 하나님에 관해 이야기할 때 사람들은 강력한 성령의 감동으로 울음을 터뜨렸다. 한스는 성경이 변함 없는 하나님의 말씀이라고 믿었다. 그는 사람들에게 마음을 새롭게 하여 예수 그리스도께 헌신할 것과 회개할 것을 촉구했다.

한스는 거기서 멈추지 않았다. 회심한 자들이 그리스도의 제자가 되기를 원했다. 그는 예수님을 따르라고 힘주어 말했다. 하나님과 이웃에 대한 선행을 지나치게 강조한다고 비난하는 사람들에게 그는 이렇게 말했다. "예수님과 사도들의 가르침을 주의 깊게 살펴본다면 경건한 삶의 실천을 통해 그리스도의 발자취를 따르는 것이 교리보다 더 강조되었다는 사실을 발견하게 된다. 그러므로 '실천'을 소홀히 여겨서는 안 된다."

한스는 청지기 정신에 대해서도 강조했다. 모든 것을 주님께서 유용하게 쓰실 수 있어야 하고, 또 주님께 적극적으로 쓰여야 한다고 했다. 한스는 선행을 이 세상에서 사람들의 빛이 되고 증인이 되는 중요한 일로 여겼다. 글에서 그는 이렇게 언급했다. "우리는 선한 행동으로 이 세상에 빛을 비추도록 힘쓸 것이다."

한스는 여러 지방을 다니면서 농부들에게 효과적인 새 농사법들을 조언해 주었다. 그 자신도 농부였기 때문에 그들의 수준으로 가까이 다가갔고 사람들은 그의 설교를 듣고 하나님 안에서 새로운 삶을 찾았다. 그런 후에 사람들은 한스의 새로운 방법들을 받아들이기 원했다. 한스는 농업의 개량법을 알려 주었을 뿐 아니라 농부들을 돕는 회사를 설립할 수 있도록 도왔다.

또한 제분소, 광산, 공장 등을 시작하였는데 그 주변에 많은 기독 공동체들이 세워졌다. 이러한 공동체들은 가난한 사람들을 구제하였고 나라 전역을 두루 비추는 영적인 빛과 신앙의 요새가 되었다. 한스는 온 나라에 책을 배포했고 격려의 편지를 수백 통 썼다. 비록 역동적인 그리스도인이 되기로 헌신한 개종자들의 숫자가 많지 않았지만 새로운 신자들은 사회에 새로운 표준을 제시하였다. 그 결과로, 노르웨이는 가난하고 도덕적으로 부패한 후진국에서 영적으로나 경제적으로 부요한 나라로 점진적으로 성장했다. 오늘날에는 마르크스주의 경제학자들과 역사학자들까지도 한스 호그의 부흥운동이 노르웨이를 변화시켰다는 것에 동의한다.

부흥운동 초기에는 당시 권력을 잡고 있는 당국자들의 맹렬한 반대에 부딪혔다. 그들은 위압적인 방법으로 한스 호그를 저지하려 했다. 그는 8년 동안 사역하면서 무려 열한 번이나 체포되고 투옥되었다. 친구들이 그를 면회하는 것도 허락되지 않았고 성경책도 빼앗겼다. 또한 정부 당국은 그가 쓴 책들을 회수하여 없애려고 마을들을 돌아다니기까지 했다. 알브 매그너스 박사는 '부흥이 경제에 끼치는 영향력'이라는 강의를 마무리 지으면서 이렇게 말했다. "나는 가끔 8년 동안 사역을 하던 한스가 33세의 나이에 감옥에 갇혀 있고 내가 거기 함께 있었다고 상상해 봅니다. 그리고 마귀가 한스를 조롱하여 다음과 같이 말하는 것을 상상해 봅니다."

"한스야! 너는 바보천치다! 왜 너는 이 감옥 안에서 썩고 있느냐?"

"네가 섬기는 하나님은 결코 선한 분이 아니다. 왜 그를 섬기려 하느냐?"

"봐라! 네가 지금 어떻게 취급받고 있는지."

"봐라! 너의 하나님이 너의 사역에 대해 어떻게 보상하는지."

"믿음을 던져 버리고 감옥에서 나와 자유를 찾아라!"

매그너스 박사는 부드러운 음성으로 말씀하시는 또 다른 목소리를 상상한다고 했다.

"한스야! 너는 네가 불렀던 찬양을 기억하느냐?"

"'만약 당신이 내 영혼 안에 들어와 계시기만 한다면, 기꺼이 나 자신과 모든 것을 잃어버려도 좋습니다'라고 했던 그 소절을 기억하느냐?"

"그래, 지금 너는 사역, 재산, 건강, 친구, 그리고 자유까지도 잃어버렸다. 그래도 여전히 그 찬양이 너에게 같은 의미를 갖고 있느냐?"

"이 모든 것들보다 내가 더 가치 있느냐?"

한스는 대답한다. "예! 주님!"

한스 호그는 변화되었고 주님의 충성스런 종이 되려고 헌신하였기 때문에 하나님은 한 나라를 변화시키는 일에 그를 능력 있게 사용하셨다. 한스는 다른 사람들의 능력에 힘을 더하는 자였고 격려하는 자였다. 설교와 가르침을 통해서뿐만 아니라 회사 설립, 서점, 공장 건설을 통해서도 사람들에게 힘을 불어넣어 주었다. 영적인 성장은 물론, 경제적인 성장에도 불을 붙이는 기폭제 역할을 하였다. 그리고 하나님과 이웃에 대한 사랑을 증명해 보였다. 한스는 많은 열매를 맺었다. 그는 실로 강하고 용기 있는 리더였다. "서로 돌아보아 사랑과 선행을 격려하며 모이기를 폐하는 어떤 사람들의 습관과 같이 하지 말고 오직 권하여 그날이 가까움을 볼수록 더욱 그리하자"(히 10:24-25).

>>> 의사를 전달하는 리더

예수님은 종종 군중들과 제자들에게 생생한 비유를 들어 말씀하셨다. 다음은 예수님이 비유로 천국에 대해 설명하신 장면이다. 제자들이 예수님께 부탁했다. "밭의 가라지의 비유를 우리에게 설명하여 주소서"(마 13:36). 예수님은 대답하셨다. 그리고는 몇 개의 다른 비유를 덧붙여 설명해 주셨다. 그런 후에 제자들에게 물으셨다. "이 모든 것을 깨달았느냐"(마 13:51).

이해는 의사 소통의 필수 요소다. 만약 이해가 되지 않거나 의미를 깨닫지 못한다면 진정한 의사 소통이 아니다. 예수님은 이상적인 의사 전달자이며 교사였다. 이 세상에서 사역하는 동안에 많은 무리가 듣고 배우려고 예수님을 따라다녔다. 그러나 어떤 사람은 이해하였고 어떤 사람은 이해하지 못했다. "고향으로 돌아가사 저희 회당에서 가르치시니 저희가 놀라 가로되 이 사람의 이 지혜와 이런 능력이 어디서 났느뇨"(마 13:54).

유감스럽게도 통치자들과 당국자들은 마음이 완악하여 그분의 메시지를 들으려 하지 않았다. 예수님의 말씀과 행동들을 전혀 이해하지 못했다. 제자들이 예수께 왜 비유로 말씀하시는지 묻자 예수님은 제자들에게 대답하셨다.

> "그러므로 내가 저희에게 비유로 말하기는 저희가 보아도 보지 못하며 들어도 듣지 못하며 깨닫지 못함이니라 이사야의 예언이 저희에게 이루었으니 일렀으되 너희가 듣기는 들어도 깨닫지 못할 것이요 보기는 보아도 알지 못하리라 이 백성들의 마음이 완악하여져서 그 귀는 듣기에 둔하고 눈은 감았으니 이는 눈으로 보고 귀로 듣고 마음으로 깨달아 돌이켜 내게 고침을 받을까 두려워함이라"(마 13:13-15).

고린도 교회에 보내는 서신에서 바울은 다음과 같이 강조했다. "그러나 우리가 온전한 자들 중에서 지혜를 말하노니 이는 이 세상의 지혜가 아니요 또 이 세상의 없어질 관원의 지혜도 아니요 오직 비밀한 가운데 있는 하나님의 지혜를 말하는 것이니 곧 감추었던 것인데 하나님이 우리의 영광을 위하사 만세 전에 미리 정하신 것이라 이 지혜는 이 세대의 관원이 하나도 알지 못하였나니 만일 알았더면 영광의 주를 십자가에 못박지 아니하였으리라"(고전 2:6-8).

하나님이 세우신 리더는 효과적인 의사 전달자가 되어야 한다. 그렇다고 반드시 유창한 웅변가가 될 필요는 없다. "내 말과 내 전도함이 지혜의 권하는 말로 하지 아니하고 다만 성령의 나타남과 능력으로 하여 너희 믿음이 사람의 지혜에 있지 아니하고 다만 하나님의 능력에 있게 하려 하였노라"(고전 2:4-5).

하나님이 쓰시는 리더는 성령의 교훈과 감동을 그대로 전달하며 주께서 의도하신 대로 말하고 행동하는 사람이라고 바울은 말한다. 성령의 감동으로 의사를 전달하는 능력은 함께 일하도록 부름 받은 사람들을 인도하는 리더들에게 필수적인 재산이다. 탁월한 의사 전달자는 팀원들에게 창조적인 능력을 주며 연합을 촉진시키고 목표를 향해 나아가는 뜨거운 헌신을 불러일으킨다.

팀원들은 진정으로 리더들의 말을 이해하고 순종한다. 물론 의사소통이 서투른 리더의 경우는 이와 반대다. 이런 리더는 비전에 초점을 맞추지 않는다. 또한 팀원들의 질문과 필요에 관심을 기울이지 않는다. 서투른 의사소통은 대체적으로 오해와 혼란과 불평과 좌절, 창조성의 상실, 비전이나 목표를 왜곡하는 결과를 초래한다.

비전을 성취하기 위한 계획과 활동에는 은사와 기름부음을 받은 다양한 리더가 필요하다. 어떤 리더들은 사도적(개척자적) 리더로 부르심을 받아 성령에 감동된 계획을 시작하고 그것이 실현되도록 팀원들에게 영적인 힘을 불어넣는다. 또 어떤 이들은 선지자적 리더들로서 팀원들로 하여금 하나님이 팀에게 주신 비전과 말씀 가운데 깨어 있도록 한다.

또 다른 이들은 사람들에게 복음을 전하는 복음전도자적 리더로 부름 받는다. 정규적으로 팀을 양육하고 교육하여 훈련시키는 목자와 교사로서의 리더로 부름 받는 사람들도 있다. 은사가 무엇이든 간에 리더들은 효과적인 의사 전달자가 되어야 한다. 사도 바울은 고린도 교회에 보내는 서신에서 다음과 같이 깨우쳐 주고 있다.

> "우리가 세상의 영을 받지 아니하고 오직 하나님께로 온 영을 받았으니 이는 우리로 하여금 하나님께서 우리에게 은혜로 주신 것들을 알게 하려 하심이라 우리가 이것을 말하거니와 사람의 지혜의 가르친 말로 아니하고 오직 성령의 가르치신 것으로 하니 신령한 일은 신령한 것으로 분별하느니라 육에 속한 사람은 하나님의 성령의 일을 받지 아니하나니 저희에게는 미련하게 보임이요 또 깨닫지도 못하나니 이런 일은 영적으로라야 분변함이니라"(고전 2:12-14).

지난 세기 동안에 정보 전달 방법이 폭발적으로 개발되었다. 종종 현시대를 '정보의 시대'라고 부른다. 컴퓨터, 인터넷, 비디오, CD-롬, DVD, 원거리 교육, TV, 라디오, 그리고 그 외의 다른 방송매체들이 사회 속에 가득 퍼져 있다. 이 모든 것들이 의사 전달에 이용될 수 있다. 그러나 이렇게 전달된 정보들은 선한 일뿐 아니라 악한 일에도 이용될 수 있다는 것을 명심해야 한다.

그리스도인들은 매체를 통해 살아 계신 하나님께로 더 가까이 갈 수 있으며, 영적으로 충만한 힘을 주는 메시지와 수많은 책들을 접할 수 있다. 기독교 TV와 라디오 방송은 세계에 있는 수백만의 사람들에게 정보를 제공함으로 많은 영향을 끼쳤다. 이처럼 유용하고 뛰어난 자료들을 준비하는 데는 용기 있는 리더들이 필요했다. 그러나 방송매체를 통해 전달되고 있는 옳지 못한 정보들과 비교하면, 영적인 충만함과 삶을 변화시키는 정보들은 너무나 미미하다.

19세기에 미국은 나라가 둘로 분리될 뻔했던 남북전쟁이라는 홍역을 치르고 있었다. 당시의 미합중국 대통령은 아브라함 링컨이었다. 오늘날의 역사가들은 링컨을 역대 미국 대통령 중 가장 위대한 대통령 중 한 사람으로 여긴다. 한 나라의 원수로서 링컨은 매우 설득력 있게 언어를 구사했다. 단지 272개의 단어로 이루어진, 3분도 채 안 되는 그의 짧은 연설에 대해 엄청난 분량의 분석들이 쓰여졌다.

링컨은 게티스버그의 전쟁터에서 간단한 연설을 했다. 그곳은 바로 몇 달 전에 남부와 북부 양쪽에서 온 수만 명의 군인들이 전사한 곳이었다. 어떤 사람들은 링컨이 한 몇 마디 연설이 미국을 자유의 나라로 변화시켰고, 지적 혁명에 영향을 주었으며, 세계를 변화시켰다고 말한다. 문학비평가들과 학자들이 연설에 사용된 어구들을 분해·분석하고 찬사를 표했지만, 더욱 중요한 것은 그 연설이 온 국민에게 영적 감동을 주고 강력한 영향력을 끼쳤다는 것이다. 링컨의 연설은 수십 년에 걸쳐 미국의 수백만 초등학교 어린이들에 의해 암송되어 왔으며 오랜 세월에도 퇴색되지 않았다.

이 연설이 1863년 이후로 수많은 사람들에게 영향을 주었듯이 살아 계신 하나님의 성령께서 이 연설을 통하여 다시 한번 말씀해 주실 것을 소망하면서 여기에 그 연설문을 소개한다. 본서가 강조하려는 점은 적합한 때에 올바르게 전달되는 메시지가 세상에 얼마나 큰 영향을 주는가 하는 것이다.

〈링컨의 연설문 - 게티스버그 전몰장병 묘지봉헌식에서_1863. 11. 19〉

87년 전에 우리의 조상들은 이 대륙 위에 새로운 국가를 건설했습니다. 그 나라는 자유 안에서 잉태되었고 모든 사람은 평등하게 창조되었다는 신념을 가진 나라였습니다. 지금 우리는 커다란 내전을 치르고 있습니다. 이 전쟁은 자유 가운데 잉태되고 평등의 신념에 뿌리박은 나라가 존속할 수 있느냐 없느냐를 시험하는 전쟁입니다. 지금 우리는 그 전쟁의 격전지에 모여 있습니다. 우리는 이 나라를 존속시키기 위해 이곳에서 스스로 생명을 바친 사람들에게 이 격전지의 일부를 최후의 안식처로 봉헌하기 위해 모인 것입니다. 우리가 이렇게 하는 것은 매우 정당하고 적절합니다. 그러나 한편으로 우리는 이 땅을 특별한 성역으로 만들 수는 없습니다. 이곳에서 싸우다 살아 남았거나 전사한 용감한 사람들이 이 땅을 이미 성역으로 만들어 놓았기에 우리가 그것에 더 보태거나 뺄 수 없기 때문입니다. 우리가 지금 여기서 하는 말은 별로 주의를 끌지 못할 것이고 오랫동안 기억되지도 않을 것입니다. 그러나 용사들이 이곳에 남긴 행적만은 영원히 잊혀지지 않을 것입니다. 우리 살아 있는 자들은 이곳에서 싸운 사람들이 고귀하게 매진해온 미완성의 과업과 앞에 남겨져 있는 위대한 과업에 더욱 헌신해야 합니다. 숭고한 목적을 위해 최후까지 충성을 다바친 그들에게서 고귀한 희생정신을 계승해야 하며, 전사자들의 죽음이 헛되지 않도록, 이 나라가 하나님의 가호 아래 새롭게 탄생되도록, 국민의, 국민에 의한, 국민을 위한 정부가 지상에서 소멸되지 않도록 할 것을 굳게 결의해야 하는 것입니다.

>>> 연합을 도모하는 리더

세계적으로 수백만의 사람들이 단체 스포츠를 즐긴다. 어떤 이들은 선수로, 어떤 이들은 관람자로 즐긴다. 호흡이 잘 맞는 팀들의 경기를 지켜보는 것은 특히 즐겁다. 그러한 팀의 일원이 된다는 것 또한 유쾌한 일이다. 모든 팀원들이 온전한 연합을 이룰 때 완전한 경기가 이루어진다. 선수들의 연합이 아름답게 빛날 때 팀이 강력한 힘을 발휘하게 된다.

팀이 어떤 시도를 하는 데 있어서도 성공의 열쇠는 연합이다. 코치, 감독, 현장의 리더들은 모든 선수들에게 연합의 개념과 선수 개인의 중요성, 그리고 각자의 기능의 중요성에 대해 주입시킬 필요가 있다. 팀이 연합을 이루기 위해서는 리더가 효과적인 의사 전달자이어야 하며, 공동목표에 헌신되어 있어야 한다. 헌신, 의사소통, 연합, 이 세 가지 요소는 팀을 이루는 핵심적인 요건이다. 똑같은 수의 인원이라도, 목표에 헌신되지 않았거나 의사소통이 잘 되지 않는 선수들이 있는 팀은 목표를 성취하기 어렵지만, 이러한 세 가지 요소들을 갖춘 팀은 목표를 달성할 수가 있다.

"우리가 한 몸에 많은 지체를 가졌으나 모든 지체가 같은 직분을 가진 것이 아니니 이와 같이 우리 많은 사람이 그리스도 안에서 한 몸이 되어 서로 지체가 되었느니라 우리에게 주신 은혜대로 받은 은사가 각각 다르니 혹 예언이면 믿음의 분수대로 …할 것이니라"(롬 12:4-6).

한 팀으로 함께 일함으로써 사람들은 자신의 기술과 관심과 힘을 가장 효과적으로 활용할 수 있다.

어떤 사역을 하든지 연합된 관계는 매우 중요하다. 리더들은 연합을 이루고 지켜야 한다. 예수님은 체포되어 십자가에 못 박히기 직전에 모든 믿는 자들을 위해 아버지께 기도하셨다. "아버지께서 내 안에, 내가 아버지 안에 있는 것같이 저희도 다 하나가 되어 우리 안에 있게 하사 세상으로 아버지께서 나를 보내신 것을 믿게 하옵소서 내게 주신 영광을 내가 저희에게 주었사오니 이는 우리가 하나가 된 것 같이 저희도 하나가 되게 하려 함이니이다 곧 내가 저희 안에, 아버지께서 내 안에 계셔 저희로 온전함을 이루어 하나가 되게 하려 함은 아버지께서 나를 보내신 것과 또 나를 사랑하심같이 저희도 사랑하신 것을 세상으로 알게 하려 함이로소이다"(요 17:21-23).

그룹이나 팀에 추가로 합류된 사람들은 하나님이 주신 비전을 이해해야 하고 그 단체에 충성해야 한다. 리더들은 팀원들에게 반복하여 비전에 대해 말해 주고 완전한 연합을 지켜 나가도록 한다. 리더들이 이렇게 노력할 때 팀 전체에 창조적인 능력이 흘러나오며, 모든 팀원들이 목표에 도달하기 위해 역동적인 힘과 열정을 발산하게 된다.

>>> 보호하는 리더

폭력, 강간, 아동학대, 살인, 대량학살, 그리고 다른 잔학한 행위들이 매일같이 세계 도처에서 일어나고 있다. 사람들을 안전하게 보호하기 위해 의로운 보호자와 방어자들이 필요한 시대다. 정부 리더들의 가장 주된 책임은 범죄를 미연에 방지하고 범죄자들을 기소하고 격리하기 위한 든든한 치안 체제를 유지하는 일이다.

한 나라의 군대는, 전쟁 중에는 적의 공격을 물리치고 평상시에는 침략자의 위협으로부터 막아 주는 방어자가 되어야 한다. 전쟁은 리더들을 낳는다. 그들은 적을 격퇴하는 동안에 목숨을 건 모험을 하며 종종 생명을 잃기도 한다. 그러한 용기와 영웅적인 정신 때문에 그들은 사후에 최고 명예 훈장과 존경을 받는다.

일반인인 경우에 용기 있는 리더는 옳은 것, 즉 진리, 종교적인 자유, 잔혹 행위 반대, 비인간적 행위 반대, 억압정치 반대 등을 위해 투쟁하면서 자신의 성공과 심지어 생명까지도 위험에 내던지는 사람들이다. 어떤 리더들은 가난하고 굶주린 사람들을 돕거나 버림 받고 죽어 가는 이들을 보호하고 돌보는 프로그램을 만들기도 한다. 마더 테레사의 '사랑의 수녀회'는 전세계적으로 가난하고 죽어 가는 사람들을 긍휼히 여기고 사랑을 베푸는 단체로서 사회적으로 인정받고 있다. 그러나 이러한 영웅적이고 용기 있는 일반인들의 노력에 관심을 기울이고 이해하며 감사해하는 경우는 흔치 않다. 심지어 빈곤한 사람들을 섬기는 일 때문에 부당하게 공격을 당하는 수도 있다.

세상에는 변화를 거부하고 잔혹한 현 상태를 유지하려는 사람들이 있게 마련이다. 이 장의 첫 부분에서 설명했던 것과 같이 노르웨이의 한스 호그를 반대했던 사람들이 바로 그런 자들이었다. 그의 사역 기간에 정부 당국자들은 변화를 원치 않았다.

한스의 경우처럼 백성들의 보호자가 되어야 할 정부 지도자들이 오히려 백성들에게 불법을 행하는 자들이 되는 것이 현실이다. 그러한 지도자들은 권력을 견고히하기 위해 법을 이용하고 해석하며 바꾸기도 한다. 그래서 법을 악용하여 불의를 강요하기도 하고, 반대 견해를 가진 사람들의 자유를 빼앗아 버리기도 한다. 군대의 힘을 이용해 평화로운 이웃나라와 전쟁을 시작하기도 한다.

그러나 불법과 억압이 증가될 때면 하나님은 용기 있는 보호자들과 방어자들을 일으키신다. 구 소련 정부가 바로 그러한 경우였다. 훗날 문학의 천재로 알려진 소련 작가 알렉산더 솔제니친은 뛰어난 저술로 공산주의 정부에게 당하고 있는 수많은 국민들의 고통과 괴로움, 비인간적인 학대에 대해 온 세계에 알릴 수 있었다.

제2차 세계대전 동안 소련군 장교였던 솔제니친은 마르크스-레닌주의 이론을 주입받았다. 그러나 어느 날 그는 소련에서 일어나고 있는 악행과 스탈린에 대해 경멸했고 그로 인해 정치범으로 체포되어 투옥되었다. 여러 해 동안 감옥과 강제노동 수용소, 그리고 '수용소 군도'라고 불리는 형무소들을 전전해야 했다.

형무소 안에서 솔제니친은 비인간적인 대우를 받는 다른 정치범 죄수들의 이야기를 듣게 되었다. 소련의 체제를 깊이 관찰한 결과 그의 관점은 크게 바뀌게 되었고 강한 성품과 굳건한 신념이 형성되었다.

이러한 고난의 세월들은 공산주의와 마르크스주의의 파괴적이고 악한 면들에 대한 새로운 인식을 갖게 해주었다. 극도의 어려운 환경에서도 솔제니친은 비밀리에 몇 권의 책을 썼고 놀랍게도 그것을 마이크로 필름에 찍어서 은밀히 서부 유럽과 미국으로 보내 출판시켰다. 이 책들은 소련 내부에서 일어나고 있는 억압에 대한 세계의 여론을 불러일으켰다. 또한 소련의 붕괴에도 크게 기여했다. 고난에 의하여 빚어진 한 사람이 소위 초강력 국가라고 불리던 나라를 변화시키는 막강한 힘을 발휘했던 것이다.

에스더에 관한 성경 기사는 음모와 계략으로 가득 찬 이야기다. 에스더는 유대인 고아 소녀였다. 후에 아름다운 처녀로 성장하여 페르시아 왕국의 아하수에로 왕의 왕비로 간택되었다. 왕비라는 위치는 훗날 하나님에 의하여 유대인을 구원하는 데에 중요하게 사용되었다.

당시 유대인들은 이 왕국의 127개의 도에 흩어져 살고 있었는데 악한 귀족 하만의 간계로 모든 유대인들을 전멸하라는 포고령이 떨어졌다. 그러나 하나님이 "이때를 위해" 에스더를 들어올려서 가능한 일을 하게 하시고 하나님은 불가능한 일을 행하셨다(참고, 에 4:14). 페르시아에 살고 있는 유대인들은 에스더와 합심하여 금식하고 기도했다. 그 결과 유대인들은 사형선고에서 벗어나게 되었다. 오히려 유대인들은 아하수에로 왕의 통치 아래서 많은 혜택을 누리게 되었다. 이 사건은 불가능해 보이는 상황에서도 하나님은 우리를 구원하실 수 있음을 실증해 준다. 하나님의 방법은 가장 올바른 방법이다.

"우리가 육체에 있어 행하나 육체대로 싸우지 아니하노니 우리의 싸우는 병기는 육체에 속한 것이 아니요 오직 하나님 앞에서 견고한 진을 파하는 강력이라 모든 이론을 파하며 하나님 아는 것을 대적하여 높아진 것을 다 파하고 모든 생각을 사로잡아 그리스도에게 복종케 하니"(고후 10:3-5).

>>> 섬기는 리더

과거 30년 동안 많은 영리 단체들과 비영리 조직들, 그리고 정부 관련 공공기관들이 섬김의 리더십(servant leadership)이라는 그린리프의 개념을 수용했다. 이러한 개념은 1970년 그린리프(Robert K. Greenleaf)가 쓴 〈리더로서의 종〉(The servant as Leader)이라는 논문에 의하여 제시되었다. 이것은 그린리프의 첫 번째 논문인데 그는 그 후에 비슷한 주제로 논문과 책을 여러 편 썼다. 기독교를 믿는 유대인으로서의 개인적 배경과 미국 전신전화회사에서 쌓은 오랜 경력, 하버드 대학과 MIT에서의 강의 경험들은 그가 리더십에 대한 깊은 이해를 갖는 데 기반이 되었다.

방대한 경험들 외에 또 하나의 핵심적인 사건이 1960년 그가 헤르만 헤세의 소설「동쪽으로의 여행」(Journey to the East)을 읽는 동안 일어났다. 참된 리더십은 다른 사람들을 섬기려는 깊은 열망과 헌신을 가진 사람들로부터 나온다는 새로운 깨달음이었다. 첫 번째 논문을 쓴 이후에 그린리프는 '종으로서의 리더'라는 주제로 리더십의 본질, 학술단체들의 구조, 기업, 신학교 그리고 다른 여러 기구들에 관한 일련의 논문들을 썼고 수십만 부의 논문들과 책들이 세계 전역에 알려졌다. 그의 저서들은 리더십과 섬김과 사회를 돌보는 일에 관심 있는 사람들에게 사상적 양식이 되었다.

그러면 무엇이 섬김의 리더십인가? 그린리프는 1970년 그의 논문에 "섬기는 리더란 우선 자기 자신이 종인 사람이다"라고 썼다. 그는 계속해서 다음과 같이 말하고 있다. "섬김의 리더십은 사람을 섬기기 원하는, 먼저 섬기고자 하는 자연스러운 감정에서 시작된다. 그 후에 의식적인 선택을 통해 지도하고 싶은 열망을 갖는다. 섬김의 리더십은 다른 사람들의 최우선적인 필요를 먼저 섬기는 데서 증명된다. 진정한 섬김인지에 대한 시험은 당신이 섬기고 있는 사람들이 성장하고 있느냐 하는 것이다. 당신이 그들을 섬기고 있는 동안에 그들이 '더 강건해지고, 지혜로워지고, 자유케 되고, 자율적이 되며, 스스로 종이 되기에 합당한 자로 변화되고 있는가?'를 확인하는 것이다.

섬기는 리더라는 개념은 심오하며 쉽게 파악되지 않는다. 하지만 그 개념들은 삶으로 드러나야 한다. 지난 세대의 사람들은 주로 상하계층적인 체제에서 살아왔다. 그러한 체제에서는 리더들이 우선이었다. 비록 리더들이 아랫사람들을 잘 섬겼다 해도, 그들의 최우선 관심사는 섬김 받는 사람들의 복지에 있지 않았다.

그린리프와 그를 따르는 사람들이 단체와 조직의 리더들에게 섬김의 리더십에 대해 진지하게 생각하도록 영향을 준 것은 크나큰 축복이다. 그린리프가 논문에서 언급한 긍정적인 태도들은 목표 완성이나 사역을 추구하는 모든 리더들의 마음과 사고 안에 스며들어야 한다.

섬김의 리더십에 관한 원리는 성경적이다. 그 원리는 하나님의 성품에서 비롯된다. 예수님은 제자들에게 그 개념들을 가르치는 데 상당한 시간을 할애하셨다. 제자들은 그 개념들을 쉽게 파악하지 못했다. 예수님은 반복해서 강조해야만 했다.

"너희 중에 큰 자는 너희를 섬기는 자가 되어야 하리라"(마 23:11).

"너희 중에는 그렇지 아니하니 너희 중에 누구든지 크고자 하는 자는 너희를 섬기는 자가 되고"(마 20:26).

"예수께서 이르시되 이방인의 임금들은 저희를 주관하며 그 집권자들은 은인이라 칭함을 받으나 너희는 그렇지 않을지니 너희 중에 큰 자는 젊은 자와 같고 두목은 섬기는 자와 같을지니라"(눅 22:25-26).

제자들이 예수님께 나아와 물었다. "천국에서는 누가 크니이까"(마 18:1).

예수님은 대답하셨다. "진실로 너희에게 이르노니 너희가 돌이켜 어린 아이들과 같이 되지 아니하면 결단코 천국에 들어가지 못하리라 그러므로 누구든지 이 어린아이와 같이 자기를 낮추는 그이가 천국에서 큰 자니라"(마 18:3-4).

섬기는 리더에게는 겸손이 필수 요소다. 성경에도 반복하여 겸손을 강조한다. 예수님은 섬기는 리더의 최고 모델이시다. 예수님은 말씀하신다. "인자가 온 것은 섬김을 받으려 함이 아니라 도리어 섬기려 하고 자기 목숨을 많은 사람의 대속물로 주려 함이니라"(마 20:28). 바울은 빌립보 교회 성도들에게 보낸 서신에서 다음과 같이 쓰고 있다.

"각각 자기 일을 돌아볼 뿐더러 또한 각각 다른 사람들의 일을 돌아보아 나의 기쁨을 충만케 하라 너희 안에 이 마음을 품으라 곧 그리스도 예수의 마음이니 그는 근본 하나님의 본체시나 하나님과 동등됨을 취할 것으로 여기지 아니하시고 오히려 자기를 비어 종의 형체를 가져 사람들과 같이 되었고 사람의 모양으로 나타나셨으매 자기를 낮추시고 죽기까지 복종하셨으니 곧 십자가에 죽으심이라"(빌 2:4-8).

섬기는 리더의 모습을 가장 극적으로 보여주는 사례는 예수께서 제자들의 발을 씻기신 일이다. "유월절 전에 예수께서 자기가 세상을 떠나 아버지께로 돌아가실 때가 이른 줄 아시고 세상에 있는 자기 사람들을 사랑하시되 끝까지 사랑하시니라 … 저녁 잡수시던 자리에서 일어나 겉옷을 벗고 수건을 가져다가 허리에 두르시고 이에 대야에 물을 담아 제자들의 발을 씻기시고 그 두르신 수건으로 씻기기를 시작하여"(요 13:1, 4-5).

예수님은 제자들의 발을 씻기신 후에 다음과 같이 교훈하셨다. "내가 너희에게 행한 것같이 너희도 행하게 하려 하여 본을 보였노라 내가 진실로 진실로 너희에게 이르노니 종이 상전보다 크지 못하고 보냄을 받은 자가 보낸 자보다 크지 못하니 너희가 이것을 알고 행하면 복이 있으리라"(요 13:15-17).

예수님은 하나님으로서의 모든 거룩한 권세와 특권을 마다하고 갓난아이로 태어나셨고 멸시받는 사람들 중 한 명이 되셨다. 그는 육신이 되어 우리 가운데 거하셨고 삶을 제자들과 함께 나누시며 그들과 동일한 처지에서 사셨다. 예수님의 가르침은 율법 교사들을 깜짝 놀라게 했고, 병든 자들을 고치셨고, 수많은 군중을 먹이셨으며, 긍휼과 동정을 보이셨다. 인간을 구원하시려고 십자가에서 죽으심으로 최고의 희생물이 되셨고 부활하심으로 미래에 대한 소망을 주셨다. 이러한 모든 과정에서 예수님은 종으로서의 리더의 본을 보여 주셨고 그 본을 따르라고 말씀하셨다.

20세기 후반에 하나의 이름이 온 세계 사람들에게 널리 알려졌는데 그 이름은 바로 마더 테레사다. 1910년 알바니아에서 출생한 테레사는 후에 수녀가 되었다. 그리고 생애의 대부분을 가난과 질병으로 죽어 가는 인도인들을 섬기는 데 사용했다. 이것은 이 세상이 관심을 보이는 그런 종류의 경력이 결코 아니다. 마더 테레사의 삶은 사람들의 마음을 감동시켰다. 죽어 가는 사람들과 함께하며 사랑과 자비, 온 마음과 정성으로 섬긴 그녀의 삶은 섬김의 리더로서의 산 모범을 보여 주었다. 마더 테레사는 미래에 대한 소망을 주는 특별한 성품과 희생을 보여 주었다.

그녀는 1979년에 노벨 평화상을 수상했다. 수상식 때 노르웨이 노벨상 위원회의 요한 산네스 교수는 마더 테레사를 소개하면서 '누구보다 그녀를 두드러지게' 한 '마더 테레사 정신'에 대해 설명하였다. 그는 다음과 같은 말로 소개를 마쳤다. "마더 테레사의 메시지는 인간의 내면 깊숙이 다가가서 한 가지 가능성, 즉 선행의 씨앗을 창조합니다. 만일 그렇지 않다면 세계는 희망이 없을 것이고 평화를 위한 노력도 의미가 없을 것입니다." 〈타임지〉의 전 수석 특파원이었던 데이비드 에이크만 박사는 그의 저서 「세계를 변화시킨 여섯 명의 위대한 사람들」(Great Souls : Six who Changed the Century)에 마더 테레사를 포함시켰다. '강하고 용기 있는 리더'에 관한 글의 끝 부분에서 그는 다음과 같이 썼다.

"마더 테레사는 소위 현대적인 것들의 경박함에 대항하여 하나의 다림줄을 세웠다. 인간의 긍휼이라는 덕목에 대한 진정한 의미의 기준이 되는 다림줄, 즉 하나님의 다림줄을 세웠다. 정확히 말하자면 그녀는 신약에 나오는 헬라어 '아가페(Agape)'의 의미를 완전히 실천하며 살았다. 아가페의 가장 깊은 뜻은 느낌과는 상관없이 생명을 버리면서까지 사랑한다는 의미다. 물론 한 사람의 생명이 문화 전체를 삼키려고 위협하는 어두움의 세력을 소멸시키기에는 역부족이다. 그러나 진정한 빛과 잠시 반짝이다 사라지는 빛을 구별하기 어려운 이 시대에 마더 테레사는 진정한 빛이 무엇인지 우리에게 보여주었을 뿐만 아니라 죽는 날까지 수백만의 다른 사람들이 그 빛을 발견할 수 있도록 길을 비춰 주었다."

4

자신의 세계를 변화시키기

"너희는 이 세대를 본받지 말고 오직 마음을 새롭게 함으로 변화를 받아 하나님의 선하시고 기뻐하시고 온전하신 뜻이 무엇인지 분별하도록 하라"(롬 12:2).

로마서 12장 2절의 말씀은 놀라운 진리를 요약하고 있다. 사람들이 세상적인 방법으로 대중을 따라 사는 삶에서 떠나 진심으로 하나님을 알려고 찾을 때 삶이 변화된다. 생각의 변화와 삶의 변화는 심오한 것이다. 생각을 새롭게 함으로 삶이 변화되고 주님께 온전히 헌신할 때 내적인 참 평화와 기쁨을 누리게 된다. 하나님은 그러한 사람들에게 그의 완전하신 뜻을 좇아 행할 수 있는 권능을 주신다.

노르웨이의 한스 호그를 다시 생각해 보자. 25세의 젊은 농부는 밭에서 일하면서 찬송가를 부르며 자기의 마음과 생각을 하나님께 열었다. 하나님은 극적으로 한스를 변화시키셨고 능력을 주셨다. 그는 즉각적인 순종으로 8년간의 사역을 시작했으며 그 사역은 온 나라에 영향을 끼쳤다.

마더 테레사를 상기해 보라. 하나님은 그녀에게 하나님의 사랑을 상처받은 이 세상에 보여주도록 강렬한 열정을 주셨다. 그 과정을 머릿속으로 그려 보라.

한 여자아이가 알바니아에서 태어난다, 그리고 성장한다, 예수님에 의하여 부름 받고 변화된다, 수녀가 될 준비를 한다, 수녀가 된다, 인도로 간다, 거기에서 거절당한 사람들과 빈곤한 사람들 그리고 죽어 가는 사람들과 함께 살면서 섬기며 일한다….

부르심을 따라 주님을 섬기려는 열정은 많은 비통한 현실들 속에서 내적인 평화와 기쁨과 힘을 가져다 주었다. 그 결과로 그녀는 예수 그리스도의 사랑의 빛을 발산했다. 그녀의 영향력은 점점 커져갔다. 많은 사람들이 그녀의 비전에 매료되었다. 마더 테레사의 빛은 수천 명의 사람들을 자선 수녀회의 사역에 직접 참여하게 했을 뿐만 아니라 수많은 사람들에게 무엇이 참빛인지를 증명해 보여 주었다. 그녀야말로 세계를 변화시키는 변화된 삶의 빛나는 본보기며 상징이다.

4장에서는 특정 목표를 달성하는 데에 열정을 지녔던 용기 있는 리더들에 대해 계속해서 이야기하면서 부르심, 목표, 사역이 주님의 인도에 따라 여러 가지 형태를 띨 수 있다는 것을 강조하고 싶다. 즉, 현장에서 직접 지휘하거나 인도하지 않더라도 사람들은 저작활동이나 예술활동 또는 다른 기술들을 통하여 많은 사람들에게 길을 안내해 주는 리더가 될 수 있다. 이번 장의 내용이 당신으로 하여금 부르심에 대한 열심과 열정 그리고 헌신의 강도를 평가하도록 도와 주고 당신 앞에 놓인 목표를 향해 나아갈 수 있도록 격려해 주리라고 확신한다.

>>> 자신의 세계를 제자화하기 위한 열정

모든 그리스도인들은 예수 그리스도의 제자가 되어야 한다. 또한 자신의 영향력 안에 있는 주변 사람들을 제자 삼아야 한다. 당신의 세계는 가족, 학교, 이웃, 교회 등이 될 수 있다. 어쩌면 어떤 조직체, 공동체, 심지어 한 나라까지도 제자화하라고 부르셨는지도 모른다. 주님이 당신에게 비전을 주신 영역이나 단체는 당신에게 제자화하라고 맡기신 당신의 세계다. 당신 앞에 놓인 목표를 달성하려는 열정으로 용기 있게 살아가고 용기 있게 지도할 때 성령은 당신에게 능력을 주실 것이다. 제자화의 열정을 갖고 살았던 사람들의 진실된 삶의 발자취를 되새겨 보는 것은 희망과 감동을 준다.

아브라함 카이퍼(Abraham Kuyper)는 1800년대 후반에서 1900년대 초기까지 활동했던 네덜란드의 개혁가로서 작은 시골교회의 목사였다. 1880년에 그는 암스테르담 자유대학이라는 종합대학교를 설립했다. 이 대학교는 성경을 절대적인 기반으로 삼고 삶의 모든 영역에서 체계적인 학문 구조를 쌓아올렸다. 카이퍼는 또한 작가, 편집자, 논설위원이었다. 1901년에서 1905년까지 그는 네덜란드의 수상직에 있으면서 그 나라를 변화시켜 하나님께 영광을 돌리기 원했다. 그가 환영회에서 연설했을 때 그의 열정을 느낄 수 있었다.

"간절한 소원이 나의 삶을 지배하여 왔습니다. 높은 동기가 내 마음과 영혼에 박차를 가하듯이 자극해 왔습니다. 내게 부과된 그 신성한 요구에서 도망치기보다는 차라리 내 생명이 끊어지는 것이 더 낫습니다. 그 소원은 바로 이것입니다. 모든 세상의 반대에도 불구하고 하나님의 거룩한 명령이 가정과 학교와 국가 안에 굳게 서는 것입니다. 성경과 창조 세계가 증언하는 주님의 법을 국민들의 양심에 새김으로써 국민들로 다시금 하나님을 경외하게 하는 것입니다."

카이퍼의 인내와 열정과 열망은 예수님과의 친밀한 동행에 뿌리를 두고 있었다. 경건한 고전이 된 「하나님께로 더 가까이」(To Be Near Unto God)에서 카이퍼는 이렇게 쓰고 있다.

"하나님과의 가깝고 친밀한 교제는 충만하고 활기찬 삶의 실제가 되어야 한다. 그것은 우리의 감정, 지각, 감각, 사고, 상상력, 의지, 행동, 말 속에 배어들어야 하고 영향을 미쳐야 한다. 우리 삶에 낯선 요소로 남아 있어서는 안 된다. 오히려 우리의 존재 전체를 관통하는 열정이 되어야 한다."

아브라함 카이퍼의 세계는 조그만 한 시골 교회에서, 성경을 기반으로 삼는 종합대학으로, 국가의 수상으로, 그리스도를 세계에 널리 증거한 많은 책들의 저자로, 수많은 사회와 나라를 섬기는 일에 이르기까지 일생을 통해 계속해서 확장되어 갔다. 예수 그리스도가 온 땅과 국민, 모든 세대들, 가족들과 개개인들에게 영향을 주는 살아 계신 능력이라는 확신으로 카이퍼의 활동은 고무되고 힘을 얻었다. 카이퍼는 1920년에 생을 마감할 때까지 자신의 세계를 제자화하는 열정으로 불타올랐다. 만약 아브라함 카이퍼의 삶 속에 나타난 하나님과의 친밀한 교제를 본받는다면, 우리는 "하나님이 우리를 사랑하시는 사랑"을 알고 신뢰하게 될 것이다(요일 4:16).

"새 계명을 너희에게 주노니 서로 사랑하라 내가 너희를 사랑한 것같이 너희도 서로 사랑하라 너희가 서로 사랑하면 이로써 모든 사람이 너희가 내 제자인 줄 알리라"(요 13:34-35), "하나님은 사랑이시라 사랑 안에 거하는 자는 하나님 안에 거하고 하나님도 그 안에 거하시느니라"(요일 4:16). 우리는 이 말씀들을 깊이 묵상해야 한다. 사도 바울은 에베소 성도들을 위해 다음과 같이 기도했다.

"너희가 사랑 가운데서 뿌리가 박히고 터가 굳어져서 능히 모든 성도와 함께 지식에 넘치는 그리스도의 사랑을 알아 그 넓이와 길이와 높이와 깊이가 어떠함을 깨달아 하나님의 모든 충만하신 것으로 너희에게 충만하게 하시기를 구하노라"(엡 3:17-19).

서기관 하나가 예수님께 물었다. "계명 중에 첫째 되는 계명이 무엇입니까?" 예수께서 그에게 대답하셨다. "네 마음을 다하고 목숨을 다하고 뜻을 다하고 힘을 다하여 주 너의 하나님을 사랑하라 하신 것이요 둘째는 이것이니 네 이웃을 네 몸과 같이 사랑하라 하신 것이라 이에서 더 큰 계명이 없느니라"(막 12:30-31). 우리도 주님의 첫째 계명에 응답하여 '지상명령'을 지키는 것이 마땅하다. "예수께서 나아와 일러 가라사대 하늘과 땅의 모든 권세를 내게 주셨으니 그러므로 너희는 가서 모든 족속으로 제자를 삼아 아버지와 아들과 성령의 이름으로 세례를 주고 내가 너희에게 분부한 모든 것을 가르쳐 지키게 하라 볼지어다 내가 세상 끝날까지 너희와 항상 함께 있으리라 하시니라"(마 28:18-20).

당신의 세계를 제자화하려고 노력할 때 사도 바울이 고린도 교회에 보낸 서신 중에 '사랑장'이라고 불리는 고린도전서 13장을 정기적으로 당신 자신에게 비추어 점검해 보는 것이 중요하다고 생각한다.

"내가 사람의 방언과 천사의 말을 할지라도 사랑이 없으면 소리나는 구리와 울리는 꽹과리가 되고 내가 예언하는 능이 있어 모든 비밀과 모든 지식을 알고 또 산을 옮길 만한 모든 믿음이 있을지라도 사랑이 없으면 내가 아무것도 아니요 내가 내게 있는 모든 것으로 구제하고 또 내 몸을 불사르게 내어 줄지라도 사랑이 없으면 내게 아무 유익이 없느니라 사랑은 오래 참고 사랑은 온유하며 투기하는 자가 되지 아니하며 사랑은 자랑하지 아니하며 교만하지 아니하며 무례히 행치 아니하며 자기의 유익을 구치 아니하며 성내지 아니하며 악한 것을 생각지 아니하며 불의를 기뻐하지 아니하며 진리와 함께 기뻐하고 모든 것을 참으며 모든 것을 믿으며 모든 것을 바라며 모든 것을 견디느니라"(고전 13:1-7).

아브라함 카이퍼와 같은 수많은 사람들이 하나님과 친밀한 교제를 누리며 그들의 세계를 제자화했다. 우리도 우리 안에 거하시는 예수 그리스도와 사랑의 교제를 친밀하게 누릴 수 있는 동일한 기회를 얻었다. 예수님은 우리가 세계를 제자화하기 위해 그분께 손을 내밀며 다가갈 때 항상 우리와 함께하시겠다고 약속하셨다.

>>> 진리를 향한 열정

많은 나라에서 증인들이 법정에서 증언을 하기 전에 "진실, 진실, 오직 진실만을 말하기로 약속합니다"라는 선서를 한다. 이것은 법적인 효력이 있다. 만약 진실이 아닌 것을 진술하면 위증죄가 적용되어 중벌을 받게 된다. 진실이 없으면 법률 체제는 효력이 없게 된다. 정부 조직과 관료들에게 진실성이 없으면 부정과 부패와 불법이 만연하게 되고 마침내 나라 또는 사회가 붕괴된다. 예수님은 "내가 곧 길이요 진리요 생명이니"라고 말씀하셨고(요 14:6) 또 일흔아홉 번씩이나 "내가 진실로 진실로 너희에게 이르노니"라고 말씀하셨다(참고, 마 18:18, 막 14:9, 눅 18:17, 요 3:5 등).

예수님의 말씀은 정확했고 사실과 일치했다. 예수님은 떠나가실 때 제자들에게 약속하셨다. "내가 아버지께 구하겠으니 그가 또 다른 보혜사를 너희에게 주사 영원토록 너희와 함께 있게 하시리니 저는 진리의 영이라 세상은 능히 저를 받지 못하나니 이는 저를 보지도 못하고 알지도 못함이라 그러나 너희는 저를 아나니 저는 너희와 함께 거하심이요 또 너희 속에 계시겠음이라"(요 14:16-17).

진리의 영이신 성령은 우리에게 강제로 임하지 않으신다. 오직 우리가 그분을 영접할 때만 우리의 삶을 인도해 주신다. 성령 안에서 행함은 곧 진리 안에서 행하는 것이며 하나님과 가까이 거하는 것이다. 우리도 사도 요한처럼 기뻐하는 부모의 마음이 될 수 있다. 그는 이렇게 말한다. "내가 내 자녀들이 진리 안에서 행한다 함을 듣는 것보다 더 즐거움이 없도다"(요삼 1:4). 성령은 진리 자체를 수호하시는 분이다. 예수님은 그의 제자들에게 "진리의 성령이 오시면 그가 너희를 모든 진리 가운데로 인도하시리니"라고 말씀하셨다(요 16:13).

앞 단원에서 하나님의 사랑을 알고 신뢰하는 것이 당신의 세계를 제자화하는 것과 중요한 관계가 있음을 살펴본 것과 마찬가지로 진리 또한 당신의 세계를 제자화하는 데 중요하다. 진리가 없는 곳에는 진실된 사랑이 있을 수 없다. 사랑은 "불의를 기뻐하지 아니하며 진리와 함께 기뻐한다"(참고, 고전 13:6). 거짓 교사들에게 속고 있는 성도들이 진리로 새롭게 되기를 바라며 쓴 편지의 서두에서 사도 요한은 진리와 사랑을 연관시켜 다음과 같이 말했다. "장로는 택하심을 입은 부녀와 그의 자녀에게 편지하노니 내가 참으로 사랑하는 자요 나뿐 아니라 진리를 아는 모든 자도 그리하는 것은 우리 안에 거하여 영원히 우리와 함께할 진리를 인함이로다 은혜와 긍휼과 평강이 하나님 아버지와 아버지의 아들 예수 그리스도께로부터 진리와 사랑 가운데서 우리와 함께 있으리라"(요이 1-3).

사도 베드로도 소아시아 전역에 흩어져 있는 성도들에게 보내는 서신에 다음과 같이 썼다. "너희가 진리를 순종함으로 너희 영혼을 깨끗하게 하여 거짓이 없이 형제를 사랑하기에 이르렀으니 마음으로 뜨겁게 피차 사랑하라"(벧전 1:22). 진리의 성령을 무시하는 세계는 진실된 사랑도 무시한다. 세상에 속한 사람들은 정열적으로 사랑을 구하지만 진실된 사랑을 받을 수도 없고 받지도 않는다. 그러므로 그들은 진실된 사랑도, 진리도 구하지 않는다. 진리와 사랑은 따로 분리될 수 없다.

어느 미국 대통령의 탄핵 과정을 보면서 두 왕국 사이의 대결, 즉 진실을 추구하는 사람들과 거짓말이나 반쪽 진실로써 죄를 덮어버리려 하는 사람들 사이에 대립이 있다는 것이 분명해졌다. 거짓말의 심각성은 성경에 나오는 아나니아와 삽비라의 사건을 통하여 확실하게 드러났다. 그들은 자신들의 소유를 팔아서 그 판 값의 일부를 숨겨두고 나머지를 사도들의 발 앞으로 가져왔다. 여기까지는 그래도 칭찬할 만했다. 그러나 그들이 소유를 처분한 사실을 다른 사람들에게 이야기할 때 거짓이 섞여 있었다. 그들의 속임을 꿰뚫어본 베드로는 이렇게 말했다.

"베드로가 가로되 아나니아야 어찌하여 사단이 네 마음에 가득하여 네가 성령을 속이고 땅값 얼마를 감추었느냐 땅이 그대로 있을 때에는 네 땅이 아니며 판 후에도 네 임의로 할 수가 없더냐 어찌하여 이 일을 네 마음에 두었느냐 사람에게 거짓말한 것이 아니요 하나님께로다"(행 5:3-4).

거짓말의 결과로 아나니아와 삽비라는 죽임을 당했다. 요한계시록에 보면 영원한 형벌에 처해진 악한 죄인들 가운데 모든 거짓말하는 자들의 목록이 포함되어 있다.

> "보좌에 앉으신 이가 가라사대 보라 내가 만물을 새롭게 하노라 하시고 또 가라사대 이 말은 신실하고 참되니 기록하라 하시고 또 내게 말씀하시되 이루었도다 나는 알파와 오메가요 처음과 나중이라 내가 생명수 샘물로 목마른 자에게 값없이 주리니 이기는 자는 이것들을 유업으로 얻으리라 나는 저의 하나님이 되고 그는 내 아들이 되리라 그러나 두려워하는 자들과 믿지 아니하는 자들과 흉악한 자들과 살인자들과 행음자들과 술객들과 우상 숭배자들과 모든 거짓말하는 자들은 불과 유황으로 타는 못에 참예하리니 이것이 둘째 사망이라"(계 21:5-8).

하나님은 항상 진리의 편에 서 계신다. 하나님은 진리 그 자체이며 진리의 영이시다. 20세기 후반 하나님은 강하고 용기 있게 진리를 옹호했던 한 사람, 솔제니친을 일으키셔서 세계에 커다란 변화의 불꽃을 일으키셨다.

데이비드 에이크만 박사가 그에게 형무소에서의 힘들고 잔혹했던 삶이 비탄의 세월이었다기보다는 오히려 그의 부르심의 한 부분으로서 소중히 여기는 것이었는지 물었을 때, 솔제니친은 그렇다고 대답하면서 이렇게 덧붙였다. "그러한 환경에서는 인간의 본성이 눈에 띄게 잘 드러나게 되지요. 나에게는 형무소에 있었던 것이 오히려 행운이었습니다. 게다가 이렇게 살아 남았으니 굉장한 일이지요."

에이크만 박사는 그의 저서 「세계를 변화시킨 여섯 명의 위대한 사람들」에서 솔제니친에 대해 다음과 같이 언급했다. "감옥 생활 덕분에, 살아 남은 것 때문에, 그리고 어떤 대가를 치르더라도 진리를 사수했던 솔제니친의 흔들림 없는 헌신에 온 세계는 감사해야 한다."

솔제니친은 강제노동 수용소와 형무소에 구금되었지만 하나님의 은혜로 살아남을 수 있었다. 또한 진리의 영으로 인도함 받았고 성령에 의하여 진리를 온 세계에 알릴 수 있는 힘을 얻었다. 그리고 나라 안에 일어난 변화는 온 세계를 놀라게 하였다.

>>> 하나님을 알고 그를 알리려는 열정

어느 존경 받는 목사의 추모예배에서 그 예배를 주관하던 목사의 아들이 참석자들 중 누구라도 좋으니 부친의 삶에 대해 말씀해 달라고 요청했다. 이에 수십 명의 사람들이 일어나 이렇게 말했다. "그는 하나님의 사람이었지요", "그의 언어 생활은 하나님을 잘 아는 사람다웠어요", "설교할 때마다 마치 하나님이 그를 통해 말씀하시는 것 같았습니다", "나는 그를 통해 하나님께로 오게 되었답니다", "그는 예수 그리스도의 가장 친한 친구 같았지요", "예수 그리스도의 사랑이 그의 삶에 나타났었습니다", "그는 매일 새벽 4시에 일어나서 주님과 대화하고 인도하심을 구했습니다"….

하나님을 알고 또 알리려는 열정으로 살았던 한 사람의 인생이 수많은 사람들의 입을 통해 증거되었다. 영원한 하늘나라의 삶을 향하여 떠난 후에도 60여 년 간의 사역은 계속되고 있었다. 그 목사의 삶을 통하여 수많은 사람들에게 증거되고 소개된 예수 그리스도는 지금도 그들 안에 살아 계신다. 그는 참으로 하나님을 아는 사람이었고 그를 아는 모든 사람들에게 하나님을 알리기 위한 은혜와 지혜와 열정을 가진 사람이었다. 그의 사역과 목표는 오로지 하나님을 알리는 것이었다. 그의 아들은 부친이 그 동안 삶을 통해 어떻게 목회를 감당하였고 무한하고 전능하신 분에게 개인적으로 다가가려고 간절히 구하였는지를 설명함으로써 그 추모예배를 마감했다. 그는 주님이 인도하신 곳이면 어디서든지 그의 세계를 변화시켰던, 진정한 리더였다.

사도 바울은 다음과 같이 열정적으로 외쳤다. "내가 그리스도와 그 부활의 권능을 알기 원한다"(참고, 빌 3:10), "내가 그리스도를 위하여 … 모든 것을 해로 여김은 내 주 그리스도 예수를 아는 지식이 가장 고상함을 인함이라"(빌 3:7-8).

하나님과의 친밀함은 바울에게 지혜와 긍휼, 그리고 권위있게 예수 그리스도의 복음을 전할 수 있는 능력이 되었다. 하나님의 감동으로 기록한 바울의 서신들(로마서, 고린도전후서, 갈라디아서, 에베소서, 빌립보서, 골로새서, 데살로니가전후서 등)은 하나님을 알고 그를 알리기 원하는 바울의 열정을 입증해 준다. 예수 그리스도와의 친밀한 교제를 통해 바울에게는 하나님의 사람들을 향한 거룩한 사랑이 부어졌다, 그리하여 그의 세계를 변화시킨, 하나님의 강력한 전권대사가 되었다. 그의 변화된 삶은 기본적인 리더십의 원리를 보여준다.

창조자 하나님과의 친밀하고 인격적이며 역동적인 교제를 우리 삶의 최우선 순위로 둘 때, 하나님은 우리 안에 그리고 우리를 통해 능력과 지혜와 인도하심이 드러나게 하신다. 그리하여 하나님과 함께 창조사역의 동역자로 살아 가게 해주신다. "하나님을 따라 의와 진리의 거룩함으로 지으심을 받은 새사람을" 입을 때(엡 4:24), 우리는 그의 온전하신 뜻을 따라 우리의 세계를 변화시키는 도구가 될 것이다.

"크리스천 그로스 스터디 바이블"(Christian Growth Study Bible, 존더반 출판사)에는 성경공부를 인도하는 30가지 독특한 방법이 쓰여 있다. 성령님의 인도를 따라 하나님을 더욱 친밀하게 알도록 하는 방법과 하나님을 잘 알릴 수 있는 방법으로 나뉘는데 각각의 공부 방법과 관련된 기사와 성경말씀들이 창세기에서 요한계시록까지 순차적으로 정돈되어 있다. 이같은 방법들을 통해서 성령의 인도를 열심히 구한다면 무한한 유익을 얻을 수 있을 것이다. 규칙적으로 성경말씀을 깊이 묵상하면 하나님의 계획을 달성하기 위한 올바른 과정을 따를 수 있게 된다. 하나님께로 가까이 다가갈 때에 하나님의 계획을 알려 주시고 계획을 실천하도록 동기를 주셔서 하나님이 기뻐하시는 방법으로 하나님을 알림으로써 그분과 함께 동역하는 방법을 보여 주실 것이다.

>>> 변화받고 변화시키려는 열정

앞에서 우리는 하나님의 방법을 따라 하나님과 함께 창조하는 리더들의 본보기를 제시하였다. 이러한 리더들은 자신들의 몸을 "하나님이 기뻐하시는 거룩한 산 제사"로 드렸다. 또한 그들은 "이 세대를 본받지" 않았고 "마음(생각)을 새롭게 함으로 변화를 받았다." 그리하여 "하나님의 선하시고 기뻐하시고 온전하신 뜻"을 행할 수 있게 되었다(참고, 롬 12:1-2).

한스 호그는 성령께서 그의 안에 거하실 수 있도록 자신을 산 제사로 하나님께 드렸고 노르웨이 국민을 변화시키고 개혁하는 데 쓰임 받았다.

아브라함 카이퍼는 변화되고자 하는 열정이 있었다. 그리하여 네덜란드의 개혁에 쓰임 받았다.

마더 테레사는 "나는 하나님의 연필이다. 하나님이 원하는 것을 쓰시는 하나님의 작은 몽당연필이다"라고 말했다. 예수님의 손에 붙들린 그 한 토막의 몽당 연필은 온 세계 위에 긍휼의 의미를 적는 데 사용되었다.

산 제물이 되었던 사람들의 목록은 오랜 세월을 거쳐 이어지고 있다. 그들은 살아 계신 하나님이 자신들 안에 거하시도록, 그리고 자신들을 통해서 일하시도록 마음을 열었다.

오늘날, 이 세계는 예수 그리스도의 십자가 앞에 생명을 내놓을 수 있는 섬김의 리더들, 예수 그리스도로 인하여 변화되고자 하는 열정을 가진 리더들, 마음과 생각이 하나님의 관점과 계획과 온전하신 뜻에 열려 있는 리더들을 필요로 한다. "주 여호와께서는 자기의 비밀을 그 종 선지자들에게 보이지 아니하시고는 결코 행하심이 없으시리라"(암 3:7).

변화된 리더는 하나님이 계획을 계시하실 때 순종하여 따라야 한다. 하나님은 계획을 깨달은 사람이 하나님의 마음을 흡족하게 할 일에 응답하길 원하신다. 하나님께 응답한 후에는 당신의 가족이나, 교회, 공동체 또는 나라를 위해 하나님의 위대하심, 사랑, 성품이 잘 반영된 혁신적인 사역이나 프로젝트가 탄생할지도 모른다. 성경은 다음과 같이 말씀한다.

"너희는 세상의 빛이라 산 위에 있는 동네가 숨기우지 못할 것이요… 이같이 너희 빛을 사람 앞에 비췌게 하여 저희로 너희 착한 행실을 보고 하늘에 계신 너희 아버지께 영광을 돌리게 하라"(마 5:14,16).
"오직 너희는 택하신 족속이요 왕 같은 제사장들이요 거룩한 나라요 그의 소유된 백성이니 이는 너희를 어두운 데서 불러내어 그의 기이한 빛에 들어가게 하신 자의 아름다운 덕을 선전하게 하려 하심이라 … 너희가 이방인 중에서 행실을 선하게 가져 너희를 악행한다고 비방하는 자들로 하여금 너희 선한 일을 보고 권고하시는 날에 하나님께 영광을 돌리게 하려 함이라"(벧전 2:9, 12).

하나님을 찬양하고 하나님을 즐겁게 해 드리는 방법은 많다. 우리는 앞에 놓여 있는 목표에 도달하도록 하나님이 주신 비전을 하나님이 인도하신 계획으로 옮기고, 끈기있게 그 계획을 하나님이 동기부여하신 행동으로 옮김으로써 하나님께 영광을 돌릴 수 있다. 하나님께 순종할 때 참된 기쁨이 샘솟는다. "여호와를 기뻐하는 것이 너희의 힘이니라"(느 8:10).

예술적인 은사가 있는 사람들은 영감어린 음악과 춤과 예술활동을 통하여 아름답게 주를 찬양한다. 또 글쓰기, 디자인, 작곡, 연출, 설교, 가르침, 과학적 탐구, 전문기술 등의 은사가 있는 사람들은 책, 대본, 공연, 비디오, 연설, 하나님의 창조에 대한 새로운 통찰력, 사람들을 돕고 보호하며 치료하는 전문기술 등을 통해서 감동적인 찬양과 기쁨을 드린다. 무엇이든지 하나님이 부르신 일에 순종하면 하나님께 영광과 기쁨을 가져온다.

하나님은 부도덕하고, 사악하고, 그릇되고, 개혁되어야 할 상황을 당신 마음에 각인시켜 주실지도 모른다. 하나님은 백성들이 거역하거나 그를 떠나 다른 길로 갈 때나 악이 가득할 때 마음 깊이 느끼시는 슬픔과 고통을 성경에 표현하셨다. 이러한 하나님의 슬픔과 고통을 느낄 때, 우리는 그 죄악된 상황을 변화시키도록 우리를 사용하기 원하시는지 기도하게 된다.

잘못된 것을 바로잡고 악한 상황을 개혁하며 슬픔을 기쁨으로 바꾸기 위한 산 제사로 당신 자신을 드리도록 주님께서 마음속에 열정을 일으키시는가? 계획을 세우고 실행하기 전에 하나님이 주신 비전과 하나님의 방법과 성품에 대해 먼저 묵상하고 기도하라. 하나님이 마음 깊숙이 인식시켜 주시는 상황들을 새겨 두라. 그것이 하나님의 마음을 상하게 하는 현재의 상황이든, 그분의 마음에 기쁨을 가져올 미래의 상황이든 관계 없다.

그림 A-3의 사전계획서를 사용하여 상황을 간략하게 묘사하라. 이를 위해 리더들이 모여 연구와 기도와 심사숙고와 토론을 해야 할 수도 있다. 이 양식의 아랫부분에는 하나님이 그 상황에 대해 그리고 그 상황에서 무엇을 할 것인지에 대해 말씀하셨다고 생각되는 말씀들과 생각들을 기록하라. 하나님이 인도하시는 계획을 진행하는 데에 도움이 될 것이다. 그림 A-2는 동유럽에서 사역하고 있는 어떤 리더가 작성한 사전계획서다.

사전계획서
하나님과 동역하기 위한 준비

하나님의 방법과 성품을 이해하기	
하나님의 심령을 상하게 하는 현재의 상황을 간략하게 묘사하기	하나님을 기쁘게 할 올바른 미래의 상황을 간략하게 묘사하기
사고의 빈곤, 억눌린 창조성	교회에서 성경적인 세계관을 회복시킴 책, 예술, 텔레그램, 대학, 유치원, 사업체 등을 통해 선포되고 가르쳐진 성경적인 세계관
학대당하고 가난한 고아들	사랑으로 보살핌 받고, 교육받고, 양육되고 있음 고아들에게 은사와 소명을 가르쳐주고 그대로 이루어지도록 이끈다
열악한 환경에서 보살핌 받지 못하고 죽어가는 사람들, 노인들	노인들이 사랑으로 보살핌 받는다 이들의 존엄성을 인정하고 돌본다
감옥 같은 장소에서 살고 있는 정신질환자	정신질환자가 존중되고 보살핌 받음
알콜 중독, 이혼, 학대 등으로 깨어진 가정	사회의 기본 단위인 가정 안에 회복이 이루어짐
교회의 분열	교회들이 하나 되어 사랑과 자비로 지역 공동체에 봉사함
하나님과 영생을 모르고 소망 없이 죽어가는 복음을 듣지 못한 사람들	사람들의 필요를 채워주고 사람들에 대한 하나님의 의도를 반영하는 교회 설립, 제자교육 프로그램
부정부패, 정치적인 타락	의로운 법 제정, 하나님의 법을 따르는 사회
경제불황, 부익부 빈익빈 현상	고용을 창출하는 새로운 사업체 설립, 양질의 생산품 생산, 하나님의 형상으로 창조된 인간을 존중하 여김, 가난한 자들을 축복함, 다른 나라들도 축복함
대기, 땅, 환경파괴 생태학적인 황폐함	청지기 정신을 배우고 실행함. 지속적인 변화를 가져오는 효과적인 활동에 착수
복음을 듣지 못한 젊은이들	효율적인 프로그램과 음악을 통해 젊은이들을 위한 교회 설립

하나님의 말씀을 듣기(하나님이 그 상황에 대하여 말씀하신 것을 기록함)
에스겔 34장	경건한 지도력의 모델이 부족하고, 성경적인 섬김의 지도력을 가르쳐야 하고 본을 보여야 함
창세기 1:28-29	인간은 하나님의 형상대로 지음받았기에 가치와 목적과 창조성이 있다. 하나님과 공동 창조자의 역할을 부여받음, 하나님이 맡기신 모든 것의 청지기
이사야 61장	하나님은 포로된 자를 자유케 하고 공의를 이루기 원하신다
야고보서 1:27	고아와 과부를 돌아보는, 하나님이 보시기에 순수하고 때묻지 않은 경건, 자기를 세속에 물들지 않게 지킴
마태복음 25:35-46	찾아가며, 먹이고, 마시게 하고, 동정심을 가지고 실제적인 도움으로 곤궁하고 여려운 자들을 도와주어야 할 책임
누가복음 2:52	모든 사람의 필요와 생명이 있는 모든 것을 위한 하나님의 의도: 사회적·육체적·영적인 것, 지혜
마태복음 28:18-20	모든 족속으로 제자 삼아 주님이 분부하신 모든 것을 지키게 하라
예레미야 29장	도시나 나라의 형통을 위하여 기도하라
예레미야 5:1	너희는 예루살렘 거리로 빨리 왕래하며 그 넓은 거리에서 찾아보고 알라 너희가 만일 공의를 행하며 진리를 구하는 자를 한사람이라도 찾으면 내가 이 성을 사하리라

그림 A-2

사전계획서
하나님과 동역하기 위한 준비

하나님의 방법과 성품을 이해하기	
하나님의 심령을 상하게 하는 현재의 상황을 간략하게 묘사하기	하나님을 기쁘게 할 올바른 미래의 상황을 간략하게 묘사하기

하나님의 말씀을 듣기(하나님이 그 상황에 대하여 말씀하신 것을 기록함)

그림 A-3

Part B

일을 올바르게 행하기
하나님이 인도하신 계획

서문_5단계 지도자 계획

◎ 제5장_계획 수립 제1단계 - 종합적인 목표 결정하기

△ 제6장_계획 수립 제2단계 - 성취필요항목 작성하기

⬡ 제7장_계획 수립 제3단계 - 이정표 세우기

➪ 제8장_계획 수립 제4단계 - 주요과업들과 하위 프로젝트 파악하기

⧖ 제9장_계획 수립 제5단계 - 필요자원 평가 및 크리티컬 패스 확인

서 문

5 단계 지도자 계획

"나 여호와가 말하노라 너희를 향한 나의 생각은 내가 아나니 재앙이 아니라 곧 평안이요 너희 장래에 소망을 주려 하는 생각이라"(렘 29:11).

제1부에서 우리는 하나님의 뜻과 그의 성품 그리고 세상의 필요를 아는 것에 기초하여 비전을 개발하는 것에 대하여 토의했다. 제2부에서는 하나님이 주신 비전으로부터 당신의 프로젝트를 위한 하나님의 계획을 알게 되는 과정에 대해 이야기할 것이다. 5단계 지도자 계획 수립 과정은 다른 사람들에게도 자신 있게 보여줄 수 있는, 효과적인 '지도자 계획'을 세울 수 있도록 도와줄 것이다.

> "여호와께서 내게 대답하여 가라사대 너는 이 묵시를 기록하여 판에 명백히 새기되 달려가면서도 읽을 수 있게 하라 이 묵시는 정한 때가 있나니 그 종말이 속히 이르겠고 결코 거짓되지 아니하리라 비록 더딜지라도 기다리라 지체되지 않고 정녕 응하리라"(합 2:2-3).

하나님의 본성과 성품은 지도력을 위한 기반이 된다. 제1부에서 우리는 하나님이 꿈을 꾸는 분(visionary)이라는 사실을 알았다. 우리는 그의 형상대로 지음 받았기 때문에 우리도 역시 비저너리가 될 수 있다. 이제 우리는 하나님은 계획입안자(planner)라는 사실을 보려고 한다. 그분은 우리도 또한 계획입안자가 되기를 원하신다. 하나님과 연합할 때 올바른 비전을 갖게 되듯이 그분과 연합하여 계획을 세우면 우리의 계획이 올바른 것이 된다. 하나님의 뜻을 알고 세계를 변화시키려는 우리의 비전과 계획은 하나님께 순종함으로 이루어져야 한다. 그림 B-1에서 보는 것처럼 본서는 하나님이 주신 비전에서, 하나님이 인도하신 계획으로, 다시 하나님이 동기부여하신 행동으로 진행되어야 함을 보여 준다.

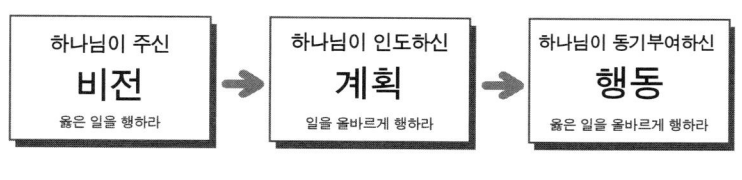

그림 B-1

>>> 지도자 계획을 위한 하나님의 감동

제2부에서는 성경 전체에서 드러난 지도력과 경영 원리들을 통하여 하나님이 인도하신 지도자 계획을 어떻게 발전시키는지 보여 준다. 느헤미야는 원수들로부터 백성들을 보호하기 위하여 예루살렘 성벽 재건에 착수한 용기 있는 지도자다. 그는 성벽 공사를 시작하기 전에 하나님께로부터 감동 받은 그 계획을 왕에게 제시해야만 했었다.

B.C 446년 11월, 12월(느 1:1)경부터 이듬해 3월, 4월경(느 2:1)까지 그 비전은 그의 마음과 생각 속에 선명하게 구체화되기 시작했다. 느헤미야는 틀림없이 지도자 계획을 세우기 위하여 많은 정성과 시간을 들였을 것이다. 4개월 동안에 많은 탐구와 심사숙고의 과정이 계속되었을 것이다. 그의 종합적인 목표에 관하여 왕이 질문했을 때 그는 왕에게 대답할 수 있

었다. "왕에게 고하되 왕이 만일 즐겨하시고 종이 왕의 목전에서 은혜를 얻었사오면 나를 유다 땅 나의 열조의 묘실 있는 성읍에 보내어 그 성을 중건하게 하옵소서"(느 2:5).

왕이 프로젝트를 완성하는 데 필요한 일정에 대하여 물었을 때도 그는 즉시 준비된 답변을 할 수 있었다(느 2:6). 해야 될 과제를 부지런히 해 놓았고 효과적인 지도자 계획도 이미 개발해 놓았기 때문이었다.

>>> 성경적인 원리들과 오늘날의 기술

성경에 근거한 이 지도자 계획 수립 과정은 교회와 선교 프로젝트뿐만 아니라 산업과 정부 관련 사업을 계획하는 데에도 사용되어 왔다. 이제 당신은 5단계 계획 수립 방법을 훈련받게 될 것이다. 이것은 당신의 프로젝트가 어떤 것이든 간에, 즉 그것이 전도여행 프로그램이든, 한 교회의 사역 계획이든, 아니면 공동체의 개발 계획이나 한 나라를 제자화하는 계획이든 간에, 하나님이 인도하시는 계획을 구하고 그림으로 표시하여 계획을 구체화할 수 있도록 도와 줄 것이다.

계획 수립의 목적은 옳은 일을 하기 위해 올바른 방법들을 기술적으로 잘 활용하도록 하는 것이다. 탁월한 계획은 저절로 세워지지 않는다. 그것은 5-9장에서 설명되어 있는 올바른 계획 수립 과정을 적용한 결과로 얻어지는 것이다. 우리는 이 과정에서 **종합적인 목표**(overall objective) 결정하기, 구체적인 **성취필요항목**(End Items) 목록 만들기, **이정표**(Milestones) 설치하기, **주요과업들**(super tasks) 확인하기를 배우게 될 것이다. 마지막으로 그 비전을 수행하는 데 필요한 자원들, 즉 인원, 시간, 물자, 재정 등을 추산할 준비를 갖추게 될 것이다.

5단계 지도자 계획 수립 과정은 수년 동안 다양한 프로그램들을 조사하고 개발하며 경험한 결과로 완성되었다. 여기에서 사용되는 대부분의 개념들은 오래 전 느헤미야가 적용한 것이기도 하지만, 하나님이 주신 현대적인 기술과 결합되어 NASA(미국 항공우주국)가 달에 사람을 착륙시키는 데도 활용되었다. '아폴로 프로그램'의 값진 부산물은 컴퓨터 초소형 회로뿐만 아니라 계획과 경영 프로그램까지 개발했다는 점이다.

계획 수립에 필요한 성경적인 원리들과 이 책에 제공된 실제적인 정보를 적용하기 위해 반드시 거대한 프로젝트에 합류할 필요는 없다. 소규모 유치원 어린이를 위한 교과 과정이든, 국제적인 큰 프로젝트든 상관 없이 하나님의 계획을 준비하기 위하여 성실히 노력할 때 하나님의 격려를 얻을 것이라고 우리는 확신한다. 당신이 하나님을 기쁘시게 하길 원하고 그와 함께 용기 있게 창조해 나가기를 추구하면서 이 증명된 계획 수립 과정을 따를 때, 당신은 팀원 각자의 창조성과 함께 팀 전체의 공동체성이 향상되는 방법들을 발견하게 될 것이다.

>>> 지도자 계획이란 무엇인가?

'지도자 계획'은 어떤 목적이나 활동에 헌신한 팀의 책임과 의무를 기록한 것으로, 그 팀이 하나님의 뜻을 따라 하나의 공동목표를 특정한 시기에 성취할 수 있도록 돕는다. 그것은 하나님이 보여 주신 목표와 목적을 달성하기 위해 팀이 계획적으로 활동하겠다는 약속이다.

>>> 누가 지도자 계획을 준비하는가?

계획 수립은 혼자만의 노력으로 되는 것이 아니다. 모든 지도자가 함께해야 한다. 이것은 컨설턴트나 전문가들에게 위임할 사안도 아니다. 그 계획을 수행하는 데 동참하는 모든 핵심 인물들은 그 계획의 수립에 공헌할 수 있고, 또한 공헌해야 한다.

솔로몬은 우리에게 하나님이 주신 계획 수립에 관련된 많은 원리들을 제공한다. "의논이 없으면 경영이 파하고 모사가 많으면 경영이 성립하느니라"(잠 15:22). 리더 팀을 구성하는 것은 이 구절에서 설명하는 유익을 얻을 수 있는 최선의 방법 중 하나다. 리더 팀에 속한 모든 사람들은 섬기는 지도자의 태도를 가져야 한다. 한 사람은 조정자로 섬기고, 다른 사람들은 여러 가지 다양한 은사들과 전문적인 기술이나 지식 등으로 섬기므로 필요한 여러 영역들의 전문가들을 포함시키는 것이 중요하다.

지도자 계획을 수립하는 리더 팀의 구성원들은 그 지도자 계획의 수행을 위해 구체적인 책임을 기꺼이 받아들여야 한다. 좀더 큰 효과를 위해서는 각 팀원들이 본격적인 지도자 계획 준비에 들어가기 전에 지도자 계획의 준비 과정에 대해 훈련을 받아야 한다. 각 팀원은 하나의 공동 계획을 다수가 함께 수립하는 이 놀라운 과정에 참가하게 될 것이다.

미합중국 독립선언문은 미합중국이라는 신생국의 탄생 과정을 담고 있는 계획으로, 그 후에 전세계에 영향을 미쳤다. 이 중요한 역사적 문서는 어떤 한 개인의 창작품이 아니었다. 토마스 제퍼슨이나 벤자민 프랭클린 같은 존경받는 사람들도 그 일에 공헌하였다. 많은 이들이 참여한 결과 창조되었던 것이다. 모두가 만족할 만큼 다듬어졌을 때 56명의 모든 대표들이 거기에 서명했고, 그들 모두와 시민들은 최선을 다해 그들이 공동 수립한 계획을 실천에 옮겼다. 그들 중 대부분은 하나님을 경외하는 사람들이었다. 자유를 향한 비전과 새로운 나라를 위한 계획이 실현되는 것을 보기 위하여 그들은 용기 있게 생명과 재산을 버렸다. 이 중요한 문서의 공동 저작 책임을 맡았던 사람들의 모습을 미화 2달러짜리 뒷면에서 볼 수 있다.

그림 B-2

>>> 지도자 계획 준비를 위한 올바른 과정

만약 여행 계획을 세워 본 적이 있다면, 그 과정에 많은 단계가 포함되어 있다는 것을 알 것이다. 다음의 실례를 잘 살펴본 후에 여행 계획 수립 과정의 요소들을 지도자 계획 준비로 전환시켜 보라. 지도자 계획 준비는 사실 미래를 향한 여행 계획과도 같다! 장기여행에 관한 계획을 세울 때 당신은 제일 먼저 도로 안내 지도에 당신이 방문하기 원하는 지점을 표시할 것이다(그림 B-3 참조). 목적지에 가려면 어떤 코스로 가야 할지 결정하는 것은 그 다음의 문제다. 다음으로, 당신은 계획한 코스를 따라 각각의 지점들을 화살표로 연결할 것이다(그림 B-4 참조).

여행 계획을 세우는 것과 같이 지도자 계획도 기본적으로 다음과 같이 이루어진다.

• 목적 달성을 위해 시간 경과에 따라 당신이 거쳐가기 원하는 중간 이

정표들을 차트에 그림
- 각 이정표에 도달하기 위해 필요한 가장 주요한 과업을 결정하고 각 과업에 소요되는 시간과, 최종 목표에 도달하기 위하여 소요되는 총 시간 산정

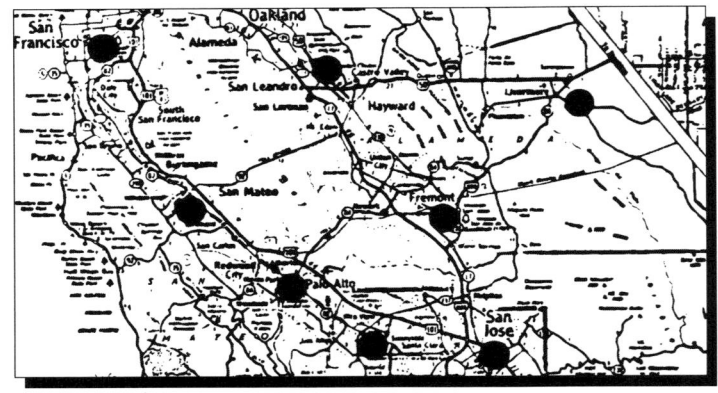

그림 B-3

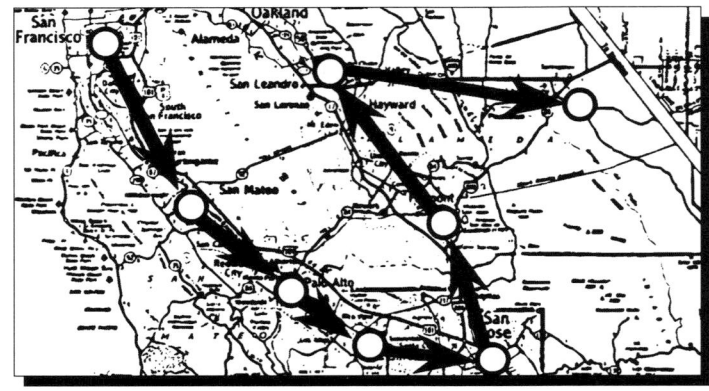

그림 B-4

이렇게 해서 완성된 차트는 그림 B-5에서 보여주듯이 리더 팀의 미래를 향한 기본적인 '도로 안내 지도'가 된다.

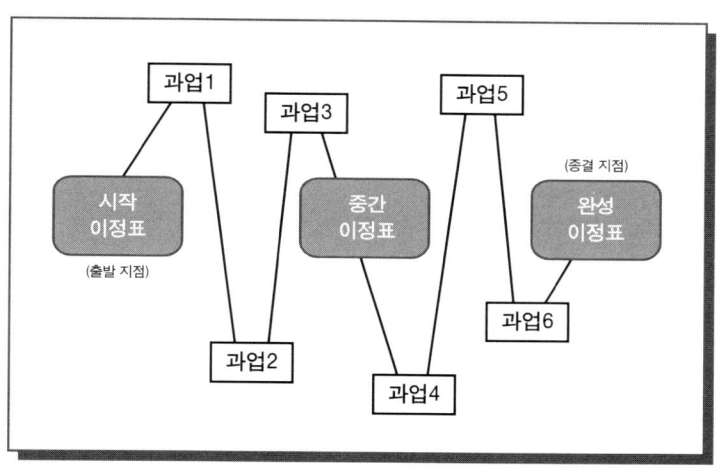

그림 B-5

>>> 5단계 지도자 계획 수립 과정

지도자 계획은 다음에 소개되는 5단계 과정을 통해 수립된다. 이 효과적이고도 간단한 과정은 중요한 프로젝트나 공동 작업에 대한 유익한 계획을 세우는 데 도움이 된다.

계획 수립이 힘든 것은 사실이지만, 대부분은 쉽게 적용할 수 있는 수립 과정이 없기 때문에 지나치게 어렵고 복잡해진다. 기업체, 정부, 교회, 교육계 등은 개념이 불명료한 용어들을 잔뜩 사용하고 있다. 전략적인 계획, 전술상의 계획, 장기계획, 단기계획, 비전, 사명, 목적, 목적, 타깃, 예측, 예산 계획, 현금유통 계획, 이행된 일의 산정된 경비, 실제적인 평가, 일일

스케줄, 실제 소요일, 최단기 완성일자, 최장기 완성일자, 목표일자, 최후 마감일자 등이 그 예다.

5단계 지도자 계획 수립에 사용된 과정은 계획 수립 과정을 단순화하기 위해, 그리고 지도자들이 올바른 계획을 세우는 데 필요한 지식과 기술을 갖추게 하기 위해 고안된 것이다. 계획 수립에 실패하는 것은 실패를 계획하는 것이다(A failure to plan is a plan to fail)! 어떻게 올바른 계획을 세울 것인가? 5단계 계획 수립 과정은 5장부터 세부적으로 다루게 될 것이다(그림 B-6 참조).

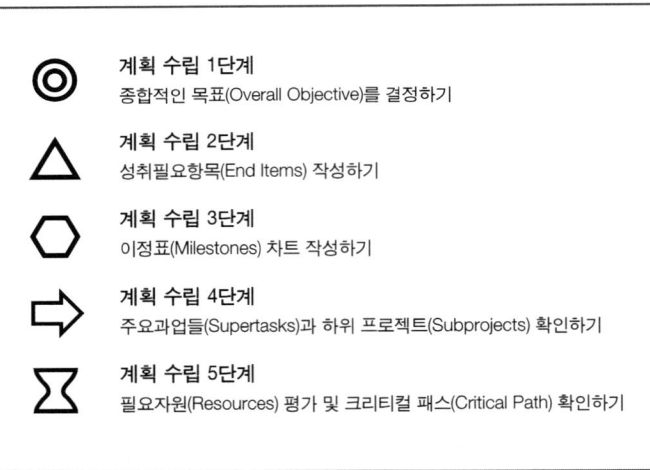

그림 B-6

적절한 계획 수립은 1단계부터 5단계까지 중요한 진행 과정을 거친다(그림 B-7참조). 중간 단계를 빠뜨리면 계획이 지연되거나 좌절과 혼란을 초래할 수 있다. 당신이 개인의 비전을 이룰 때 계획도 세우지 않고 곧바로

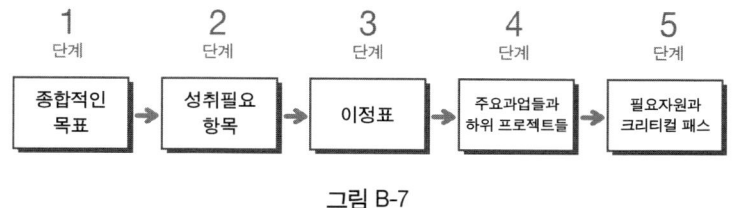

그림 B-7

행동으로 옮겨서는 안 되는 것처럼 계획 수립 과정도 마찬가지다. 중간의 과정을 무시하고 곧바로 1단계에서 5단계로 건너뛰어서는 안 된다. 각 단계는 필연적이며 논리적인 수순을 따르며, 가장 일반적인 것에서 좀더 구체적인 것으로, 큰 그림에서 세부적인 것으로 진행된다.

5

계획 수립 제1단계
종합적인 목표 결정하기

● 종합적인 목표의 개념을 이해한다
● 종합적인 목표를 텍스트와 도표로 적절히 나타낸다
● 종합적인 목표 수립 과정을 이해한다
● 종합적인 목표의 중요성을 이해한다

지도자 계획을 개발하는 첫 단계는 당신과 팀이 하나님이 당신들을 통해 성취하기 원하신다고 믿는 것을 정확하게 표현하는 방법들을 결정하는 것이다. 이 장에서 **종합적인 목표**를 구성하는 중요한 요소들을 텍스트와 도표로 적절하게 나타내는 법을 배우게 된다. 만약 목표가 아직 불분명한 프로젝트라면 문제들을 분석한 후 해결책을 설명함으로써 목표를 더욱 분명히 하는 법을 배우게 될 것이다. 그리고 이 모든 계획 수립 과정을 단계별로 진행해 나가는 법을 지도받게 될 것이다.

지도자들에게는 투철한 사명감이 있다. 위대한 지도자는 성취하기 원하는 목표, 즉 자신의 모든 행동과 노력을 이끌어 가는 목표에 대하여 분명하게 말할 수 있는 사람이다. 가장 위대한 지도자인 예수님도 여러 차례 다양한 방법으로 당신의 **종합적인 목표**에 대해 언급하셨다.

> "이르시되 우리가 다른 가까운 마을들로 가자 거기서도 전도하리니 내가 이를 위하여 왔노라" (막 1:38).
> "건강한 자에게는 의원이 쓸데 없고 병든 자에게라야 쓸데 있느니라 내가 의인을 부르러 온 것이 아니요 죄인을 부르러 왔노라" (막 2:17).
> "이방인의 소위 집권자들이 저희를 임의로 주관하고 그 대인들이 저희에게 권세를 부리는 줄을 너희가 알거니와 너희 중에는 그렇지 아니하니 너희 중에 누구든지 크고자 하는 자는 너희를 섬기는 자가 되고 너희 중에 누구든지 으뜸이 되고자 하는 자는 모든 사람의 종이 되어야 하리라 인자의 온 것은 섬김을 받으려 함이 아니라 도리어 섬기려 하고 자기 목숨을 많은 사람의 대속물로 주려 함이니라" (막 10:42-45).

"전도하기 위하여", "죄인을 부르러", "섬기려 하고" "자기 목숨을 많은 사람의 대속물로 주려", 이러한 표현들은 인생의 막중한 사명들을 의미한다. 이러한 목표들은 당신의 세계에 변화를 일으키고자 하는 열망에서 생겨난다.

느헤미야도 역시 비전의 사람이었다. 그의 비전은 두 가지 요소에 의해 형성되었다. 하나님을 알았다는 것과 그의 세계를 알았다는 것이다. 이는 그가 위를 바라봄과 동시에 자신의 주변을 바라보았기 때문이었다. 그 결과 하나님의 신실하신 성품을 확신하게 되었고 참혹한 전쟁의 결과로 나라 없이 빈곤에 빠진 백성들에 대한 동정심을 갖게 되었다.

그는 기도의 앞부분에서(느 1:5) 아브라함(창 24:3, 7)과 모세(신 4:39, 7:9), 솔로몬(왕상 8:23, 대하 6:14), 다니엘(단 9:4) 등 위대한 성경 인물들의 기도를 그대로 따라했다. 느헤미야는 계속해서(느 1:8-9) 모세가 하나님의 공의롭고 자비로운 성품을 이해하였던 것을(레 26:33-42, 신 4:27-31, 28:64, 30:1-5) 인용하고 있다. 이것은 그가 하나님을 알려는 뜨거운 열망을 가지고 얼마나 오랫동안 성경말씀을 찾고 연구했는지 보여준다.

그러나 느헤미야가 하나님의 말씀에만 귀를 기울인 것은 아니었다. 형제 하나니와 예루살렘에서 온 피난민에게 그 성의 황폐함에 대해 자세히 들었다. "저희가 내게 이르되 사로잡힘을 면하고 남은 자가 그 도에서 큰 환난을 만나고 능욕을 받으며 예루살렘 성은 훼파되고 성문들은 소화되었다 하는지라"(느 1:3). 이 보고를 듣고 느헤미야는 자기 마음 깊은 곳으로부터, 자신의 생애를 드려 행해야 할 일을 결정하는 기도를 시작하였다.

느헤미야 1장 1절과 2장 1절 사이에는 넉 달이라는 시간적 간격이 있다. 동료들에게 듣고 또 하나님과 대화한 그 시간 동안 그의 마음에는 확신이 생겼다. 현장 조사를 한 결과 하나님의 관점과 인간의 필요 둘 다에 대해 이해하게 되었다. 그는 두 가지 일들이 반드시 이루어져야 한다고 확신했다.

'예루살렘 성벽 및 성문 재건'과 '예루살렘 백성들의 회복'이 그의 전 생애의 **종합적인 목표**가 되었다. 그는 확신을 가지고 말했다. "저희에게 이르기를 우리의 당한 곤경은 너희도 목도하는 바라 예루살렘이 황무하고 성문이 소화되었으니 자, 예루살렘 성을 중건하여 다시 수치를 받지 말자"(느 2:17). 이 목표가 너무도 중요하고 분명했다는 것은 느헤미야서가 '성벽 재건'과 '백성들의 회복'이라는 쌍둥이 목표로 구성된 것을 보아 알 수 있다(그림 A-1 참조).

>>> 종합적인 목표란 무엇인가?

종합적인 목표(overall objective)란 가장 성취하기 원하는 것, 즉 궁극적인 성취 희망을 말한다. 당신과 팀이 종합적인 목표에 대하여 많이 이해할수록 프로젝트가 성공할 확률도 더욱 높아진다.

과녁은 종합적인 목표의 개념을 가장 잘 나타낸다. 화살이 과녁을 향해 날아가듯이 지도자 계획 안에 있는 모든 주요과업들과 이정표들이 결국은 당신을 그 과녁으로 인도하기 때문이다. 프로그램에 대한 슬로건은 목표가 아니다. 프로그램 그 자체도 목표가 아니다. 종합적인 목표는 당신이 겨냥하고 있는 과녁을 의미한다. 또한 미래에 이루어지기 바라는 상황을 나타내는 것이다(그림 B-8 참조).

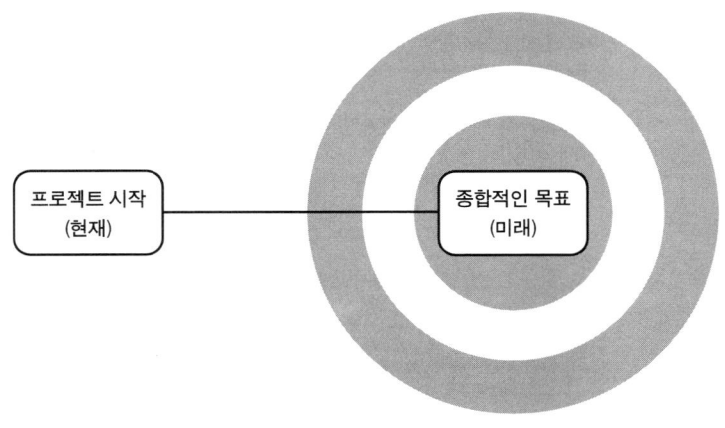

그림 B-8

종합적인 목표는 육체적, 영적, 지적, 사회적 분야들에서 한 가지 또는 그 이상의 성취를 의미한다. 각 영역에서 종합적인 목표가 의미하는 것이 무엇인지 예를 들어보겠다.

- 건축에서 **종합적인 목표**는 보통 계약에 관한 용어들로 설명된다. 예를 들면 일정기간 내에, 일정한 예산 범위 내에서 정해진 구조물을 완성하는 것 등을 말한다(물리적 성취).
- 연구 조사 프로그램의 경우에는 물 속에서 특정 불순물(혼합물)을 측정하는 과학적인 기구를 발명하는 것 등을 말한다(지적, 물리적 성취).
- 기업의 경우, 향후 5년 동안 매년 매출 및 순이익 20% 신장 계획 등을 말한다(지적, 물리적 성취).
- 광고의 경우에는 결정하기가 더 어려울지도 모른다. 광고기획사와 계약할 때는 가능한 한 가장 실제적인 조건을 명시해야 한다. 예를 들면 장래에 시장 점유율 25%를 달성하게 한다거나 구매자에게 구매 동기를 유발하는 것 등을 말한다(지적 성취).
- 제자화 사명에 있어서는 지역사회에서 영향력을 발휘하여 사람들이 하나님의 나라를 위해 능력을 덧입도록 하는 것이다(영적, 사회적 성취).
- 교육의 영역에서는 '조기 아동 교육을 위한 성경적 기초 교과 과정'과 그에 따른 부수적 자료들을 개발하여 전세계 수백만 유치원 어린이들에게 사용하도록 하는 것 등을 말한다(영적, 지적, 물리적 성취).

종합적인 목표 수립과 그 성취에 대한 역사적인 실례가 있다. 10년 내로 달에 우주비행사를 착륙시키겠다던 케네디 대통령의 취임 연설이 바로 그것이다(사회적, 지적, 물리적 성취). 그림 B-9는 아폴로 프로그램에 있어서의 지도자 계획에 들어가는 **종합적인 목표** 제1단계 양식을 보여주는 것이다.

계획 수립 제1단계_종합적인 목표 결정하기

 지도자 계획-1단계 양식
종합적인 목표 결정하기

| 프로젝트·프로그램 명칭 : | 아폴로 프로그램 |

| 비전·목적 : | 우주에서 리더십을 발휘하기 |

| 종합적인 목표 : | 한 사람을 달에 착륙시키고 다시 안전하게 돌아오기 |

| 종합적인 목표 달성에 필요한 시간·목표 일자 : | 10년 |

종합적인 목표 달성으로 완성될 것들 :
그래픽, 도형, 스케치 사용

간결한 문장으로 기술하시오.

우주 항공 조종사들이 달에 도착했다가 무사히 지구로 귀환할 것이다. 과학 기술은 우주선 설계, 컴퓨터 소프트웨어, 수학, 화학, 금속학, 전기 공학, 생명 보호 시스템과 훈련, 배열 관리, 품질 관리 분야에서 놀랍게 진보될 것이며 우주 여행을 현실화하기 위해 프로그램 관리도 개발될 것이다.

그림 B-9

>>> 종합적인 목표를 결정하는 방법

종합적인 목표는 어떻게 결정하는가? 종합적인 목표는 잠언 15장 22절에 근거한 회의방법으로 리더 팀에 의해 세워져야 한다. 리더 팀은 공동체의 구성원 중 헌신된 사람들로 구성된다. 그들은 하나님께 헌신하고 세계를 변화시키는 종들이 되기 위한 비전을 소유한다. 또한 현재의 상황을 분석하기 위해 '사전계획서'(그림 A-3)를 이용하고 파악된 문제나 불완전한 상황에 대해서는 해답을 찾으려 한다.

하나님의 성품에 대한 지각과 무엇이 하나님의 마음에 기쁨을 드릴 수 있는가에 대한 통찰력은 종합적인 목표로 발전할 수 있는 창조적인 아이디어의 문을 여는 열쇠다. 팀원들과 함께 주변 사람들의 필요와 해결자 되신 하나님을 바라볼 때, 리더는 종합적인 목표의 윤곽을 뚜렷이 알게 된다.

종합적인 목표는 미래에 반드시 이루어져야 할 상황을 현재의 상황과 비교 묘사하는 것이기도 하다. 그것은 근본적으로 현재의 문제와 불완전한 상황에 대한 미래의 해답을 나타내는 것이다. 종합적인 목표를 제안하는 것은 리더나 팀원 중 누구라도 시작할 수 있다. 모든 팀원들은 기도하는 가운데 전체의 뜻이 분명하게 하나로 일치될 때까지 함께 참여해야 한다. 종합적인 목표를 둘러싸고 일치에 도달하기 위해서는 팀이 연합을 이루어야 한다.

느헤미야는 예루살렘의 비참한 상태를 확인했다. "예루살렘이 황무하고 성문이 소화되었으니"(느 2:17). 그는 문제 상황에 대한 창조적인 해결책을 제안했다. "자! 예루살렘 성을 중건하여 다시 수치를 받지 말자"(느 2:17). 그들은 함께 "모두 힘을 내어 이 선한 일을" 하려고 그 목표 달성에 자신을 드렸다(느 2:18). 그 과정을 통해서 참으로 놀라운 공동체 정신이 얻어진 것이다!

그러면 지금부터 새로운 조기 아동 교육 프로그램을 사용하여 지도자 계획 1단계 양식을 사용하는 과정을 설명하겠다. 하와이 코나 열방대학 내에 있는 교육대학의 간사들은 지난 20여 년 동안 하나의 독특한 조기 아동(2-7세) 교육 프로그램과 교과 과정을 고안하고 개발하고 시험해 왔다. 최근에 이 프로그램에 대한 관심이 늘어남에 따라, 그들은 교육 방법론과 교과 과정 및 이와 관련된 자료들을 수백만의 세계 어린이들을 위해 활용하기 시작했다. 그들은 본서에서 소개하는 5단계 계획 수립 과정을 활용하여 하나의 계획을 개발했다.

양식에는 팀 또는 프로젝트의 명칭, 비전, **종합적인 목표**, 소요 시간(시간 계획), **종합적인 목표** 달성을 통해 무엇이 완성될 것인가 등의 내용을 기재해야 한다. 한 예로 B-10부터 B-13까지의 그림은 교육가로부터 입수한 정보를 통해 만든 것이다.

1) 프로젝트 명칭 결정

프로젝트나 프로그램의 명칭을 정하는 것은 중요하다. 제2장에서 본 것처럼 이름을 붙이는 것은 아담이 하나님께 받은 첫 번째 과제였다(창 2:19). 프로젝트의 명칭은 계획 수립 초기에 결정되거나 **종합적인 목표**가 확고하게 세워질 때까지 지연될 수도 있다. 열방대학 팀은 이 프로젝트의 명칭을 '조기 아동 교육을 위한 성경적 기초'라고 정했다. 명칭은 프로그램의 유형을 나타낸다. 그것은 1단계 도표 양식에 다음과 같이 기재되어 있다(그림 B-10 참조).

그림 B-10

2) 비전 요약

하나님이 주신 통찰력이나 동기는 프로그램이나 프로젝트를 추진하려는 열망을 갖게 한다. 아마도 그 비전은 잘못된 현실에 대한 하나님의 안타까움과 아픈 심정을 인식하고 하나님을 기쁘시게 해 드리려는 생각에서 시작되었을 것이다. 비전을 약술할 때는 바람직하지 않은 상황을 바로잡고 하나님이 주신 통찰력과 계시와 소망과 꿈을 이행할 수 있는 창조적인 방법들에 대해 언급한다(그림 B-11 참조).

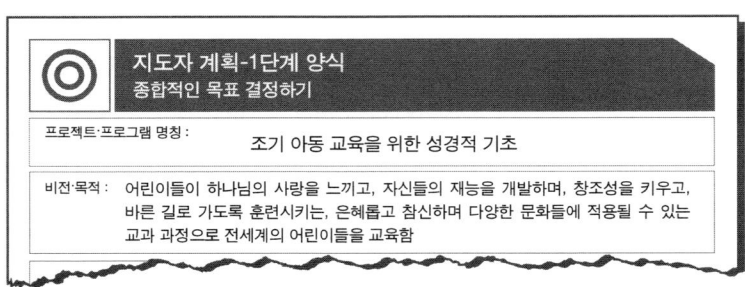

그림 B-11

3) 종합적인 목표 진술

리더 팀의 종합적인 목표는 분명하고 간략하게 기재되어야 하고 비전과 연관된 것이어야 한다. 그것은 누가 누구에게 무엇을 어떻게 한다는 것인지, 그리고 그에 따른 결과는 무엇인지를 말해 준다. 이런 질문들은 **종합적인 목표**를 정의하는 데 도움이 된다.

모든 팀원들 안에 **종합적인 목표** 진술에 대한 분명한 이해가 있을 때까지 다함께 작업해야 한다. 이 과정은 쉽지 않을 수도 있고 오랜 시간이 걸릴지도 모른다. 이 과정에서 하나님께 귀를 기울이고 서로 의견을 교환하면서 **종합적인 목표**에 대한 하나님의 마음과 생각을 알기 위하여 하나님 앞에 자주 머물러야 한다는 것을 기억하라.

리더는 **종합적인 목표** 달성을 위해 구체적으로 세운 계획들을 팀원들에게 나누어야 한다. 그래야 팀원들이 그 프로젝트의 목적에 대해 더 깊게 이해할 수 있다. 팀원들은 사전계획서를 수시로 들여다 보면서 이 프로젝트와 관련해서 하나님의 마음을 상하게 하는 것들과, 기쁘게 하는 것들에 대해 다시 검토하게 될 것이다.

통찰력과 지혜를 얻기 위해 주의 임재 앞에 머물렀을 때 주님께 받았던 말씀들을 상기시킬 것이다. 하나님의 성품과 방법들을 묵상하거나 현실 세계의 필요들을 깊이 되새겨볼 수도 있을 것이다.

그들은 위로는 하나님을, 밖으로는 세상을 바라봄으로써 얻은 결과들을 회의 시간에 가지고 와서 간략한 문장들로 요약할 것이다. **종합적인 목표**에는 이 프로젝트를 이끌었던 열정과 확신이 담기게 될 것이며, 프로젝트를 개발하고 이행하는 과정 동안 등대와 닻처럼 그들을 인도하고 견고하게 해 줄 공동가치가 표현될 것이다.

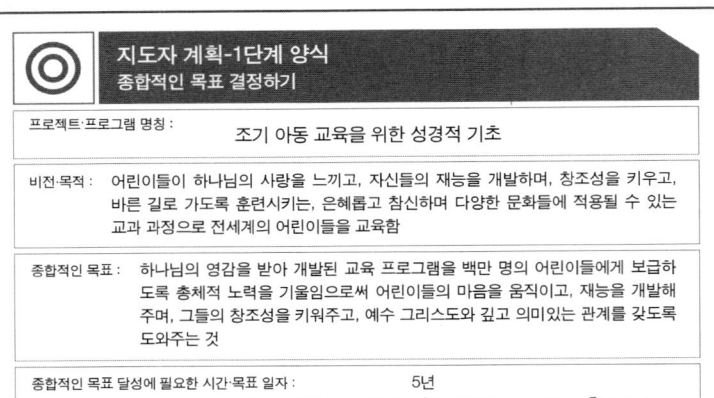

그림 B-12

4) 소요 시간 또는 목표 일자 결정

종합적인 목표는 언제나 다음 질문에 대답해야 한다. 프로그램 완성 기간에 변화를 가져오는 요인들은 무엇인가? "가능한 한 빨리 완성한다"라는 대답은 하지 마라. 실제 상황들을 고려하여 결정하도록 하라. '9월 14일 학생들이 도착하기 전까지 새 학교 건물 완공하기'를 예로 들면 프로그램은 그 날짜 이전에 완성되어야 한다. 또 새로운 제품 도입 프로그램의 경우처럼 완성 일자가 분명치 않을 때에는 한계를 명확히 해주는 단서가 있어야 한다. 예를 들면, "아마존 주요 프로젝트 이전에 견본 제품이라도 볼 수 있도록 한다"와 같은 것이다. 완성 예정 일자가 결정되면 그 날짜까지의 소요 기간을 기록해 넣고 후에 더 이상 미룰 수 없는 최종 일자나 목표 일자(허락될 수 있는 최후 일자)가 언급되면 소요 기간을 다시 수정해서 써 넣는다.

5) 종합적인 목표 달성과 함께 성취될 일들 진술

이것은 설명과 그림으로 나타낼 수 있다. 어떤 사람에게는 말로 하는 것이 더 쉽고, 또 어떤 사람에게는 영상(또는 화상, 도표, 그림)으로 하는 것이 더 쉬울 것이다. 두 가지 방법을 함께 사용하는 것이 가장 좋다. 그림 B-9를 보라. 달에 서 있는 우주비행사의 그림과 설명하는 말들의 배합이 **종합적인 목표** 달성을 위한 강한 인상을 준다. 프로그램이나 프로젝트의 최종 결과를 설명할 때는 묘사를 잘 사용해서 현재의 상황과 대조되는, 즉 이루기 원하는 미래의 상황을 정확히 표현해야 한다. 적절한 어구들을 생각해 내도록 팀원들에게 부탁하고 그들이 자발적으로 의논할 수 있는 분위기를 조성해 주라.

이미 예상되는 것을 길게 제시하지 않아야 한다. 그렇지 않으면 팀원들은 자신들이 필요치 않다고 느낄 수 있으며, 오직 당신의 아이디어만 내세운다고 생각할 수도 있다. 지도자로서 당신은 팀원들이 창조성을 발휘하고 프로그램 형성에 참여함으로써 헌신적인 팀원이 되도록 도와야 한다. 구성원 모두가 **종합적인 목표**와 그 목표가 미래를 어떻게 바꿀 것인지에 대해 의사를 피력할 수 있어야 한다.

>>> 종합적인 목표의 중요성

종합적인 목표를 세우고 그것에 대해 의견을 나누면 프로그램이 활성화된다. 알래스카 수송관 건설과 같은 거대한 계획이든, 아니면 작은 전자회사에서 세우는 발전 계획이든 마찬가지다. **종합적인 목표**를 잘 명시하면 보다 쉽게 목표를 성취할 수 있는 근거가 됨을 명심하라. 그렇지 않으면 프로그램이나 전체 조직이 어려움을 겪게 된다. 너무나 많은 프로그램들이

지도자 계획-1단계 양식
종합적인 목표 결정하기

프로젝트·프로그램 명칭: 조기 아동 교육을 위한 성경적 기초

비전·목적: 어린이들이 하나님의 사랑을 느끼고, 자신들의 재능을 개발하며, 창조성을 키우고, 바른 길로 가도록 훈련시키는, 은혜롭고 참신하며 다양한 문화들에 적용될 수 있는 교과 과정으로 전세계의 어린이들을 교육함

종합적인 목표: 하나님의 영감을 받아 개발된 교육 프로그램을 백만 명의 어린이들에게 보급하도록 총체적 노력을 기울임으로써 어린이들의 마음을 움직이고, 재능을 개발해 주며, 그들의 창조성을 키워주고, 예수 그리스도와 깊고 의미있는 관계를 갖도록 도와주는 것

종합적인 목표 달성에 필요한 시간·목표 일자: 10년

종합적인 목표 달성으로 완성될 것들:
그래픽, 도형, 스케치 사용

간결한 문장으로 기술하시오.

- 어린이가 하나님에 대해 알게 된다.
- 어린이 마음에 성경적인 가치관이 스며들게 됨.
- 어린이가 사랑받고 존중되는 환경이 조성됨.
- 다양한 나라와 배경을 가진 어린이들이 교육 받게 됨.
- 좀더 나이든 아이들과 홈 스쿨에서도 사용이 가능함.
- 교사가 친밀한 수업 시스템으로 실제적인 아이디어를 충분히 살려 지도함.
- 42개의 생생한 음악으로 성경 말씀을 배우기 쉽게 가르침.
- 15년 동안 세계 전역의 유치원에서 시험 교육을 함.
- 수업 계획 안내서와 성경적 교훈을 하나씩 쌓으며 가르침.
- 어린이와 부모가 함께 자신의 삶을 주님께 헌신함.

성경적인 가치관을 서서히 가르침

그림 B-13

목표나 목적을 확실하게 정해 놓지 않았기 때문에 방향을 잃거나 목표에 도달하지 못한다.

한번은 어떤 큰 회사의 최고경영자가 우리의 계획 수립 시스템에 대해 질문했다. "당신네 시스템을 우리 회사의 5개년 개발 계획에 적용할 수 있을까요?" 나는 또 다른 질문으로 대답했다. "무엇을 위한 5개년 계획입니까?" 그 최고경영자는 난처해했다. 그는 대답을 할 준비가 되어 있지 않았던 것이다. 이처럼 기업계, 산업계, 정부, 비영리 조직체 등을 이끌어가는 많은 지도자들이 분명히 정의된 **종합적인 목표** 없이 중요한 결정을 내린다는 것은 참으로 안타까운 일이다.

아폴로 프로그램으로부터 배운 중요한 교훈은, 한 회사나 조직체 또는 나라 전체가 **종합적인 목표**를 분명하게 세우고 그에 필요한 계획을 세울 때, 성공 확률이 훨씬 더 크다는 것이다. 사람들은 사무실 복사기가 작동하지 않을 때, 또는 예약 녹화해 놓은 비디오가 작동하지 않을 때, "남들은 달에 우주비행사를 착륙시키는데, 왜 우리는 이것도 못한단 말인가?"라고 자주 질문한다.

요점은 이것이다. 위대한 업적들의 탄생 배경에는 그것을 성취하기 위해 용기 있게 결단한 사람들이 있었다. 다시 말해서 어떤 일이 이루어지지 않는 것은 그 일을 성취하려는 결단이 부족한 경우일 때가 많다. 그러나 권위와 책임을 가진 사람들이 결단하고 **종합적인 목표**를 세운다 해도 그 목표가 분명하지 않으면 성과도 거의 없다. 지도자 계획은 **종합적인 목표**를 달성하기 위한 행동 계획을 수립하는 과정이므로 무엇보다도 **종합적인 목표**를 분명하게 세워야 한다는 것을 명심해야 한다.

결론 | Chapter Summary

성취하기 원하는 최종적인 목표. 화살이 과녁을 향해 날아가듯 모든 주요 과업들과 이정표들은 결국 최종 목표를 위해 존재한다.
궁극적인 당신의 소망은 무엇인가?

계획의 내용을 잘 나타내는 이름을 붙이는 것은 매우 중요하다. 이 경우에는 프로젝트의 목적(조기 아동 교육)과 결과물(성경적 기초)이 잘 드러나 있다.

프로그램이나 프로젝트를 시작하게 된 통찰력이나 동기, 잘못된 현실에 대해 깨닫게 된 하나님의 마음과 계획을 약술하는 것. 추상적이기 때문에 객관적인 평가가 불가능하다.

지도자 계획-1단계 양식
종합적인 목표 결정하기

프로젝트·프로그램 명칭 : 아폴로 프로그램

비전·목적 : 우주에서 리더십을 발휘하기

종합적인 목표 : 한 사람을 달에 착륙시키고 다시 안전하게 돌아오기

종합적인 목표 달성에 필요한 시간·목표 일자 : 10년

종합적인 목표 달성으로 완성될 것들 :
그래픽, 도형, 스케치 사용

간결한 문장으로 기술하시오.
우주 항공 조종사들이 달에 도착했다가 무사히 지구로 귀환할 것이다. 과학 기술은 우주선 설계, 컴퓨터 소프트웨어, 수학, 화학, 금속학, 전기 공학, 생명 보호 시스템과 훈련, 배열 관리, 품질 관리 분야에서 놀랍게 진보될 것이며 우주 여행을 현실화하기 위해 프로그램 관리도 개발될 것이다.

비전과 연관되어 누가 누구에게 무엇을 어떻게 하며 어떤 결과를 얻게 될 것인지를 명확하고 단순하게 밝히는 것. 평가가 가능하도록 구체적이고 객관적인 기술을 요한다.

시간적인 변수를 가져오는 요소들을 현실적으로 고려하여 결정한, 프로젝트가 완성되는 시점. "가능한 한 빨리 끝내라"는 식의 태도는 피해야 한다.

종합적인 목표가 성취되었을 때 일어날 수 있는 모든 결과(추상적/구체적)들을 간단한 문장과 그림으로 나타낸다.

6

계획 수립 제2단계
성취필요항목 작성하기

- 성취필요항목의 개념을 이해한다
- 브레인 라이팅의 개념을 이해한다
- 성취필요항목을 작성하는 방법을 익힌다

"의논이 없으면 경영이 파하고, 모사가 많으면 경영이 성립하느니라"(잠 15:22).

지도자 계획 수립 2단계에서는 귀중한 문서인 **성취필요항목**을 작성한다. 이 목록은 과업을 완수하거나 프로젝트를 완성하는 데에 필요한 요소들을 시간, 순서, 일자에 관계 없이 철저하고 적절하게 열거한 점검표다.

성취필요항목을 작성하면 과업의 목적뿐 아니라 결과까지 미리 볼 수 있다. 더욱 중요한 것은 문제들을 주의 깊게 볼 수 있어 문제가 생기기 전에 해결책이 무엇인지 미리 알 수 있다는 것이다.

항목으로는 물질적인 항목(지원 장비, 인적 자원 등)과 지적인 항목(설계 도면들, 각종 허가증)과 영적인 항목(중보기도, 하나님 사랑하기 등) 그리고 사회적인 항목(복음화된 나라, 제자화된 공동체 등)이 있다. 이번 장에서는 '브레인 라이팅'(Brain writing)이라는 창조적인 과정을 사용하여 **성취필요항목**을 열거하는 법과 그 영향력에 대하여 배울 것이다. '브레인 라이팅'은 지도자 계획을 준비하는 팀원들의 입장에서 볼 때 혁신적인 개념이다. 일정한 훈련이 요구되지만 창조적이며 정확한 정보를 얻을 수 있다.

느헤미야는 예루살렘의 비극적인 상황들에 대해 슬퍼했다. 그는 자신보다 더 아파하시는 하나님의 마음을 알았다. 그의 종합적인 **목표**는 예루살렘 성을 재건하는 것과 백성들을 압제로부터 구하는 일이었다. 그러나 현재의 상황(현존하는 문제)과 최종 **성취필요항목**(미래 상황) 사이에는 중간 **성취필요항목**들이 많이 있었다. 느헤미야가 원했던 **성취필요항목**들은 성경에 분명히 기록되어 있다(그림 B-14 참조).

현재의 문제	미래의 상황
예루살렘 성이 훼파되었음(느 1:3)	예루살렘 성벽이 재건됨(느 6:15)
예루살렘 옛 성문들이 소화되었음(느 1:3)	예루살렘 성문들이 제자리에 복원됨(느 7:1)
아닥사스다 왕이 예루살렘 성의 재건을 중단시킴(스 4:17-23)	아닥사스다 왕이 그 명령을 뒤집어 예루살렘 성 재건을 다시 계속하게 함(느 2:6)
예루살렘 거민이 원수 앞에서 수치스럽게 살고 있음(느 2:17)	예루살렘 거민으로 하여금 원수 앞에서 오명을 씻게 해주심(느 6:15)
예루살렘의 빈곤한 자들이 불의를 당함(느 5:1-5)	예루살렘의 빈곤한 자들에 대한 불의가 시정됨(느 5:9-13)
하나님이 제정하신 절기를 못 지킴 : 슬픔의 원인(느 8:17)	하나님이 명하신 축제일을 다시 제정함 : 기쁨의 원인(느 8:13-18)

그림 B-14

자! 하나님이 당신의 마음속에 넣어 주신 것은 무엇인가? 열악한 상황을 하나님이 기뻐하시는 상황으로 변화시키기 위한 비전과 소원을 주셨는가? 당신은 이 핵심 질문에 대답해야 한다. 그 대답이 바로 프로젝트의 최종 성취필요항목, 즉 종합적인 목표다. 중간 성취필요항목들은 그 후에 결정된다.

>>> 성취필요항목이란 무엇인가?

성취필요항목(End Item)이라는 용어는 별뜻이 없는 것처럼 보일지 모른다. 그러나 이 용어는 당신이 이 책에서 배우게 될, 매우 중요한 개념 중 하나다. **성취필요항목들을 결정하는 것은 계획 수립에 꼭 필요한 과정이다.** 창조성과 정확성, 철저함을 제공하기 때문이다. 또한 현재 사용되고 있는 프로젝트 관리 프로그램들을 이용할 때 일반적으로 경험하게 되는 심각한 어려움을 해결해 준다. 다음의 다섯 가지 정의를 통해 **성취필요항목**의 개념을 살펴보자.

1) 성취필요항목은 과업 수행의 결과물이다

모든 사람이 과업이 무엇인지는 알고 있다. 전통적인 프로젝트 계획 수립법은 일반적으로 과업들의 목록을 작성하는 것에서 시작한다. 그런데 문제는 그 목록이 너무 많아지면서 리더들이 세부적인 목록에 빠져서 **종합적인 목표 달성에 필요한 주요항목들**을 놓치곤 한다는 것이다.

어느 대형 T.V 방송국이 첨단 동영상 방영 설비를 갖추고자 계획했다가 큰 난관에 부딪힌 것도 바로 이 때문이었다. 최고경영진이 임명한 총책임자는 그 프로젝트 계획을 세우는 데 필요한 컴퓨터들을 관리하는 사람이었다. 여느 훌륭한 책임자들처럼 그도 모든 부서장들에게 동영상 스튜디오를 갖추기 위한 필수 과업들의 목록을 제출하라고 했다. 각 부서장들은 목록을 착실하게 작성하여 보내 왔다. '카메라 대여, 음향무대 설치, 스테레오 음향믹서 구입, 제작자 채용, 화재 담당 부서 활성화, 소화기 구입' 등이었다.

총책임자는 37,000가지의 엄청난 과업 항목들을 컴퓨터로 정리했다. 그러나 이 항목들이 배열된 차트를 만들어 벽에 붙이려다가 그만 포기하고 말았다.

과업 목록이 아니라 과업 수행에 따른 결과물을 항목화해야 한다. 예를 들어, '음향무대 설계할 것' 과 '음향무대 설치할 것' 등의 과업 목록 대신 그런 과업 수행의 결과물인 '음향무대' 가 필요항목이 되는 것이다.

2) 성취필요항목은 해결책이다

지난 한달 동안 당신이 가지고 있던 문제들을 적어 보라. 이제 그 문제들 옆에 해결책을 적어보라. 바로 그 해결책들이 **성취필요항목**들이다. 구체적으로 **성취필요항목**들을 적을 때, 당신은 **성취필요항목** 표 작성이라는 계획 수립 2단계를 창조적으로 잘 수행하고 있는 것이다.

하나의 예를 들어 보자. 호주인들이 요트 경주에서 아메리칸 우승컵을 획득한다는 목표를 세웠다. 그들은 우선 "우리의 보트는 너무 느리다"는 문제를 확인함으로써 **성취필요항목** 계획 수립을 시작했고, 그 문제에 대한 해결책, 즉 **성취필요항목**은 '보다 더 빠른 보트' 임을 확신했다. 이제 어떻게 그것을 달성할 것인가? 그들은 '풍차날개' 라는 또 다른 **성취필요항목**을 계획에 추가했다. 파도와의 마찰을 최소화하기 위해 보트를 물 위에 최대한 뜨게 하는 방법이었다. 그 결과 호주인들은 미국이 백여 년 동안 지켜왔던 아메리칸 우승컵을 획득하였다. 그 후 미국은 더 적절한 **성취필요항목**을 적용하여 그 컵을 다시 되찾았다. 참고로, 여러 문제 상황과 그 해결책에 대해 당신의 생각을 기록해 놓은 사전계획서는, **성취필요항목**을 만드는 데 귀중한 참고자료가 된다.

3) 성취필요항목은 구체적인 예상 결과다

성취필요항목들은 구체적인 예상 결과라고 할 수 있다. 만일 당신이 어떤 연구 프로젝트를 위한 계획을 수립하려 한다면, 어떤 사람들은 이해 못할지도 모른다.

그들은 "본질상 연구 활동은 새로운 혁신을 추구한다. 그리고 새로운 혁신은 미리 계획될 수 없는 것이다. 혁신과 계획 수립은 서로 상반된 개념이다"라고 주장할 것이다.

연구를 미리 계획한다는 것이 어려운 일이기는 하지만, 박사 학위 지원자들을 생각해 보라. 박사 학위 지원자는 학위 논문의 핵심 지식이나 새로운 타개책을 가지고 구체적으로 어떤 결과가 도출되기를 기대한다. 이처럼 구체적인 예상결과를 미리 산출하면 지도자 계획의 골격을 미리 구성하는 데에 실질적으로 도움이 된다.

4) 성취필요항목들은 간절한 소원이다

한 공군 장교가 무기매매와 관련해서 '반드시 구매하고 싶은 것'을 표현하기 위해 '간절한 소원(desirements)' 이라는 단어를 만들어 사용했다. 어린아이들도 엄마와 함께 가게에 갈 때 사고 싶은 것을 설명하기 위하여 '간절한 소원' 이라는 개념을 사용한다. 엄마들 역시 가게에 갈 때 '간절한 소원'의 개념을 사용한다. 그들은 **종합적인 목표**(식사를 위한 식료품, 잡화들)에 대해 생각한다. 그리고 간절히 원하는 것들(성취필요항목들)의 리스트를 만든다. 그들은 동사로 표현하지 않는다. **종합적인 목표**를 이루는 데 필요한 물건들로만 작성한다. '집 문을 연다, 문 밖으로 나간다, 차에 탄다, 차가 출발한다, 차를 타고 가게로 간다' 등을 적는 대신에 '우유, 계란, 밀가루, 치즈, 설탕, 버터 등'이라고 적는다. 이것은 그들이 사려고 했던 모든 것을 구입하는 데 확실한 도움이 된다.

'간절한 소원'은 공군 장교나 엄마들뿐만 아니라 하나님도 아신다. 만약 하나님이 우리의 궁극적인 바람과 기쁨이 되면 우리의 다른 소원들도 하나님의 뜻에 맞게 형성된 것이다. 이러므로 시편은 이렇게 말한다. "여호와를 기뻐하라 저가 네 마음의 소원을 이루어 주시리로다"(시 37:4). '간절한 소원'이란 개념을 사용하도록 시도하라. 성취가 불가능해 보여도 정말로 원하는 것들을 **성취필요항목**들로 기술하라. 이것이 구태의연함에서 벗어나는 창조적인 방법이다.

5) 가장 중요한 성취필요항목은 종합적인 목표다

종합적인 목표는 2단계에서 **성취필요항목** 목록을 작성할 때 맨 위에 놓아야 할 가장 중요한 항목이다. 종합적인 **목표**는 가능한 한 구체적으로 표현해야 한다. 예를 들어 '인간의 달 착륙'은 매우 구체적이지만 '우주 과학기술에서의 중대한 업적'은 그렇지 않다. 구체적이지 않은 표현들은 많은 추측과 가설들을 만들어 낼 수 있다. 그렇게 되면 2단계에서의 효과적인 계획 수립은 불가능하다.

>>> 브레인 라이팅이란 무엇인가?

"너는 이 묵시를 기록하여 판에 명백히 새기되 달려 가면서도 읽을 수 있게 하라"(합 2 : 2).

지도자 계획 2단계는 계획 수립 팀원들 모두가 종합적인 목표 실현에 필요한 **성취필요항목**들을 산출하는 데 기여하게 한다. 주께 도움을 구하는 기도를 드린 후 팀의 코디네이터는 참가자들에게 마음에 떠오르는 **성취필요항목**들을 약 30분 동안 종이 또는 지도자 계획 2단계 양식에 기록하도록 요청하라. 그 항목들은 중요한 것에서 그다지 중요하지 않은 것까지 모든 물질적, 지적, 영적, 사회적인 범주들을 망라하게 될 것이다.

기록이 다 끝났으면 모든 참가자들은 그들이 작성한 리스트를 다른 사람들에게 읽어 준다. 목록이 약간씩 중복된다 해도 모든 사람들이 이 과정을 함께하도록 한다. 나의 경험상, 그룹이 20-30명 정도일 때 각 사람들이 제시하는 항목이 중복되지 않고 골고루 다양하게 제시되는 것 같다. 참가자들이 적어낸 모든 항목들은 **성취필요항목**의 기반이 된다. 이러한 과정을 '브레인 라이팅'(Brain Writing)이라고 부른다.

>>> 성취필요항목 작성하기

지도자 계획은 창조적이고 정확하며 완전한 과정을 필요로 한다. **성취필요항목표**(The End Item Table)는 여러 아이디어들이 범주에 따라 체계화된 것으로, 1단계와 3-5단계들을 잇는 매우 중요한 연결고리다. 브레인 라이팅으로 **성취필요항목**을 작성하는 것은 마치 그물로 고기를 잡는 것과 같다. 모든 팀이 원하는 항목들을 '제한없이 쓰는 것'은 물 속에 그물을 던지는 작업과 같다. 그리고 아이디어들을 서로 나누고 함께 모으는 것은 던져

진 그물을 다시 끌어당겨 배에 고기를 채우는 것과 같다. 이 과정에서 중요한 단계가 하나 더 있는데 그것은 잡은 고기를 분류하는 것이다. 이와 비슷하게 팀에서도 그들의 모든 아이디어들을 상위 항목들과 하위 항목들로 묶고 거기에서 다시 하위 세부 항목들로 묶어야 한다. 나무를 원 둥치와 가지와 줄기와 잎으로 구분하듯이 중요한 항목들과 덜 중요한 항목들을 올바른 분류법으로 구분해 놓아야 한다.

지도자 계획-2단계 양식 성취필요항목 아이디어 쓰기

성취필요항목들을 설명하여 기록하기(과업수행의 성과들, 해결책들, 구체적인 예상 결과들, 꼭 바라는 것들)

세부수준 1 2 3 4	간략하게 기술하기(명사 또는 설명 기법 사용, 동사나 묘사는 안 됨)
X	효과적인 직판 가능성
X	판매 직원
X	판매 관리자
X	판매원
X	북부지방
X	남부지방
X	설비 시설
X	본부 사무실
X	지역 사무소
X	북부지방
X	남부지방
X	판매 용구
X	E 100
X	E 200
X	E 300
X	판매 전단지
X	전체 전단지
X	E 100

그림 B-15

브레인 라이팅으로 얻은 정보는 관련 범주들을 따라 잘 배열해야 한다. 그것을 도표로 그린다면 삼각형 모양의 차트가 될 것이다. 맨 꼭대기에는 첫째 수준의 **성취필요항목**이(이것이 바로 **종합적인 목표**다), 아래에는 그보다는 덜 중요한 중간 수준의 항목들이, 그 다음에는 셋째 수준급의 항목들이 배열된다. 이것은 마치 공학자가 제품을 분해하여 조립품들과 작은 부품들과 더 작은 부품들로 분류하여 그려 놓은 것과 같다(그림 B-16).

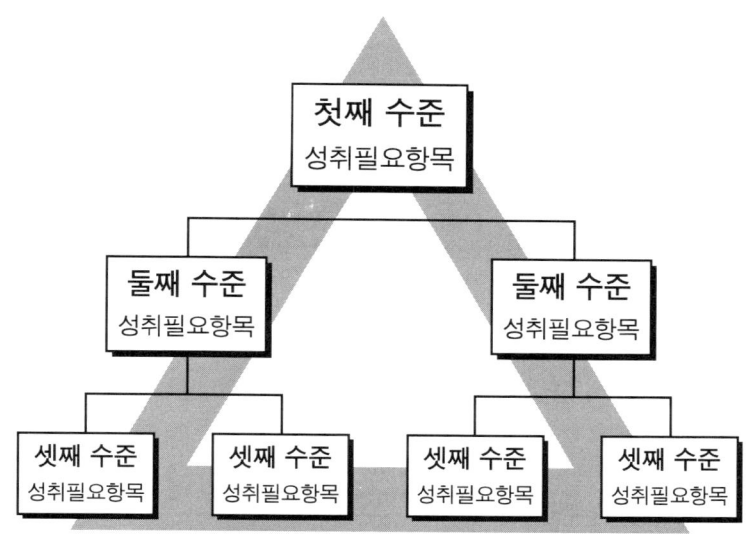

그림 B-16

팀 리더는 팀원들에게 각자의 항목들을 중요도에 따라 둘째 수준, 셋째 수준, 넷째 수준 등으로 분류해 놓으라고 요청한다. 그리고 각 항목의 중요도에 대해 팀원들의 의견이 일치할 때 그 중요성을 2, 3, 4 수준으로 표시한다. 셋째와 넷째 수준의 항목들은 그것들과 관련된 둘째 수준의 항목 아래에 기재한다. 그림 B-17에서 보여주고 있는 둘째 수준의 항목들은 '판매직원, 설비 시설, 판매 용구, 안내 전단지' 등이다.

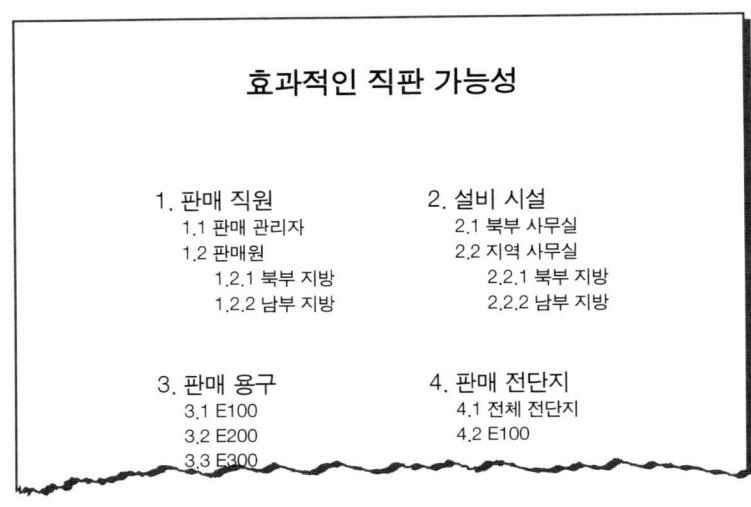

그림 B-17

그림 B-18

그림 B-17의 내용을 그림 B-18처럼 도표 모양으로도 만들 수 있다. 이 도표에서는 상자 안에 큰 글씨로 쓰어진 것이 둘째 수준의 항목들이고 그 아래 쓰어진 것들이 셋째 또는 넷째 수준의 항목들이다.

>>> 브레인 라이팅의 중요성

성취필요항목을 기록하는 가장 주된 이유는 계획 수립을 창조적이고 정확하며 철저하게 하기 위해서다. 2단계에서 작성한 **성취필요항목** 표는 3단계의 이정표와 4단계의 주요과업들을 도출하기 위한 길잡이가 된다.

1) 창조적인 계획을 세울 수 있다

'브레인 라이팅'으로 성취필요항목들을 도출해 내면 창조적인 계획들이 개발된다. 당신은 이 과정이 흔히 활용되는 '브레인 스토밍'(각자 아이디어를 내놓아 최선의 것을 결정하는 방법)보다 효력이 월등하다는 것을 알게 될 것이다. 당신과 팀원들은 구체적이고 강력하며 독창적인 아이디어를 산출해 낼 것이며 내성적인 사람들까지도 '브레인 라이팅'이 자신들의 의견을 나누는 효과적인 방법인 것을 발견할 것이다. 또한 이것은 당신으로 하여금 각 팀원들 개개인의 창조적인 공헌을 극대화하고 팀의 연합을 이루게 해줄 것이다.

창조성(창조적인 능력)은 늘 요구되는 것인데도 너무나 많은 프로그램에서 이것을 빠뜨린다. 그렇지만 이 2단계 과정을 진행하는 동안에는 창조성을 쉽게 적용할 수 있을 것이다. 창조성은 형식적인 교육이나 전통에 의해 형성된 사고의 틀에서 벗어나는 것이다. 틀이나 속박은 이것도 안 되고 저것도 할 수 없다고 한다. 창조의 필요를 느끼게 되면, 프로그램을 위한 놀랍고 창조적인 해결책들이 쏟아져 나올 것이다. '간절한 소원'이나 '구체적인 예상 결과' 등의 방법을 활용하라.

2) 정확한 계획을 세울 수 있다

어떤 계획을 고객에게나 조직의 임원에게 설명할 때, 계획이 부정확하다는 사실이 드러난다면 매우 당황스러울 것이다. 이것은 지도자 계획에 대한 전체적인 신뢰도를 감소시킬 수 있다. 그러나 주의를 기울여 2단계를 따라가면 복잡한 시간계획표, 재원 할당, 예산 세우기 등으로부터 자유로워지기 때문에 당신의 계획이 신뢰할 만하다고 확신하게 될 것이다. 당신과 팀은 필요한 것들, 즉 개념, 문제, 해결책에만 집중할 수 있다.

3) 철저한 계획을 세울 수 있다

계획이 철저하지 못하면 큰 곤란을 초래할 수 있다. 샌프란시스코 부근의 한 인쇄 회사가 해안 부근에 새 공장을 세웠는데 갑작스런 홍수로 재해를 입게 되었다. 그 결과 공장 안에 있는 백만 불 이상의 가치가 나가는 값비싼 종이를 잃게 되었다. 그런데 공장 건립 계획을 수립하고 추진하는 책임자는 보험에도 가입하지 않았다. 결국 그는 해고당했다.

    2단계는 지도자 계획을 철저하게 세우기 위해 고안된 것이다. 그러므로 **성취필요항목** 표를 준비하는 동안에 지나치게 세부적이라 할지라도 상관하지 말고 일단 문서에 기재한다. 2단계의 마지막에 이르면 당신과 팀원들은 **성취필요항목들**의 리스트가 철저하다는 확신을 갖게 된다. 다만 지도자 계획을 만들기 위해서는 그 항목들을 시간을 고려하여 조직적이고 순차적으로 배열해야 한다.

4) 지도자 계획 안에 충분한 세부 사항들이 포함된다

2-4단계를 진행하면 지도자 계획 안에 세부 사항들이 적당히 포함되게 된

다. 2단계의 과정이 지도자 계획을 세우는 데 필요한 세부 사항들을 무제한 적으로 찾도록 도와 주기 때문이다. 3단계에서는 이 세부 사항들을 몇 가지 이정표들로 조직화한다.

5) 개인의 기여도를 극대화 한다

2단계에서 독창적인 아이디어들을 이끌어내는 데 사용된 '브레인 라이팅'을 통해 당신은 팀원들로부터 수많은 정보를 얻게 될 것이다. 또한 그들의 전문적 배경과 창조적 재능에서 나오는 최대한의 유익을 얻게 될 것이다.

6) 그룹의 연합을 고무시킨다

2단계는 팀의 참여를 증진시킨다. 소수 위원회 방식을 지양하고 전체 팀원들을 계획 수립 과정에 참여하게 하기 때문이다. 이 과정은 동지애를 길러주고 지도력을 함양시키며 팀의 일치를 유도한다.

당신은 모든 올바른 정보가 지도자 계획 수립 초기단계에 제대로 포함되기를 원할 것이다. 올바른 정보는 올바른 사람들에게서 나온다. 올바른 사람들이란 최종적인 목표를 이해한 사람들이다. 당신은 또한 각 영역의 전문성을 가진 이들이 계획 수립에 참여하기를 원할 것이다. 팀이 좀 커지더라도 이 방법을 따르면 그 팀원들은 함께 효과적으로 일할 수 있다.

'브레인 라이팅'은 '브레인 스토밍'을 크게 개선한 방식이다. 이것은 창조적인 분위기를 만들어 주며 각각의 팀원들과 직접적이고 효과적으로 함께 일할 수 있도록 도와준다. 성경은 "사람마다 듣기는 속히 하고 말하기는 더디 하라"고 말씀한다(참고, 약 1:19). '브레인 스토밍'은 한두 사람이 계획을 의논하고 회의를 지배하는 결과를 가져올 수 있다. 독점은 당신이 정보를 얻어내고 싶어하는 다른 사람들, 즉 말없는 천재와 같은 사람들을 낙심시킨다. 하지만 '브레인 라이팅'은 모든 사람이 소외됨 없이 충분히 계획 수립에 공헌할 수 있도록 도와준다.

결론 | Chapter Summary

팀이 함께 모여 프로젝트의 수행에 관련된 조건들과 제반 사항과 아이디어들을 떠오르는 대로 최대한 많이 적은 후 각각의 범주에 따라 체계적으로 정리하는 작업으로, 1단계와 3-5단계들을 잇는 매우 중요한 연결 고리가 된다.

제1단계의 종합적 목표를 제일 첫 번째 칸에 적어 넣으라. 이것은 최대한 구체적으로 표현되어야 한다. 종합적 목표가 구체적이지 않으면, 프로젝트 수행 내내 팀원들은 저마다의 추측과 가설을 갖고 각자 행동하게 될 것이다. 그렇게 되면 효과적인 계획 수립은 불가능해진다.

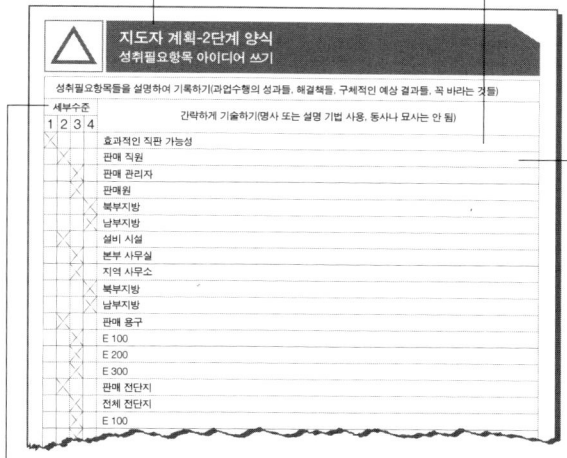

팀이 모여 잠깐 기도한 후, 프로젝트와 관련하여 하나님께서 여러분에게 생각나게 하시는 모든 것들을 기록하라. 중요한 것에서 그다지 중요하지 않은 것까지, 최대한 많은 아이템들을 포함시키는 것이 중요하다.

1. 범주별 분류
기록한 모든 항목들을 각각의 특성에 따라 범주를 만들어 한데 묶는다. 또한 각 범주 안에서도 컴퓨터의 폴더를 만들듯이 큰 항목부터 하위 세부 항목, 그 하위 세부 항목으로 묶어야 한다.

2. 우선순위 분류
각 범주별로 각 항목들의 우선순위를 정하는데, 각 항목의 중요도는 팀의 의견을 모아 세부기준 2번부터 4번 내에서 결정한다(1번은 종합적 목표에만 해당된다).

7

계획 수립 제3단계
이정표 세우기

● 이정표의 개념과 중요성을 이해한다
● 2단계에서 개발한 성취필요항목을 이정표로 바꾸는 방법을 익힌다
● 지도자 계획을 하나의 도표로 표시하는 방법을 익힌다
● 종합적인 목표에 도달하기 위한 주요 사건들을 이정표 차트로 확인한다

              이번 장에서는 **이정표**에 대한 개념과 그것이 왜 모든 지도자들과 과업 수행 책임자들에게 중요한지 설명한다. 이정표를 세우는 방법을 잘 배워 두면 주요 정보를 적어 놓기만 한 계획표를 도표 차트로 전환할 수 있게 된다(이것은 일반적으로 쉽지 않은 작업이다). 도표를 벽에나 책상 위에 붙여 놓으면 **종합적인 목표**를 향한 진척 과정을 신속히 훑어볼 수 있다.

    먼저 이정표들을 만든다. 이 이정표들은 **종합적인 목표**에 도달하기 위한 중요한 지점들이다. 그 다음에 이정표들을 순차적으로 연결하여 차트를 만

든다. 차트는 서로 연결된 직사각형들과 선들로 그려지며 단계별로 진행된 이정표들과 동시다발적으로 진행될 이정표들을 한눈에 볼 수 있게 한다.

이 단계에서는 목표에 도달하기 위한 주요한 사건들과 요점들을 확인할 수 있는데 이것은 본서의 지도자 계획 수립 방법이 다른 유형의 방법들과 크게 다른 점 중 하나다.

>>> 이정표란 무엇인가?

이정표라는 용어는 로마가 세계를 지배하던 당시에 생겨났다. 그들이 로마 제국 전역에 걸쳐 도로망을 확장 건설할 때, 여행자들에게 행선지까지 남은 거리를 알려 주기 위하여 각 마일마다 거리를 표시한 돌을 길가에 세워 놓았던 것이다. 성경에 보면 예수님도 이정표를 참고하여 말씀하신 적이 있었다. "누구든지 너로 억지로 오 리(1마일, NIV)를 가게 하거든 그 사람과 십 리(2마일)를 동행하고"(마 5:41).

이와 같이 십 리를 함께 가주는 섬김은 이정표가 없이는 불가능하다. 다시 말해서, 이정표들은 지도자 계획을 이행해 나갈 때 시간에 따른 진행 정도를 점검하기 위해 사용되는 주요 사건들이다.

이정표는 직사각형의 도표로 표현된다. 그것은 어떤 과업이 시작되거나 완성되는 시점에 놓인다. 또 시간의 변화에 따른 자원의 총량을 정기적으로 점검하는 특별한 이정표들을 삽입할 수 있다.

이정표는 시간 순서에 따라 설치된 성취필요항목들이다

지도자 계획 2단계에서는 **성취필요항목들**을 산출해 냈다. 그것들은 일, 명사들, 목적어, 견본 제품과 같은 삼차원(넓이, 길이, 높이)적인 물체들, 설계도 그리기와 같은 지적인 산출물 등이다. 3단계에서는 이러한 성취필요항목들을 4번째 차원인 시간 안에 배치한다.

예를 들어, '견본 제품'이 3차원적인 성취필요항목이면 '견본 제품 만들기 시작'이나 '견본 제품 이용 가능' 등은 견본 제품을 4차원적으로 표현한 것이라고 할 수 있다(그림 B-19 참조). 이러한 것들은 지도자 계획에 이정표로 나타나게 된다. 종합적인 목표, 즉 궁극적인 성취필요항목은 가장 중요한, 마지막 이정표가 된다.

3차원을 지닌 성취필요항목은 시간의 차원이 더해지면 이정표가 된다.

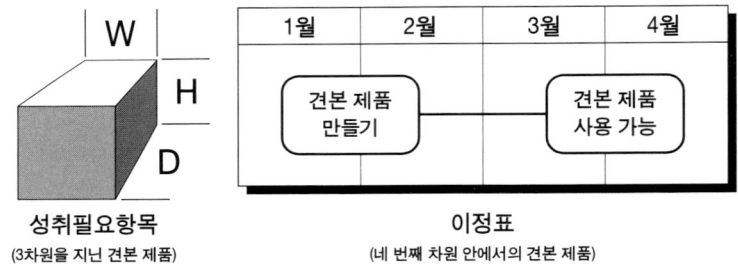

그림 B-19

이정표를 설치하는 데 탁월한 본을 보여준 사람은 느헤미야였다. 느헤미야의 목표는 예루살렘 성벽과 성문을 재건하는 일이었다. 예루살렘에 도착한 느헤미야는 당면한 상황을 파악하고자 성의 주변을 탐사하였다.

"그 밤에 골짜기 문으로 나가서 용정으로 분문에 이르는 동안에 보니 예루살렘 성벽이 다 무너졌고 성문은 소화되었더라"(느 2:13).

느헤미야는 탐사를 통해 종합적인 목표를 성취필요항목들로 자세히 나눌 수 있게 되었고, 진행 상황을 측정할 이정표들을 알게 되었다. 즉, 예루살렘의 방어체제가 회복되려면 열 개의 성문이 재건되어야 한다는 것을 인식하였다. 이 열 개의 성문들은 다음과 같다(예루살렘 북쪽에서 시작하여 시계 도는 방향으로).

1. 양의 문(3:1)
2. 어문(3:3)
3. 옛문(3:6)
4. 골짜기 문(3:13)
5. 분문(3:14)
6. 샘문(3:15)
7. 수문(3:26)
8. 마문(3:28)
9. 동문(3:29)
10. 시찰 문(함밉갓문)(3:31)

이 문들과 인접한 문들 사이의 성벽 구간을 재건하는 것이 자연스럽게 느헤미야 프로젝트의 이정표가 되었다. 큰 비전이 성취되기 쉽게 세분화되고 있었다. 이제는 모든 팀원들이 각자의 은사들을 최상으로 활용할 수 있는 곳을 찾게 할 차례다. 이정표가 확실하게 정해지면 팀원들 사이의 의사소통이 강화되고, 공동 목표를 향한 진행 과정이 쉽게 파악될 수 있다. 느헤미야 역시 마찬가지였다. 성경은 우리를 위하여 이러한 것들을 기록하고 있다.

1. 성벽과 성문의 재건을 시작함(느 2:18)
2. 성벽 재건이 절반 완성됨(4: 6)
3. 성벽 재건 공사가 완성됨(6: 15)
4. 성문 재건이 완성되고 문을 달음(7: 1)

이정표를 세움으로 모든 팀원들(백성들)의 마음속에 확신이 생겼다. 그들은 변화된 환경을 미리 바라보고 일치단결하여 52일만에 목표를 달성했다(느 6:15).

느헤미야가 팀원들에게 이정표를 정확히 알려 주고, 그들이 어떻게 자신들의 세계에 유익한 변화를 가져올 수 있는지 바라보게 했을 때, 절망은 사라졌고 확신은 점점 차올랐다.

의심할 여지 없이 예수님은 하나님 아버지와 공동으로 그의 이정표들을 세우셨다. 성경은 이 세상을 변화시킨 예수님의 사역과 그의 생애의 가장 중요한 이정표에 관한 세부적인 사항들을 요약하고 있다.

> "그는 근본 하나님의 본체시나 하나님과 동등됨을 취할 것으로 여기지 아니하시고 오히려 자기를 비어 종의 형체를 가져 사람들과 같이 되었고 사람들의 모양으로 나타나셨으매 자기를 낮추시고 죽기까지 복종하셨으니 곧 십자가에 죽으심이라 이러므로 하나님이 그를 지극히 높여 모든 이름 위에 뛰어난 이름을 주사 하늘에 있는 자들과 땅에 있는 자들과 땅 아래 있는 자들로 모든 무릎을 예수의 이름에 꿇게 하시고 모든 입으로 예수 그리스도를 주라 시인하여 하나님 아버지께 영광을 돌리게 하셨느니라" (빌 2:6-11).

예수님이 그의 앞에 세워두신 가장 중요한 이정표는 우리를 위해 십자가 위에서 자신의 생명을 주시는 구속적인 행동, 바로 그것이었다(히 12:2)! 예수님은 이정표를 분명히 알고 계셨으므로 십자가 위에서 이렇게 선언하실 수 있었다. "다 이루었도다"(요 19:30). 최후의 이정표, 즉 그의 종합적인 목표는 완전히 성취되었다. 그리고 이 세계는 결코 두 번 다시 전과 똑같아질 수 없다. 마찬가지로 진정으로 세계를 변화시키는 프로젝트들은 모두 십자가의 흔적을 지니게 된다.

>>> 이정표를 만들고 확인하기

이정표를 만들고 확인할 때에는 기본 법칙을 따라야 한다. 흔히 빠지기 쉬운 함정은 어떤 과업에 대한 설명을 이정표 확인과 동일시하는 것이다. 그러나 기억할 것은 하나의 이정표는 시간 안에 있는 한 지점이라는 것이다. 그것은 일반적으로 **주요과업**의 시작이거나 완성이다.

2단계에서 당신은 **성취필요항목들**을 철저하게 작성했다. 그러므로 이제 3단계에서는 필요한 이정표들을 만들기 위하여 우선 높은 수준(세부수준 1과 세부수준 2)의 **성취필요항목들**을 선택해야 한다(그림 B-20 참조). 다음의 그림들은 어떻게 **성취필요항목들**을 이정표로 바꾸는지, 그리고 어떻게 이런 이정표들을 시간과 순서에 맞게 배치하여 상호 연결된 이정표 차트를 만들어 가는지 보여 준다. 그림 B-22에서 세부수준 1의 **성취필요항목**은 종합적인 **목표**이자 가장 중요한 이정표다! 그것은 전체 이정표 차트의 가장 오른편에 자리한다.

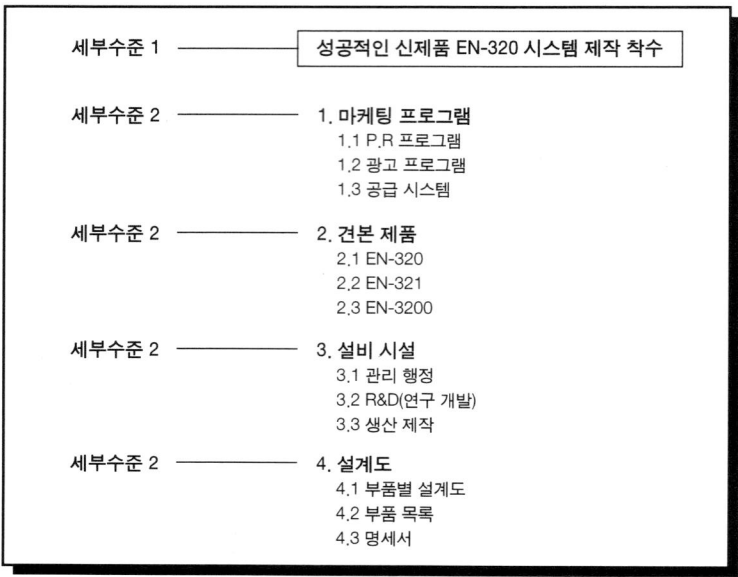

그림 B-20

이정표를 나타내는 정확한 어휘

이정표는 모두가 이해하는 반듯하고 적절한 어휘로 신중하게 써야 한다. 시작 이정표들은 시작의 권위를 의미하고 완성 이정표들은 결과를 판단하게 한다. 훌륭한 이정표는 전달하고자 하는 의도와 의미를 간결한 문체로 효과적으로 전달한다.

성취필요항목을 이정표로 바꾸기

우선 세부수준 2에 해당되는 성취필요항목들마다 시작 지점과 완성 지점의 두 이정표를 제시할 것이다. 그들 사이의 중간 이정표들은 나중에 추가로 더해진다. 이정표들은 그림 B-21에서 보듯이 **성취필요항목들**(명사들)과 적절한 동사들의 결합으로 만들어진다.

세부수준 2 성취필요항목	+ 동 사	= 시작 이정표	또는	완성 이정표
마케팅 프로그램	개발하다	마케팅 프로그램 개발 시작		마케팅 프로그램 개발 완료
견본 제품	만들다	견본 제품 제작 시작		원형 모델 제작 완료
설비 시설	획득하다	설비 획득 시작		설비 획득 완료
설계도	준비하다	설계도 준비 시작		설계도 준비 완료

그림 B-21

이정표를 표현하는 적절한 어휘들

적절한 어휘를 사용하는 것은 의미를 정확하게 전달하는 이정표를 만드는 비결이다. '완성된 견본 제품' 이나 '완성된 직원' 과 같이 부정확한 어휘를 사용하지 말고 '선발되고 훈련된 직원' 과 같이 좀더 정확한 어휘들을 사용하라. 다음은 이정표 표현에 적절한 어휘들의 목록이다.

〈이정표를 표현하는 적절한 어휘 목록〉
접근하다 · 집중하다 · 형성하다 · 획득하다 · 성취하다 · 결론짓다
끝마치다 · 주문하다 · 생기다 · 조작하다 · 고정시키다 · 조직하다

축적하다・건설하다・모양을 갖추다・창설하다・달성하다・극에 달하다
주조하다・극복하다・활성화하다・바로잡다・설립하다・완전케 하다
증진시키다・정점에 이르다・골격을 만들다・다듬다・변경하다・파견하다
이루다・준비하다・개정하다・고안하다・진전시키다・생산하다
확대하다・결정하다・얻다・증명하다・할당하다・개발하다
산출하다・실현하다・가까이 있다・궁리하다・등급 매기다・재건하다
준비되다・면제하다・쌓아놓다・회복하다・정렬하다・급파하다
높이다・정제하다・손에 넣다・배치하다・이행하다・개혁하다
증대시키다・초래하다・개선하다・통제하다・저작하다・정성들여 만들다
즉시 만들다・해결하다・짓다(세우다)・끝내다・통합시키다・소생하다
포획하다・강화하다・증가하다・설계하다・운반하다・부요하게 하다
장치하다・모양을 빚다・목록을 만들다・똑바로 세우다・개설하다・단순화하다
분류하다・창립하다・강화하다・멈추다・정지하다・전개하다
소개하다・힘있게 하다・등급을 나누다・소모하다・발명하다・성공하다
정화하다・펼치다・이용 가능하다・체계화하다・마감하다・연장하다
제조하다・종결시키다・만들어내다・제작하다・성숙하다・풀다
완성하다・크게 하다・확대하다・확장하다・수선하다・유효하게 하다
구성하다・조립하다・동원하다・가공하다・수리하다・보수하다

>>> 이정표 차트 제작하기

이정표 차트란 시간 순서를 도표에 반영하는 것이다. 이것은 관리 이정표들(Management Milestones)과 그들 상호간의 논리적 관계를 강조하는 PERT(Program Evaluation and Review Technique : 프로그램 평가 검토 기법) 차트보다 더 세련된 것이다. 이정표 차트는 계획 수립의 4,5단계 발전을 위한 골격이 된다. 또한 한 장의 종이에 전체 프로그램을 위한 전략과

논리적 연결을 보여 줌으로써 계획 수립의 초기 단계에 매우 유익하게 활용된다. 지나치게 많은 세부항목의 늪에 빠지지 않고 계획 진행 과정을 잘 파악하려는 모든 사람에게 큰 도움이 된다.

이정표 차트 모양 결정하기

이정표를 배치할 때는 맨 처음 그 전체 계획의 시작 지점과 완성 지점을 논리적으로 연결한다. 그 다음에 다른 이정표들은 동시다발적 연결 방법과 순차적 일직선 연결 방법 두 가지를 다 사용할 수 있다. 일반적으로, 모든 프로그램들은 가능한 한 동시다발적으로 진행될 수 있도록 배치되어야 한다. 느헤미야는 41개의 팀들로 하여금 예루살렘 성벽의 각각 다른 구간들을 맡아 동시에 일하게 함으로써 프로그램을 수행했다(느 3:1-32).

만약 한 이정표가 시작 지점을 나타내고 또 다른 이정표가 완성 지점을 나타낸다면 그 이정표 차트는 전형적인 육각형처럼 보일 수 있을 것이다(그림 B-22 참조). 그래서 육각형은 계획 수립 3단계의 상징으로 사용된다.

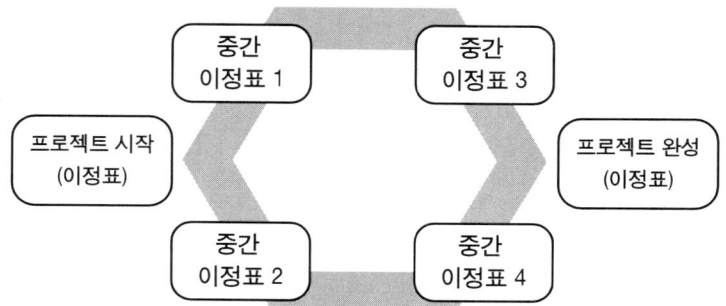

그림 B-22

하지만 실제적으로는 하나의 프로그램이 이런 육각형 식으로 완전하게 계획되기는 어렵다. 그렇게 되기 위해서는 각 단계들이 다른 단계들로부터 서로 독립되어야 하기 때문이다. 그러나 여러 단계들이 서로 상호작용 하는 것이 일반적인 현상이므로 그러한 상호관계들이 차트에 나타나게 된다.

필연적인 순차적 배치

자원(인적 자원, 재정 등)이 불확실하거나 제한이 있을 때는 이정표들을 순차적으로 배치할 필요가 있다(그림 B-23 참조). 또한 충분한 자원을 가진 프로그램일지라도 어떤 이정표들은 기술적 특성 때문에 순차적 배치를 할 필요가 있다. 예를 들면, 건축 공사에 있어서는 우선 기초가 세워져야 한다. 그 후에 골격과 구조를 세우고 인테리어를 한다. 이때는 시작 이정표와 완성 이정표를 양끝에 배치하고 나머지 이정표들은 동시다발적 연결 없이 거의 순차적 연결로만 이루어질 것이다.

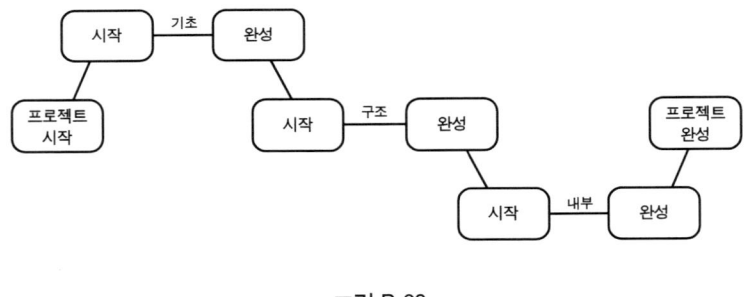

그림 B-23

물론 순차적 배치는 동시다발의 배치보다 종합적인 목표에 도달하는 데 더 많은 시간이 걸린다. 왜냐하면 시간이 프로그램의 효율성에 영향을 주기 때문에 가능한 한 동시다발로 진행하는 것이 매우 중요하다. 심지어 순차적으로 배치된 이정표들도 일부분이 동시에 진행되도록 함으로써 신속하게 완성할 수 있다(그림 B-24 참조).

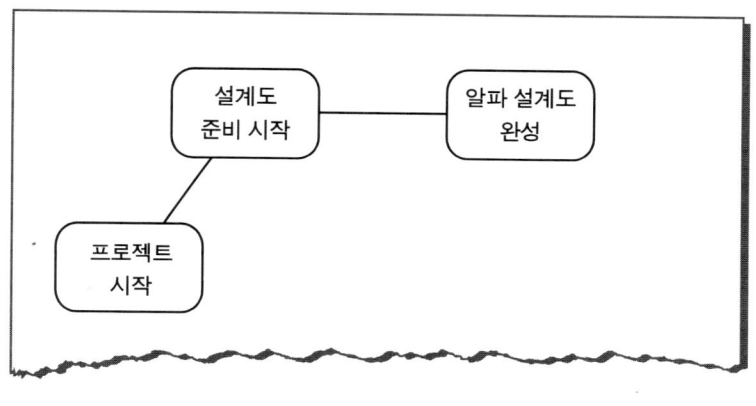

그림 B-24

이정표 차트 만들기

이정표 차트를 만들 때 세부수준 2의 성취필요항목들을 시작과 완성의 이정표들로 바꿔야 한다는 것을 기억해야 한다. 예를 들어, 세부수준 2의 항목들 중 하나가 '설계도 작성'이었다면, '설계도 준비 시작'과 '알파 설계도 완성'과 같이 이정표를 두 개 만든다. '설계도 작성' 작업은 첫 '시작 프로그램' 이정표에서부터 직접 진행할 수 있기 때문에 거기서부터 '설계도 준비 시작'이라는 이정표에 이어서 바로 순차적 연속선을 그릴 수 있다.

순차적으로 연결되는 이정표들 사이에 선을 그으라. 이 연속선은 언제나 차트의 오른쪽 방향으로 움직인다. 당신이 '진퇴양난'에 빠지는 것을 막아주고 합리적인 순서를 따라 앞으로 진행하도록 도와 주기 위해서다.

다음으로 '견본 제품들'이라는 세부수준 2의 **성취필요항목**을 이정표로 전환하기 위해 그 견본 제품들을 제작하는 일이 설계도 이정표들과 동시에 진행될 수 있음을 보게 될 것이다. 그래서 '알파 견본 제품 제작 시작' 과 '알파 견본 제품 시험 및 평가 준비 완료' 라는 두 개의 이정표를 더 만들 것이다. 이 작업도 '첫시작 프로그램' 이정표에 이어 곧바로 연결할 수 있다. 이 시점에서 그림 B-25를 보면 이정표 차트 제작의 가치가 분명해지기 시작한다. 아직 세부과업들을 결정하지 않았으므로 당신은 단지 시작 이정표들과 완성 이정표들을 세우는 것에 집중해야 한다.

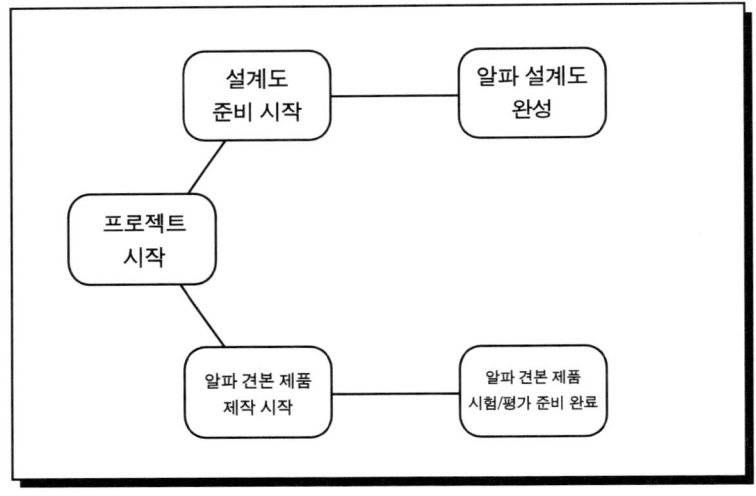

그림 B-25

그런데 좀더 생각하면 알파 설계도가 완성될 때까지 견본 제품들 제작을 시작할 수 없음을 알게 된다. 그래서 당신은 이 점을 이정표 상호관계에 반영하기 위해 이정표 배치를 재조정하게 될 것이다. 이때 접착 메모지나 적절한 컴퓨터 프로그램을 사용하면 이정표 차트를 재조정하기가 쉽다.

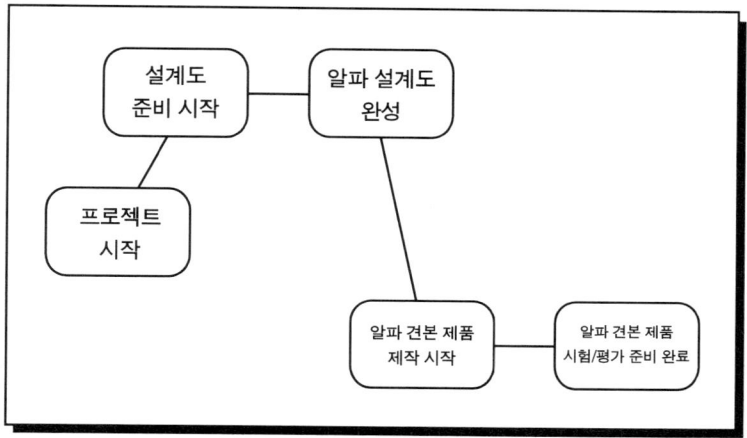

그림 B-26

그림 B-26에서 보듯이 이정표 연결선이 항상 오른쪽으로 이어지도록 유의하면서 정확한 순차를 따라 이정표를 재배치하라.

그 다음 설계도와 관련된 주요 이정표를 만들라. 즉 '베타 설계도 완성' 이정표와 '베타 견본 제품 제작 시작' 이정표를 순차적으로 연결하라(그림 B-27 참조).

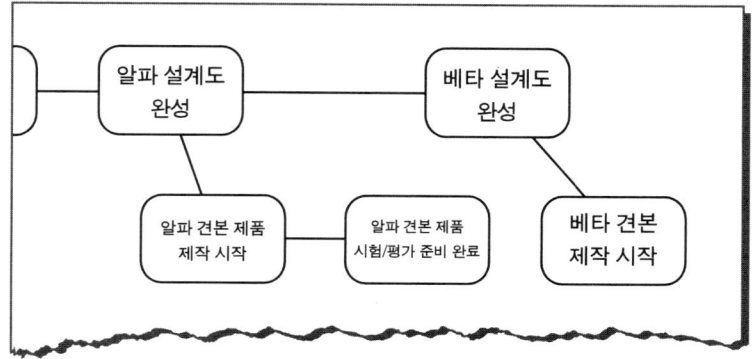

그림 B-27

세부수준 2의 또 다른 성취필요항목인 품질 분석 프로그램 이정표가 첫 '시작 프로그램' 이정표에서 시작되어 가동되기까지 연결돼야 한다고 믿는다면 다시 두 개의 이정표, '품질 분석 프로그램 준비 시작'과 '품질 분석 프로그램 가동 준비 완료'를 만들고 그림 B-28처럼 상호 연결시켜라.

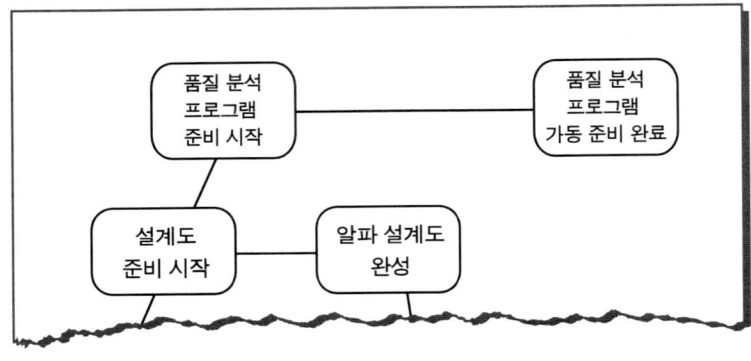

그림 B-28

또 다른 세부수준 2의 성취필요항목에 근거하여 두 개의 이정표 '마케팅 전략 준비 시작'과 '마케팅 전략 이용 가능'을 만든 후 첫 '시작 프로그램' 이정표에서 시작되도록 연결시킨다(그림 B-29 참조).

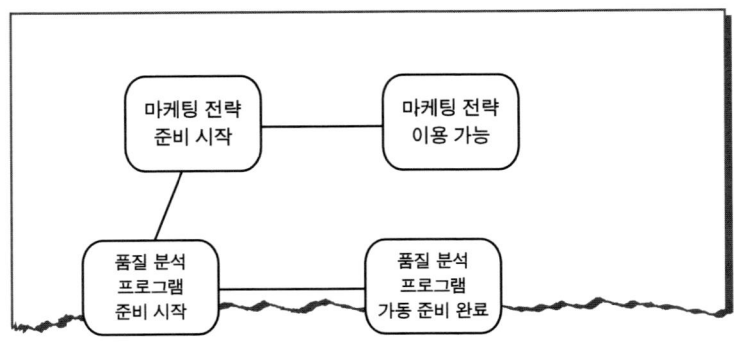

그림 B-29

세부수준 2의 **성취필요항목** '새로운 시설들'에 관해 만든 두 개의 이정표도 역시 첫 '시작 프로그램' 이정표부터 진행될 것이다. 왜냐하면 다른 단계들과 상호 관련이 거의 없기 때문이다. 그러므로 이 단계는 이정표 차트에 있는 다른 항목들과 동시다발적으로 진행할 수 있다.

이제 견본 제품을 제작하기 전에 점유할 시설들이 준비되어야 하므로 '새로운 시설들 준비 완료'란 이정표에서 '알파 견본 제품 제작 시작'이란 이정표까지 선을 그어 연결한다(그림 B-30 참조).

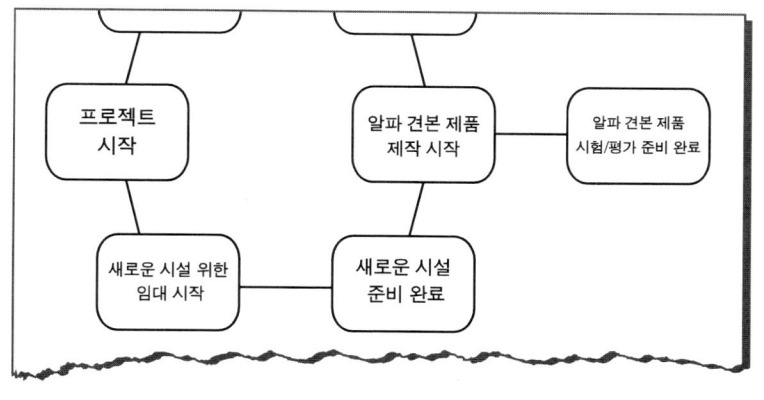

그림 B-30

계속해서 세부수준 2의 **성취필요항목**들을 시작 이정표와 완성 이정표로 바꾸고 각 이정표를 합리적으로 상호 연결하라. 프로그램의 주요 작업들과 세부수준 2의 모든 항목들이 이정표로 전환되면 이정표 차트가 거의 완성된 것이다. 순서를 정확히 하기 위해 세부수준 3과 관련된 이정표들이 몇 개 추가될 수 있다.

이정표 차트에는 이처럼 세부수준 2의 **성취필요항목**들과 세부수준 3의 주요 **성취필요항목**들로부터 만들어진 이정표들만 포함된다. 세부수준 4나

세부수준 5 또는 더 아래 수준의 **성취필요항목**들은 포함되지 않는다. 그렇게 하지 않으면 너무 세부적인 항목들이 차트에 나타난다.

이정표 차트를 완성짓기 위해서는 보통 '200개 신제품 시험 생산 시작' 과 같은 이정표를 만들고 이전 단계의 이정표들과 연결되도록 한다. 다음에 그 프로그램이 어떻게 성공적으로 완성될 것인가 보여 주는 중요한 이정표들을 추가한다. '신제품 시험 생산' 을 예로 든다면 '생산량 증대 시작' , '10,000개 생산' 과 같이 중요한 성취를 의미하는 두 개의 이정표를 추가한다(그림 B-31참조).

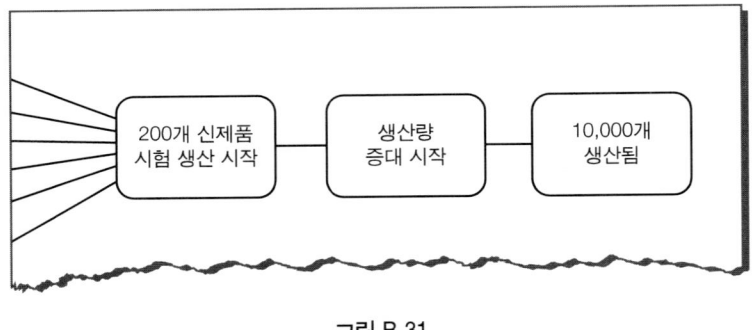

그림 B-31

육각형 : 3단계의 상징

앞에서 언급했듯이 3단계에서 이루어지는 이정표 배치는 보통 육각형 모양이 된다(그림 B-32 참조). 이것은 이정표가 차트의 왼쪽에서 오른쪽으로 순차적으로 전개되기 때문이다. 처음부터 갈라진 동시다발 이정표들과 평행을 이루다가 완성 프로그램으로 모여들어 육각형 모양을 이루는 것이다.

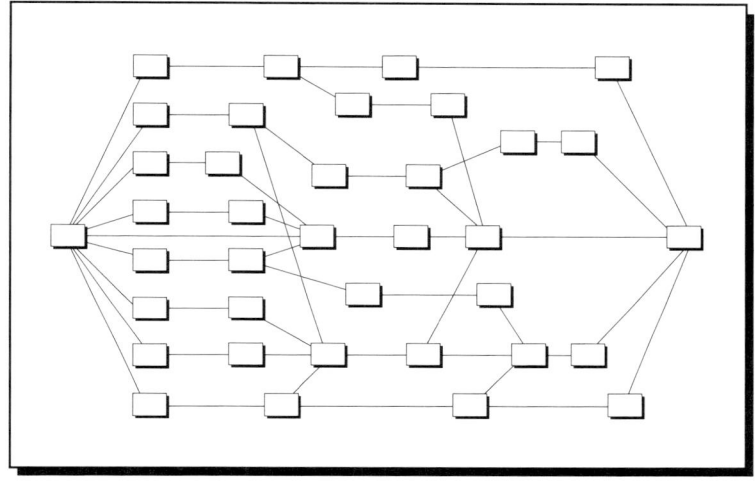

그림 B-32

>>> 이정표 연결 차트의 중요성

이정표 차트는 큰 그림 안에서 종합적인 목표를 위한 전체적인 전략을 표현하고 전달하기 위해 고안되었다. 결정권이 있는 리더 팀은 지도자 계획을 개발하는 초기 단계에서 계획을 점검, 분석, 참고하기 위해 이정표 차트를 사용할 수 있다.

이정표 차트를 제작하는 또 하나의 목적은 전체 프로그램을 하나의 도표로 요약하여 미리 보게 함으로써 계획 수립 4,5 단계들을 위한 지침으로 사용케 하는 것이다. 이정표 차트는 4단계에서 **주요과업들**을 효과적으로 계획할 때에 지침이 된다. 또한 큰 프로그램의 경우에는 **주요과업들**과 긴밀히 연계된 하위 프로젝트들을 계획하는 데에도 도움이 된다.

이번 장 처음에서 이정표란 시간에 따라 합리적으로 배치된 **성취필요항**

목들임을 언급했다. 그것들은 전체 프로젝트 진행시 점검 지점이 된다. 이처럼 지도자 계획의 진행을 감독하고 조정할 지도자로 하여금 중요한 지점들에 관심을 집중하게 하는 것도 이정표 차트 제작 목적 중 하나다. 지도자의 역할은 계획 수립으로 끝나지 않는다. 성공적인 성취를 위해 수행할 일을 계획하고 그 계획을 수행해야 한다.

이정표는 리더들의 주요 결정들, 잠정적인 목표들, 진척 상황을 정확하게 알아야 하는 중요한 내용들을 보여 주는 출발점이다. 이정표 없는 지도자 계획은 도시들이 표시되어 있지 않은 도로 안내 지도처럼, 바쁜 지도자들에게는 아무 쓸모가 없다.

1) 적절한 결정을 내리도록 도와준다

각 프로그램이나 주요한 단계들은 권위자가 내린 결정에 의해 시작된다. 올바르고 적절한 시작 이정표가 세워지려면, 해당 프로그램이나 단계가 시작되기 전에 경영진의 결정이 내려져야 한다.

2) 목표 도달 가능성을 증대시킨다

중간 중간에 평가 지점들이 없으면 시간에 쫓기거나 혼란과 위기 상황을 맞아 프로그램 진행이 막히곤 한다. 그러나 중간 목표들을 나타내는 이정표들은 프로그램에 참여하고 있는 모든 사람들의 동기와 생산성을 증가시켜 줌으로써 그림 B-33에서처럼 최후의 이정표, 즉 프로그램의 종합적인 목표에 도달할 가능성을 증대시킨다.

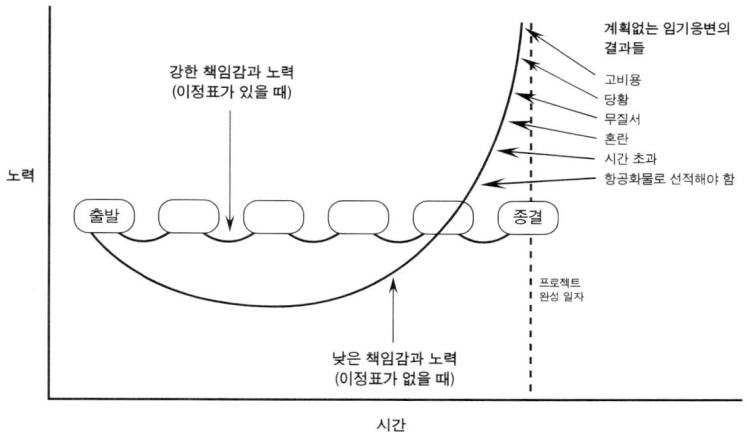

그림 B-33

3) 책임감과 의무 이행의 개념을 이해시킨다

지도자의 의무는 '책임감' 과 '의무 이행' 두 가지다. 제1부에서 설명했듯이 섬김의 지도자이신 예수님이 우리의 모델이다. 예수님은 하나님 아버지께서 주신 의무를 모두 이행하셨다. 또한 모든 일에 책임감 있게 행동하셨다. 지도자의 삶에 필요한 책임감과 의무 이행의 상호 작용은 백부장의 말에도 나타나 있다. "나도 남의 수하에 있는 사람이요 내 아래도 군사가 있으니"(마 8:9). 예수님은 그의 통찰력을 칭찬하셨다.

이정표는 책임감과 의무 이행의 개념을 충분히 이해하도록 돕는 강력한 도구다. 당신의 과업은 곧 당신이 맡고 있는 책임을 말해주는 것이다. 책임지고 있는 과업을 스스로 수행하든지 팀원들에게 위임할 수 있다. 만약 책임을 위임했다면 과업의 결과에 대해서도 위임받은 사람에게 책임을 물으면 된다. '책임감과 의무 이행의 (연결)고리'를 설치하라(그림 B-34 참조).

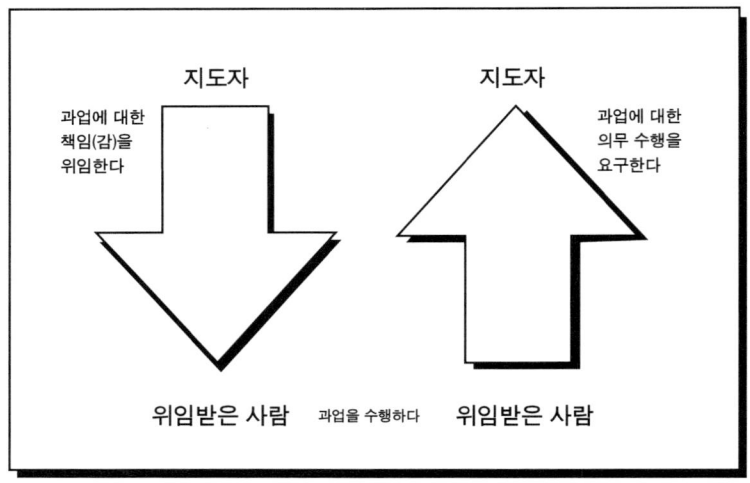

그림 B-34

시작 이정표는 그림 B-35에서와 같이 다른 사람에게 구체적인 작업 시작에 대한 책임을 위임하는 것을 형식화한다.

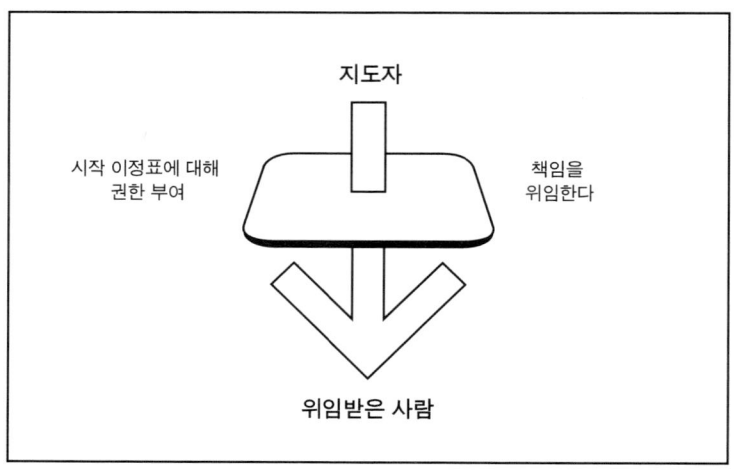

그림 B-35

완성 이정표는 그림 B-36에서와 같이 책임을 위임받은 사람이 그 과업을 완성함으로써 의무를 이행한 것을 형식화한다. 이 완성 이정표는 의무 이행 연결 고리를 닫아 준다.

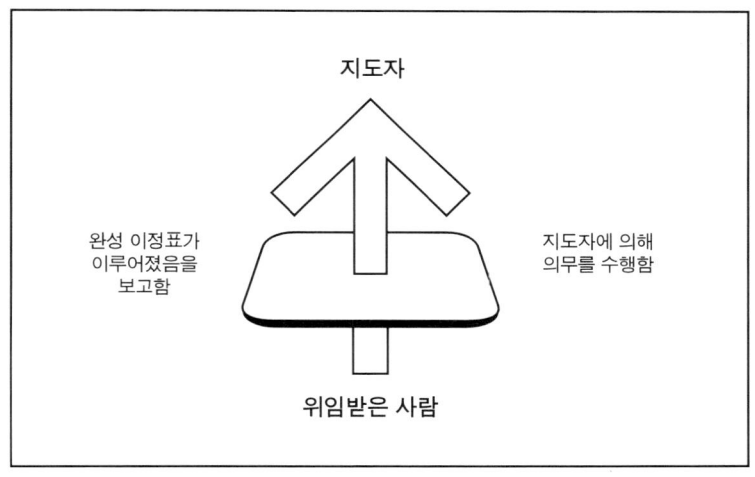

그림 B-36

4) 의사소통의 문제를 개선한다

경험 많은 리더들은 팀들 사이에, 리더와 팀원들 사이에, 아니면 팀원들 서로 간에 의사소통이 효과적이지 못하다는 것이 가장 큰 문제 중 하나임을 인식한다. 이정표는 이 문제를 해결하는 데 중요한 열쇠가 될 수 있다. 지도자 계획에 있는 하나의 이정표는 늦지 말고 수행하라는 메모와 유사하다. 한 이정표가 수행되어야 할 시기에 지도자는 해외에 있을 수 있다. 그러나 이정표에 기록된 내용은 리더가 팀원들에게 지시를 내리는 것과 같은 의미를 지닌다(그림 B-37 참조).

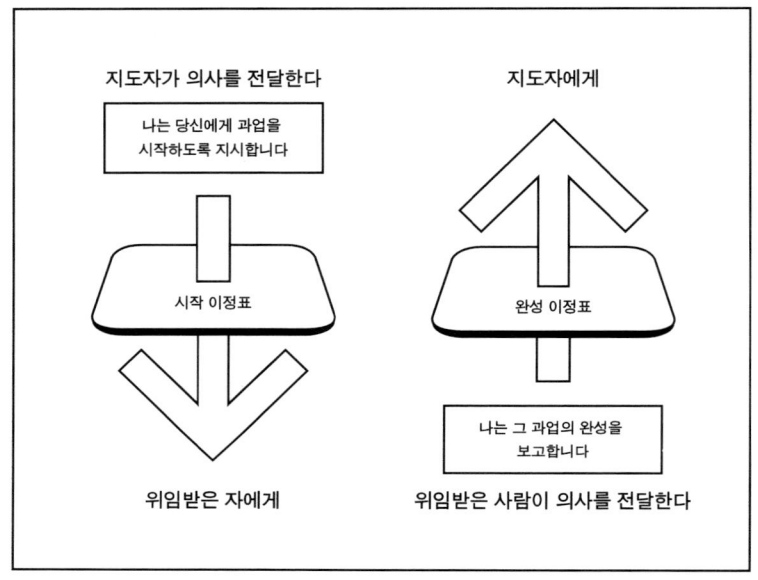

그림 B-37

5) 부서들 사이에 상호 접촉점을 제공한다

이정표는 부서들 사이의 의사소통을 원활히 하고, 조정이 분명치 않은 많은 영역을 극복할 수 있도록 도와 준다. 예를 들어, 최고경영자가 신제품의 생산 가동이 늦어 생산부 책임자에게 점검한 결과 견본 제품 생산 설비가 아직 준비되지 않았음을 알게 되었다. 이유는 설계부에서 아직 견본 제품의 최종 설계도를 넘기지 않았기 때문이라고 했다.

다시 설계부 책임자에게 점검한 결과 최종 설계도를 생산 부서에 보냈지만 생산부가 아직 그 사실을 모르고 있다는 사실을 알게 되었다. 부서간 상호 접촉 이정표들을 하나는 설계부에, 또 하나는 생산부에 사용했다면 각 부서 관리책임자들이 상호 접촉을 하게 되어 이 모든 문제를 예방할 수 있었을 것이다(그림 B-38 참조).

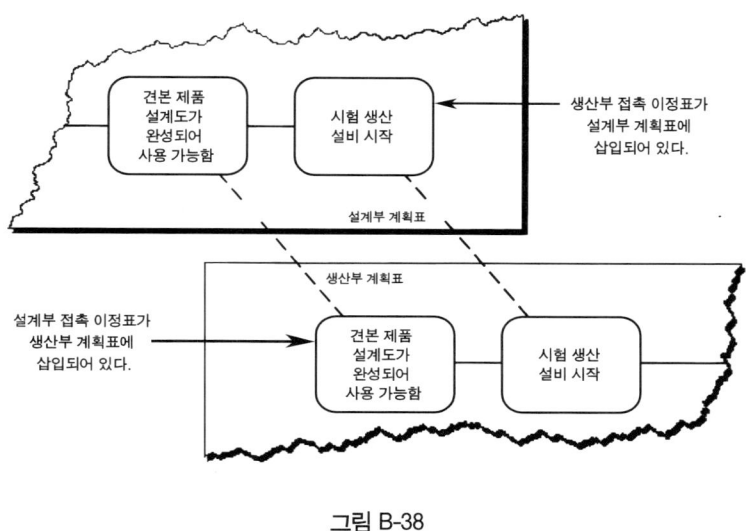

그림 B-38

3단계 과정에 참여해야 할 사람들

3단계 과정에서 당신이 중요한 이정표들을 제작하고 있다는 사실과 이정표 수행에 책임이 있는 리더들이 이정표들을 확인하고 배치해야 한다는 것을 기억하라. 리더 팀 전체가 적극적으로 이 과정에 참여해야 한다.

   신제품을 생산하기 위한 계획 수립에는 지도력과 지혜뿐 아니라 마케팅, 설계, 생산, 구매에 발빠르게 대처할 수 있는 통찰력이 필요하다. 이 경우에는 최고경영자와 이러한 부서들을 대표하는 모든 간부들이 참여해야 한다. 한 번의 회의로 이정표 차트를 제작할 수 있다. 계획이 없으면 비싼 대가를 가져올 골치아픈 문제들과 나중에 일어날 수 있는 지연 사태들을 미리 방지할 수 있다.

결론 | Chapter Summary

궁극적인 팀의 비전을 다루기 쉬운 세부 단계들로 나눈다. 이것은 단기적인 목표들로서 하나씩 이루어질 때 전체적인 최종 목표가 완성된다.

'이정표 세우기'는 서울에 사는 사람이 부산에 갈 일이 생겼을 때, 출발지인 서울과 목적지인 부산 사이의 기점들을 지도에 체크해 놓고 그것을 따라가는 것에 비유할 수 있다.

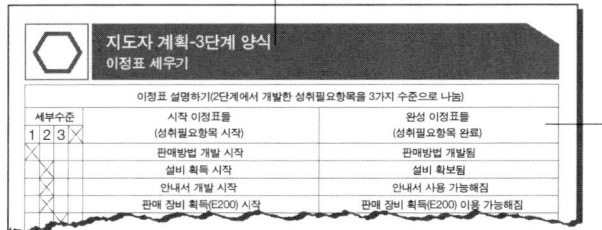

각 성취필요항목들을 시작과 완성의 두 가지로 바꿔 넣는다. '설계도 작성'을 예로 들어보면, '설계도 준비 시작'과 '설계도 완료'의 두 가지 이정표가 나오게 된다.

8

계획 수립 제4단계
주요과업들과 하위 프로젝트 파악하기

- 주요과업의 개념을 이해하고 결정한다
- 하위 프로젝트의 개념을 이해하고 개발하는 방법을 익힌다
- 하위 프로젝트를 언제, 어떻게 사용하는지에 대한 적용 지침을 익힌다
- 지도자 계획에 세부적인 과업들을 적절히 포함시키는 방법을 익힌다

"주께서 각각 주신 대로"(고전 3:5).

앞장에서 당신은 이정표들을 세우고 이정표 차트를 만들었다. 이번 장에서는 주요과업들, 즉 하나의 이정표에 도달하기 위해 완수해야 하고 감당할 수 있는 일들을 규정할 것이다. 또한 복잡한 프로젝트에 연계된 하위 프로젝트 개발에 대하여 배우게 된다. 하위 프로젝트는 이 책이 설명하고 있는 지도자 계획과 똑같은 다섯 단계로 준비되어야 한다.

이번 장에서 당신은 팀과 함께 효과적으로 일하면서 계획에 적합한 세

부적인 과업들을 포함시키는 법뿐만 아니라 **주요과업들**을 설명해 주는 쉬운 기술적 표현들을 배우게 된다. 다음 5단계에서 **필요자원** 평가를 잘하기 위해 이 4단계에서 올바른 정보 기반을 어떻게 개발하는지 보게 될 것이다. 느헤미야가 보여 준 용기 있는 지도력의 본보기, 즉 예루살렘 성벽과 성문 재건에 대한 이정표들에 도달하기 위하여 많은 과업들이 성취되었던 것을 상고해 보자. 큰 프로젝트에 포함된 세부적인 모든 과업들을 다 규정하려고 시도하면 너무 복잡하여 해로운 결과를 초래하게 될 것이다. 이 단계에서 팀은 주요과업들로 불리는 큰 과업들만을 규정해야 한다. 각각의 주요과업들은 더 작은 과업들로 나눠질 수 있다.

>>> 주요과업이란 무엇인가?

'주요과업들(super tasks)' 이란 지도자 계획 수립에 적합한 과업들로, 이정표에 도달하기 위해 완성해야 하고 관리할 수 있는 규모의 주요 작업들을 말한다. 핵심 단어는 '관리할 수 있는(manageable)' 이다. 그래야만 책임자들이 작업 수행에 대한 책임과 의무를 다할 수 있기 때문이다.

주요과업은 개인이나 팀이 중단하지 않고 수행할 수 있는 분량이어야 한다. 이것은 작은 과업들 또는 하위 프로젝트 전체를 대표하기도 하며, 책임자들이 작업 활동을 설명하고 감독하는 데 사용되기도 한다.

주요과업들은 '이정표와 주요과업 결합 차트' 안에서 굵은 선으로 그려진 직사각형이나 색깔을 넣어 나타내며 텍스트와 관련 정보들이 함께 기록된다. 이 주요과업들은 그 시점에서 자원이 지출된다는 의미를 내포한다. 주요과업들은 같은 크기의 직사각형들로 표시된다.

4단계의 목적은 이정표 성취를 위해 작업들이 어떻게 수행되는지 보여

주는 데 있다. 그러므로 이렇게 확정된 주요과업들을 이정표들과의 관계가 논리적인지 확인한 다음 이정표 차트에 추가하면 '이정표와 주요과업 결합 차트'가 된다. 이 차트는 전체 프로젝트나 그와 연계된 하위 프로젝트를 위해 사용된다.

>>> '이정표와 주요과업 결합 차트'란 무엇인가?

주요과업들이 이정표 차트와 적절하게 결합될 때 '이정표와 주요과업 결합 차트'라는 새로운 차트가 형성된다. 이것은 한 장의 종이에 전체 프로그램과 프로그램의 주요 단계가 표시된 것인데 1단계부터 4단계까지 생성된 모든 정보를 보여준다. 그것은 지도자 계획 수립 과정에서 이정표들, 주요과업들, 논리적인 관계들을 한꺼번에 보여주는 첫 번째 차트다. 왼쪽에서 오른쪽으로 이어지는 명확하고 필연적인 순차관계를 알 수 있다. 여기에 소요 시간 및 자원을 예측하여 첨가하면 완전한 지도자 계획이 되는 것이다.

>>> 주요과업 규정하기

주요과업들을 규정할 때는 창조적인 접근방식을 사용해야 한다. 2, 3단계에서 이미 계획 수립 과정을 잘 분류했기 때문에 4단계에서 규정되는 각 주요과업은 적당량의 세부사항을 대표하게 될 것이다.

  사람은 각자의 경험, 훈련, 계획 수립시 자료구성법, 기호 등에 따라 문제 해결 방식이 다르다. 그러므로 이전 단계들에서 확인했듯이 '브레인 라이팅'이 가장 효과적이다. 개개인들의 공헌을 최대화하면서도 전체 계획에 통합될 때 그룹의 협력을 일궈내기 때문이다. 다양한 전문가들로 구성된 팀의 경우에는 개개인들의 창조성을 공동계획으로 통합시켜야 한다.

복잡한 프로젝트의 경우에는 핵심 지도자들 및 기술 전문가들이 함께 팀 회의에 참석하여 전체 프로그램을 위한 이정표와 주요과업 결합 차트를 개발하는 것이 유익하다. 더 상세한 과업들은 소규모 분과회의에서 정하면 된다.

화살표 : 4단계의 상징

왼쪽에서 오른쪽을 향하고 있는 화살표는 전통적인 계획 수립 방법에서 작업 활동을 상징한다. 고전적인 CPM(Critical Path Method)과 PERT(프로그램 평가 검토 기법)에서 도표에 표시된 화살표는 과업이나 작업 활동을 상징한다. 화살표의 꼬리 부분은 과업의 시작을, 머리 부분은 과업의 종결을 나타낸다. 프로젝트 관리 소프트웨어 프로그램은 주요과업을 표시하기 위해서 다른 상징, 즉 직사각형을 사용한다는 것도 알아 두라.

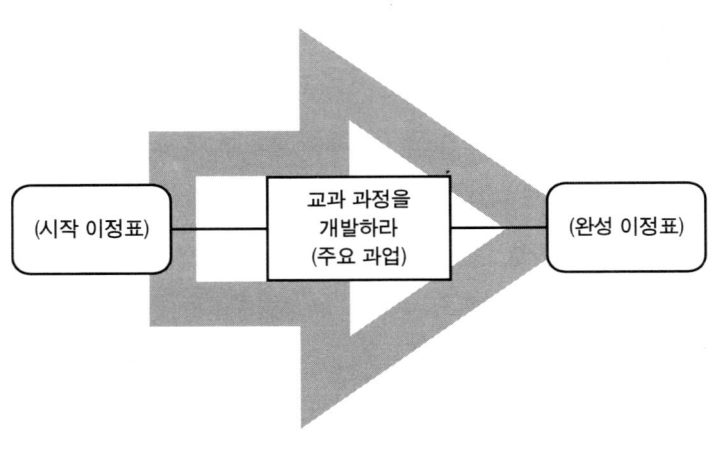

그림 B-39

주요과업의 성경적인 예

느헤미야서 3장에는 예루살렘 성벽 재건에 필요한 **주요과업들**이 나온다. 예루살렘 성벽 재건에 포함된 10개의 이정표와 이에 연관된 **주요과업들**의 기록을 읽어보면 몇 가지 핵심적인 것들이 눈에 띈다.

첫째, 거기에는 불필요한 세부사항이 없다. 각 **주요과업**에 따르는 세부사항을 모두 목록으로 만들지 않는다. 다만 프로젝트를 완수할 지도력을 행사하는 데 필요한 개략적인 사항들이 주어진다. 이렇게 함으로써 지도자들이 중요한 일들에 집중할 수 있다.

둘째, 각각의 **주요과업**마다 완성을 책임질 개인 또는 팀이 있다. 사람들은 자신의 책임에 상응하는 주인 의식을 갖고 분명한 의사소통과 의무를 이행한다.

셋째, 모든 이정표들이 성취되는 데 동일한 노력이 요구되지는 않는다는 것이다. 3번 이정표와 6번 이정표에는 **주요과업**이 많이 필요하지만 어떤 이정표들은(4, 5, 7, 10) **주요과업** 하나면 된다.

넷째, 동시다발적으로 성취할 수 있는 **주요과업들**을 분명히 알면 종합적인 **목표** 완성이 훨씬 더 앞당겨진다. **주요과업들**이 분명히 묘사되어야 동시에 성취될 수 있는 것과 순차적으로 완성될 수 있는 것을 볼 수 있다.

여기에 느헤미야서 3장에 있는 이정표들과 주요과업들의 개요가 있다. 성경에 나오는 위대한 지도력의 본보기를 읽어보라.

이정표 1 : 양문에서 어문까지 성벽 완성(3:1-2)
    주요과업 1 : 대제사장 엘리아십이 완수함
    주요과업 2 : 여리고 사람들이 완수함

주요과업 3 : 이므리의 아들 삭굴이 완수함

이정표 2 : 어문에서 옛문까지 성벽 완성(3:3-5)

주요과업 4 : 하스나아의 자손들이 완수함

주요과업 5 : 우리아의 아들 므레못이 완수함

주요과업 6 : 베레갸의 아들 므술람이 완수함

주요과업 7 : 바아나의 아들 사독이 완수함

주요과업 8 : 드고아 사람들이 완수함

이정표 3 : 옛문에서 골짜기 문까지 성벽 완성(3:6-12)

주요과업 9 : 요야다와 므술람이 완수함

주요과업 10 : 믈라댜와 야돈이 완수함

주요과업 11 : 할해야의 아들 웃시엘이 완수함

주요과업 12 : 향품 장사 하나냐가 완수함

주요과업 13 : 후르의 아들 르바야가 완수함

주요과업 14 : 하루맙의 아들 여다야가 완수함

주요과업 15 : 하삽느야의 아들 핫두스가 완수함

주요과업 16 : 말기야와 핫숩이 완수함

주요과업 17 : 할로헤스의 아들 살룸이 완수함

이정표 4 : 골짜기 문에서 분문까지 성벽 완성(3:13)

주요과업 18 : 하눈과 사노아 거민들이 완수함

이정표 5 : 분문에서 샘문까지 성벽 완성(3:14)

주요과업 19 : 레갑의 아들 말기야가 완수함

이정표 6 : 샘문에서 수문까지 성벽 완성(3:15-26)

주요과업 20 : 골호세의 아들 살룬이 완수함

주요과업 21 : 아스북의 아들 느헤미야가 완수함

주요과업 22 : 바니의 아들 르훔이 완수함

주요과업 23 : 하사뱌가 완수함

주요과업 24 : 헤나닷의 아들 바왜가 완수함

주요과업 25 : 미스바를 다스리는 자 에셀이 완수함

주요과업 26 : 삽배의 아들 바룩이 완수함

주요과업 27 : 우리야의 아들 므레못이 완수함

주요과업 28 : 평지에 사는 제사장들이 완수함

주요과업 29 : 베냐민과 핫숩이 완수함

주요과업 30 : 마아세야의 아들 아사랴가 완수함

주요과업 31 : 헤나닷의 아들 빈누이가 완수함

주요과업 32 : 우새의 아들 발랄이 완수함

주요과업 33 : 바로스의 아들 브다야가 완수함

이정표 7 : 수문에서 마문까지 성벽 완성(3:27)

주요과업 34 : 드고아 사람들이 완수함

이정표 8 : 마문에서 동문까지 성벽 완성(3:28-29)

주요과업 35 : 제사장들이 완수함

주요과업 36 : 임멜의 아들 사독이 완수함

이정표 9 : 동문에서 함밉갓문(시찰문)까지 성벽 완성(3:29-31)

주요과업 37 : 스가냐의 아들 스마야가 완수함

주요과업 38 : 하나냐와 하눈이 완수함

주요과업 39 : 베레갸의 아들 므술람이 완수함

주요과업 40 : 금장색 말기야가 완수함

이정표 10 : 시찰문에서 양문까지 성벽 완성(3:32)

주요과업 41 : 금장색과 상고들(상인들)이 완수함

>>> 주요과업 규정의 중요성

이정표를 세우는 것은 전체 프로젝트를 감독해야 하는 리더들의 역할이고 주요과업을 규정하는 것은 각 주요과업의 리더들, 기술관리 책임자들 그리고 다른 전문가들의 역할이다. 그들은 **주요과업들을 어떻게 성취해 나가야 하는지 훈련받은 사람들이다.**

지도자 계획에서 주요과업들의 역할을 살펴보자.

1) 전문가들의 구체적 업무를 공식화한다

주요과업들은 지도자 계획이 어떻게 진행될 것인지를 나타낸다. 때로 주요과업을 진행할 때 한 사람 또는 그 이상의 고도로 훈련된 전문가가 필요한데 주요과업들은 이들이 수행할 과업 내용을 나타낸다.

2) 주요과업들 결정과 과업 수행 일정 수립을 분리시킨다

주요과업들을 결정하면서 동시에 수행 일정을 세우는 것은 거의 불가능하다. 왜냐하면 미지수가 동시에 두 가지나 있기 때문이다. 수학에서는 두 개 이상의 미지수를 미분방정식을 이용하여 푼다. 다른 미지수를 상수로 취급하면서 각각의 미지수를 따로 풀어간다.

여기에서도 이같은 절차를 이용한다. 수행 일정 수립은 미지의 상수로 취급하고 **주요과업들**을 먼저 결정한다. 미지수로 남겨 놓은 수행 일정은 5단계에서 수립한다. 4단계에서는 먼저 **주요과업들**을 효과적으로 결정한 후 논리에 맞게 순차적으로 배열한다. 각각의 **주요과업들**에 얼마나 시간이 소요되는지는 고려하지 않는다.

3) 리더들의 참여와 협력을 장려한다

4단계에 나오는 주요과업 계획에서는 경영 지도부와 계획 수립팀이 계획 수립의 통일된 기준과 체계화된 단계들을 통합하게 된다. 이것은 특히 전문가들과 기술자들의 자발적인 참여를 유도한다. 자신들의 성취 방법들을 표현할 수 있도록 해주기 때문이다. 계획 수립시 전문가들과 기술자들이 서로의 전문분야를 알 필요는 없다. 그러나 상호간의 지식은 함께 일할 때 관계에 도움을 주며 다른 조직의 전문가들과도 협력과 조정이 이루어지게 한다.

4) 관리할 만한 작업 분량들을 결정한다

주요과업들은 지도자 계획을 관리할 만한 분량으로 나누기 때문에 자원 사용을 계획하고 배분하는 좋은 근거가 된다. 즉, **주요과업들**은 각각의 책임자들이 완성에 예상되는 소요 시간과 자원을 쉽게 판단할 수 있는 분량으로 결정된다. 간략하게 설명하자면 그림 B-40에서와 같이 비록 창고 문짝을 만드는 비용이나 창고 문짝의 널빤지 값을 계산하는 것이 더 쉬울지라도 **주요과업**인 '창고건축'에 대한 소요 시간과 경비를 산정하는 것이 필요하다.

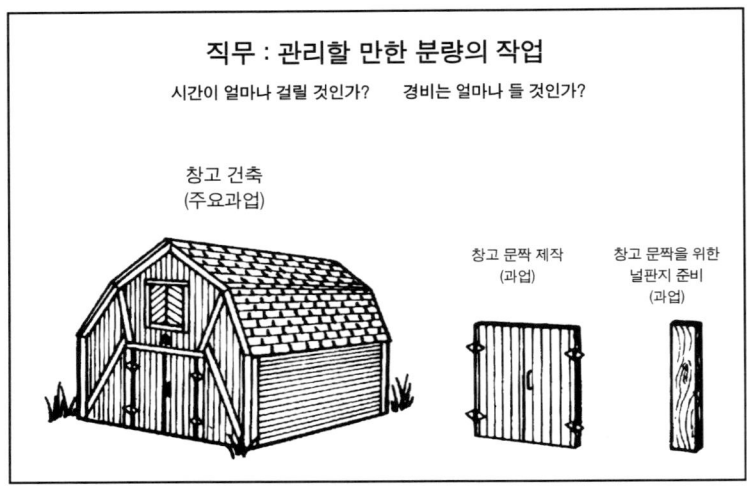

그림 B-40

5) 이정표들과 주요과업들의 상호관계와 상호의존성을 한눈에 보여준다

하나의 차트에 주요과업들과 이정표들을 나타냈기 때문에 상호간의 관계가 순차적인지 동시다발적인지 알 수 있다. 주요과업들과 이정표들이 동시다발적으로 수행되도록 계획을 세우는 것이 바람직하며, 주요과업들 간에 상호의존성이 없을 때에 더욱 그러하다.

4단계에서는 **주요과업들의 순서도 정해진다.** 이 차트에 나타난 모든 선들은 순서를 나타내며 그림 B-41에서와 같이 하나의 프로그램(주요과업 또는 이정표)이 또 다른 프로그램 시작 전에 완성되는 것이 바람직하거나 필연적이다.

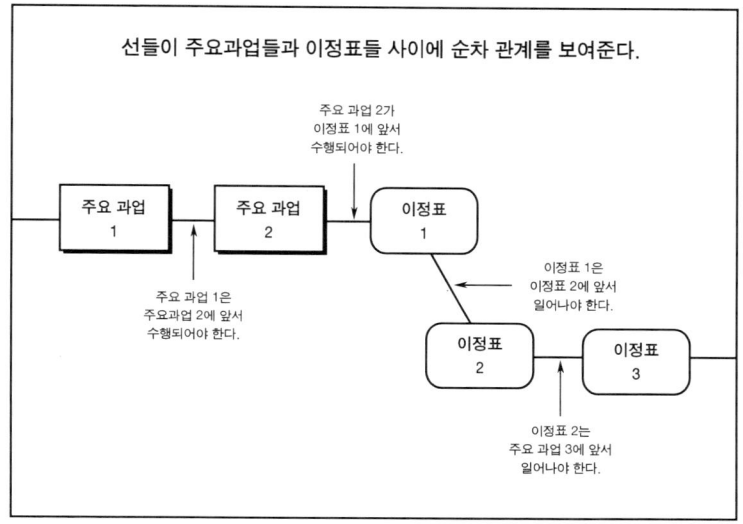

그림 B-41

6) 프로그램을 가속화한다

병렬 배치할 수 있는 **주요과업들**을 확인하고 배열하는 것이 프로그램 추진을 가속화하기 위한 '가속화 방식(Fast tracking)'이다(그림 B-42 참조). 예를 들어, 큰 쇼핑센터를 건축할 때 전통적인 계획 수립 방법을 따른다면, 대지 확보에 이어서 건물 설계, 건축, 내부시설 설치, 상품 반입 등의 순차적인 순서로 진행될 것이다. 이러한 순서를 따르는 데 드는 경비는 엄청나다. 대지 구입과 건축을 위한 은행차입 때문에 이익이 발생하기도 전에 지불해야 할 이자만 해도 큰 부담이 될 것이다.

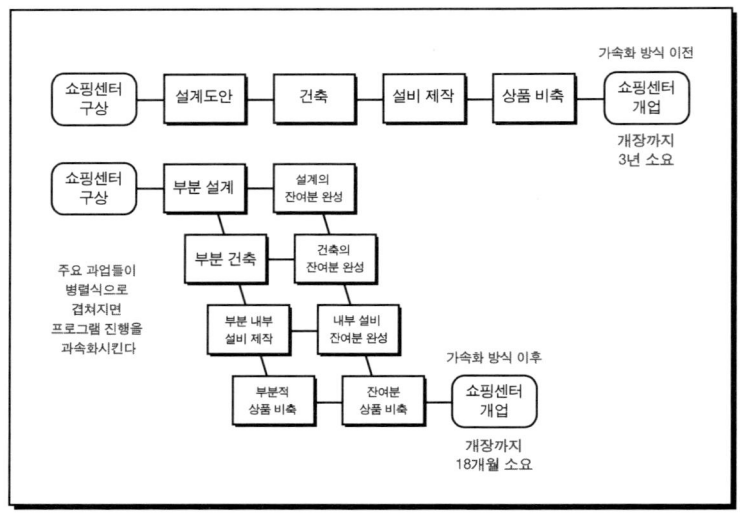

그림 B-42

7) 세부사항이 적당히 포함된다

전통적인 계획 수립 방법의 문제들 중 하나는 세부사항이 너무 많다는 것이다. 지도자 계획을 수립하려면 보통 '프로젝트 목표 정하기'와 '과업 목록 만들기' 등이 필요하다. 그런데 커다란 차트에 수천의 세부적인 과업들이 있다면 이 자세한 정보들은 기술적으로는 정확하겠지만 프로젝트에 참여할 리더들과 팀들 그리고 관련 그룹들에게는 제한적으로만 사용될 뿐이다. 세부사항이 많으면 수정하기도 어려우며 그 정보를 처리하기 위하여 엄청난 양의 컴퓨터 작업을 해야 한다. 컴퓨터가 인쇄해 낸 엄청난 분량은 제출해야 할 계획안과 보고서에 포함시키기도 어렵다. 적당한 양의 세부사항이란 어떤 것인지 그림 B-43을 참고하라.

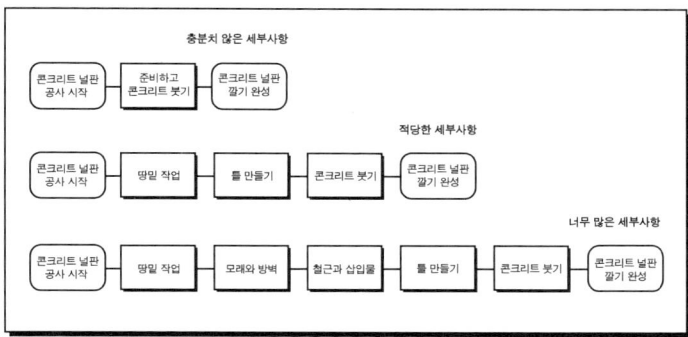

그림 B-43

8) 논리에 맞지 않는 계획 수립 개념을 제거한다

견본 제품이 시험에 실패했을 때는 재설계해야 한다. 설계실로 되돌아가야 한다. 문제는 '설계실로 되돌아간다' 는 표현에 시간적인 측면에서 과거로 되돌아간다는 의미가 내포되어 있다는 것이다. 이 때문에 계획은 때로 설계-제작-시험의 순환으로 표현된다. 그러나 이것은 불가능하고 비논리적이다. 시간은 거꾸로 갈 수 없기 때문이다. 시험에 실패했을 때에는 새로운 견본 제품을 위해 '재설계, 재제작, 시험' 의 순서로 다시 시작해야 한다.

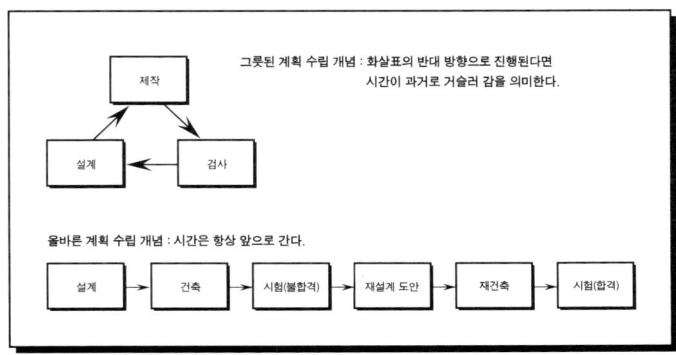

그림 B-44

>>> 복합적인 종합 목표를 위한 하위 프로젝트 만들기

'이정표와 주요과업 결합 차트'는 큰 그림을 보여 줄 뿐 아니라 다양한 그룹의 유용한 정보를 나타낸다. 종합적인 목표가 복잡하다면 '하위 프로젝트'라는 분리된 차트에 추가적인 세부사항들을 보여주는 것이 중요하다. 각 하위 프로젝트는 자체의 **성취필요항목**들, 이정표들, 주요과업들, 필연적인 상호 연결, 일정 연결선 등을 지닌 세분화된 계획을 갖는다.

하위 프로젝트가 전체 지도자 계획과 연계된 것은 마치 한 나라의 전체 지도와 도시 지도들이 상호연결되는 것과 마찬가지다. 국가 지도 또한 지구 전체 지도의 하위 프로젝트라 볼 수 있고 지구 전체 지도 역시 태양계 지도의 하위 프로젝트라 할 수 있다.

느헤미야가 배치한 **주요과업**들 중에는 하위 프로젝트가 될 만한 것도 있었다. **주요과업** 10번(P166 참고)을 숙고해 보라. 블라댜와 야돈은 세분화된 하위 프로젝트 계획을 세울 가능성이 많았던 사람들이다. 그리고 그 하위 계획은 건설현장에 있는 벽돌조각이나 부스러기 등을 처리하는 문제, 돌이나 목재 등을 운송하는 방법, 작업 팀을 위한 음식과 물을 제공하는 문제 등과 같은 사항들을 다룰 수 있을 것이다. 그러한 세부사항들은 느헤미야의 전체적인 지도자 계획에 포함시키기에는 적절하지 않았다. 그러나 블라댜와 야돈에게는 위임된 **주요과업**을 완성하기 위하여 그런 사항들을 하위 계획에 포함해야 했을 것이다.

큰 프로젝트들에는 대부분 연계된 하위 프로젝트들의 개발이 요구된다. 사람들은 한 사람을 달에 보냈다가 안전히 지구에 귀환시키는 프로젝트를 구상했다. 이 복합적인 우주선 프로젝트에는 머큐리 하위 프로젝트, 재미니 하위 프로젝트, 아폴로 하위 프로젝트 등과 같은 많은 하위 프로젝트들이 필요했다. 마찬가지로 만일 한 나라 전체의 제자화에 목표를 둔다면 다음과 같은 하위 프로젝트의 개발이 많이 필요할 것이다.

- 복음 전도와 교회 설립 하위 프로젝트
- 사회정의 실현과 정부 문제 하위 프로젝트
- 보건과 상담 하위 프로젝트
- 조기아동 교육 하위 프로젝트
- 환경 보호 및 관리 하위 프로젝트
- 열방대학 하위 프로젝트

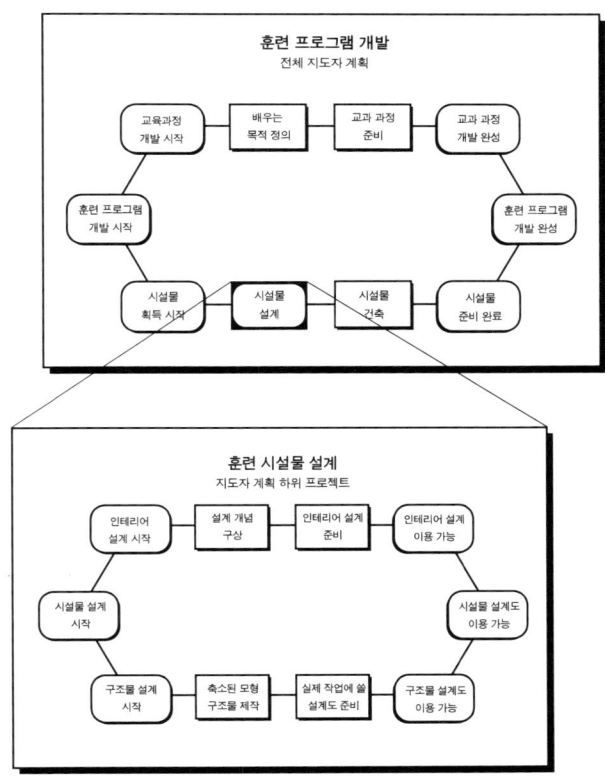

그림 B-45

가능성들은 무한하다. 하위 프로젝트들은 전체 지도자 계획에 있는 **주요 과업들**을 세분화한 계획이다. 하위 프로젝트 차트는 이정표들, 주요과업들, 시간·자원 산정, 일자들, 일정 연결선 등을 자체적으로 가지며 전체의 일부임을 암시하는 자체의 명칭을 가진다. 시간적으로도 전체 지도자 계획의 일부가 된다. 각 하위 프로젝트 완성에 필요한 시간 계획은 전체 계획 수행 일정의 일부로 간주된다. 이에 대한 실례를 그림 B-45에서 볼 수 있다.

>>> 하위 프로젝트의 성취필요항목 목록

지도자 계획 수립 때 가장 중요한 것 중 하나는 2단계에서 보았듯이 가치 있고 창조적인 아이디어들을 도출하고 그것들을 범주별로 구분하여 체계적으로 조직하는 것이다. 이처럼 각각의 하위 프로젝트들도 전체 지도자 계획처럼 정밀해야 한다. 하위 프로젝트 계획은 그 자체의 **성취필요항목 목록**에서부터 발전된다(그림 B-46 참조). 큰 프로그램의 경우에는 한 단계 더 세분화된 하위 프로젝트 계획을 세울 수 있다.

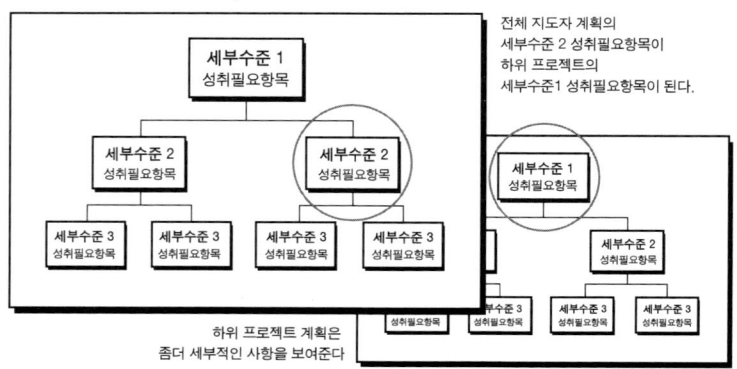

그림 B-46

>>> 주요과업과 하위 프로젝트의 중요성

지도자 계획 수립 방법은 주요과업이란 개념을 이용하기 때문에 과도한 세부사항들을 복잡하게 나타내지 않으면서도 프로그램과 프로젝트를 만들고 이해하는 효율적인 방법이다. 더 많은 세부사항들이 필요하다면 주요과업들에 대한 하위 프로젝트들을 만들어야 한다. 주요과업들과 하위 프로젝트의 중요성을 살펴보자.

1) 세부사항을 적당히 포함한다

차트를 만드는 데 있어 문제는 지도자 계획이나 경영 계획 차트에 너무 많은 세부사항들이 포함되는 것인데 이것은 차트 하나에 수행해야 할 수천 가지 항목들을 배열하려 하기 때문에 발생한다. 그 많은 항목들은 정확하기는 하지만 실제로는 별로 쓸모가 없다. 그러나 주요과업들과 하위 프로젝트들을 계획하는 방법은 지도에 몇 개의 도시와 마을들이 표시되어야 할지 결정하는 지도 제작과 비슷하다. 포괄적인 계획 수립이기 때문에 적당한 양의 세부사항만을 포함시키면 된다.

2) 복합적인 프로그램에 유용하다

'대형 지역사회 개발' 같은 거대한 복합 프로그램을 위한 지도자 계획은 조사 연구, 설계, 건강 관리, 영업창출, 교육 교과 과정, 대학, 기술적인 기본 시설, 통신 등 상호 연결된 주요과업들로 구성될 것이다. 그러므로 각각의 영역들을 위해 좀더 세분화된 하위 프로젝트를 개발하는 것이 유용하다. 조사 연구, 개발 등 체계화와 창조성이 필요한 영역들에 특히 효과적이다.

3) 지도자 계획을 비용 발생 항목별로 분류하기 쉽다

주요과업별 비용뿐 아니라 엔지니어링 분야, 제조 분야, 마케팅 분야와 같은 주요 기능별로도 비용 발생 현황을 작성하는 것이 유익하다. 만약 어떤 주요과업이 여러가지 기능들을 결합하고 있다면 각 기능들을 하위 계획으로 하고 각각의 비용을 파악하는 것이 좋다. 상위 단계보다 하위 프로젝트에서 분야별로 비용 발생 현황을 작성하는 것이 더 쉽다.

4) 하나의 형판처럼 반복해서 사용할 수 있다

21층짜리 고층 빌딩 세우기와 같은 건축 프로젝트를 예로 들어 보자. 지도자 계획은 빌딩 전체의 건축 과정을 통합적으로 나타낸다. 1층의 시작 일자와 완성 일자를 정하고 계속해서 21층까지 각 층의 시작과 완성 일자를 정한다. 각 층마다 독립적인 세부 계획을 세우는 것보다 하나의 상세한 하위 프로젝트를 세우는 것이 더 좋다.

이 하위 프로젝트는 나머지 층에도 형판(석공 등이 어떤 모양을 만들 때에 쓰는, 모형을 새긴 널빤지 : 편집자 주)처럼 반복해서 사용될 수 있다. 물론 각 층마다 독립된 하위 프로젝트가 필요하다. 시작 일자와 완성 일자 그리고 각 층에 필요한 자원들이 층마다 다르기 때문이다. 그러나 그것들을 제외하고는 각 층의 프로젝트들은 그 형판의 복제품이 될 것이다.

5) 상세한 자원 분배 분석에 유용하다

프로젝트나 복합 프로젝트의 **주요과업들**이 제한된 자원 때문에 서로 부딪칠 때 과업 하나에만 자원을 편중해서 할당하면 갈등이 야기된다. 그 문제를 해소하기 위한 자원 분배 분석은 세부적인 상태에서 이루어져야 한다.

대부분 여러 과업들을 통합함으로써 제한된 자원의 문제를 타협하여 해결하려 하지만 그렇게 되면 자원 분배 분석에 필요한 세부사항을 놓치게 된다. 그렇다고 해서 자원 분배 분석을 하기에 충분한 세부사항이 지도자 계획 안에 포함된다면 세부사항이 너무 많아진다(앞서 언급했던 영화 제작 스튜디오 활성화 계획은 37,000가지의 세부적인 사항들이 필요했음). 자원 분배 분석이 요구되는 큰 프로그램에서는 결국 지도자 계획을 좀더 세부적인 하위 프로젝트로 나누어 자원 분배 분석을 위한 골격을 만들 필요가 있다.

6) 관련 조직들과 좋은 실무 관계가 개발된다

몇 개의 기구나 부서들이 함께 일하는 복합적인 프로그램에서 각 그룹의 책임자들은 상호연결을 위해 서로의 전문 역할을 배우려고 많은 시간을 보내지만 정작 자기 자신의 전문 역할에 대해서는 충분히 생각할 시간이 없다. 심지어 수백, 수천 개의 과업들로 이루어진 거대한 계획들 안에서조차 매일 합리적인 상호연락을 하려고 필요 이상의 시도를 한다. 이것은 특히 우주항공 프로그램과 건설 프로젝트들에서 전형적으로 나타난다. 비록 '기술적'으로는 정확한 과정일지라도 관리책임자가 상호연결 시스템을 활용하기 위하여 시간을 낼 수 없기 때문에 전체 과정은 실패한다. 그러나 이 책에서 소개하는 지도자 계획은 팀원들이 각자의 기능을 수행하도록 돕고자 고안되었다. 그들은 관련된 하위 프로젝트에서 제시하는 대로 각자 부서의 작업에 집중한다.

지도자 계획은 이렇게 독립된 각 분야들을 연계지어 큰 그림을 그려준다. 주요과업은 각 부서에서 선정하고, 작업의 시작과 종결도 각 부서에서 결정한다. 그러나 다른 조직들과 친밀한 실무 관계가 발전된다.

>>> 하위 프로젝트를 계획하는 방법

하위 프로젝트를 계획하는 방법은 전체 지도자 계획 수립 방법과 다르지 않다. 계획을 수립하는 개인이나 팀이 하위 프로젝트 안의 주요과업들을 결정하도록 한다. 하위 프로젝트의 **주요과업들**, 즉 적당량의 작업 분량을 결정하기 위해서는 하위 프로젝트의 근본 취지가 반영된 **성취필요항목**에서 주요과업들을 이끌어 내야 한다.

하위 프로젝트를 위해 새로운 **성취필요항목**을 '브레인 라이팅' 할 때 세부사항들을 무제한 쏠 수 있는 기회가 된다. 하위 프로젝트를 수립하는 과정은 전체 지도자 계획 수립 과정과 같다. 하위 프로젝트들은 각자의 **종합적인 목표**를 가져야 하고 하위 프로젝트 팀의 팀원들은 하위 프로젝트의 목적과 목표를 알아야 한다. 팀원들은 하위 프로젝트의 **성취필요항목**을 작성하고 핵심적인 중간 이정표들과 **주요과업들**을 선택하도록 도와야 한다.

전체 지도자 계획의 **주요과업들**은 세부수준 2의 **성취필요항목**에서 최초로 결정된다. 이와 마찬가지로 하위 프로젝트를 위한 **주요과업들** 역시 하위 프로젝트 **성취필요항목** 표의 세부수준 2에서 결정된다.

주요과업들에서 하위 프로젝트들을 발전시킬 때, 중요한 **종합적인 목표**를 가장 위에 두고 아래쪽으로 진행하는 하향적인 계획 수립 방법을 일반적으로 사용한다. 하지만 때로는 상세한 하위 프로젝트를 먼저 만들고, 그 후에 전체 지도자 계획에 통합할 수도 있다.

이 방법은 주로 지도자 계획의 **종합적인 목표**가 거대하거나 장기간이 요구될 때 사용된다. 물론 그 하위 프로젝트는 전체 지도자 계획의 **종합적인 목표**와의 관계 속에서 진행되어야 한다.

하위 프로젝트 수립에 필요한 인력

해당 전문분야를 책임 맡은 전문가들이 하위 프로젝트 수립에 직접적으로 관여해야 한다. 그러나 전문가들이 전문 용어들을 사용하며 기술적인 부분까지 포함한다면 엄청난 양의 세부사항들이 포함될 위험이 있으므로 그들에게 5단계 지도자 계획 수립 방법의 의도와 절차를 확실히 이해시키거나 (행정적인 일정표 만들기와는 다르다는 것), 부서 리더나 관련 인사들로부터 지도자 계획의 효과적인 활용에 대하여 지원을 받도록 하는 것이 좋다.

하위 프로젝트 활용에 대한 결론

5단계 지도자 계획은 신제품 소개 프로그램, 대학 캠퍼스 건축 프로젝트, 새로운 기업 착수 등 어떤 유형의 사업에도 적용된다. 이미 수천 가지 사례를 통해 그 효과가 입증되었다.

지도자 계획이 완성된 후에도 **주요과업들**에 필요한 세부사항이 하위 프로젝트들로 보완될 수 있다. 이러한 하위 프로젝트는 **주요과업들**과 관계된 상세한 시간 및 자원, 비용 견적서에 필요한 정보를 제공한다. 한 나라의 지도를 제작할 때 도별, 시별 지도들로 나누듯이 전체 지도자 계획은 하위 프로젝트들로 나뉠 수 있다. 문제는 '언제 국가 지도를 사용하며 언제 도시 지도를 사용하는가' 다. 그것은 그때그때 필요로 하는 구체적인 초점과 세부사항들에 달려 있다. 모든 이정표들과 **주요과업들**은 상호 관계에 따라 논리적으로 그려진다. 이때 어떤 **주요과업**에 대해 더 자세한 세부사항들이 요구되거나 **주요과업 수행**과 관련된 자원에 대해 조목별 세부사항들이 필요할 때는 하위 프로젝트를 발전시키면 된다.

결론 | Chapter Summary

3단계에서 진행한 것과 동일한 방법으로, 이정표까지 도달하는 과정을 '주요과업'이라 불리는 세부 항목으로 나눈다. 3단계에서는 '시작'과 '완성'의 시간적 개념이 포함되지만, 이번 단계에서는 시간 개념이 배제된다.

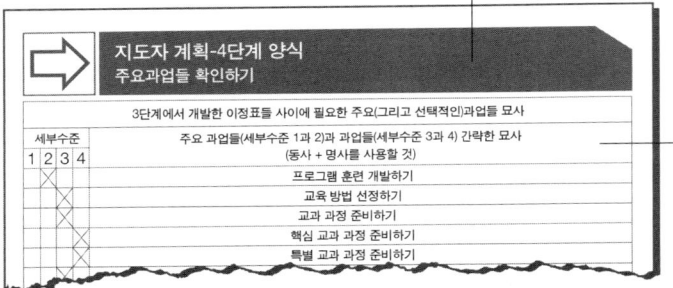

주요과업은 개인이나 팀이 중단하지 않고 수행할 수 있는 현실성 있는 분량으로 잡아야 하며, 구체적이고 세부적으로 구분하여 각 실무팀과 담당자들이 작업 수행에 대한 실제적인 책임과 의무를 다할 수 있게 해야 한다.

9

계획 수립 제5단계
필요자원 평가 및 크리티컬 패스 확인

- 크리티컬 패스의 개념을 이해한다
- 주요과업 수행을 위해 필요한 자원을 효율적으로 평가하는 방법을 익힌다
- 필요자원 평가에 대한 성경적 관점을 이해한다
- 종합적인 목표에 도달하기 위한 전체 일정을 산출한다

"이는 백성들이 마음 들여 역사하였음이니라"(느 4:6).
"여호와께서 자기 백성에게 힘을 주심이여 여호와께서 자기 백성에게 평강의 복을 주시리로다"(시 29:11).
"너희는 내 목소리를 들으라 그리하면 나는 너희 하나님이 되겠고 너희는 내 백성이 되리라 너희는 나의 명한 모든 길로 행하라 그리하면 복을 받으리라"(렘 7:23).
"그가 우리를 대신하여 자신을 주심은 모든 불법에서 우리를 구속하시고 우리를 깨끗하게 하사 선한 일에 열심하는 친 백성이 되게 하려 하심이니라"(딛 2:14).

어떤 프로젝트의 계획 수립과 이행에 있어 중요한 자원은 적합한(올바른) 사람들이다. 우리는 처음부터 사람들(인력)의 중요성, 즉 주의 뜻과 계획을 이해하기 위하여 주님을 의뢰하는 사람들의 중요성을 강조하였다.

1단계 - 사람들(계획 수립팀)이 함께 만난다. 성령의 인도하심으로 전체 계획의 **종합적인 목표**에 대한 분명한 진술을 만든다.

2단계 - 사람들은 '브레인 라이팅'을 통해 하나님이 주신 창조적인 아이디어들을 **성취필요항목** 목록으로 체계화한다.

3단계 - 사람들은 **종합적인 목표**에 도달하기 위하여 전략적 지점인 이정표들을 결정하고 '이정표 차트'를 제작한다.

4단계 - 사람들은 각 이정표에 도달하기 위하여 **주요과업**들을 확인한다. 그리고 '이정표/주요과업 결합 차트'를 제작한다.

이제 이 지도자 계획의 마지막 단계에서 사람들은 4단계에서 확인된 주요과업들을 수행하기 위해 필요한 자원을 평가하고 소요 시간을 예측한다. 이 다섯 번째 단계의 정보로부터 계획 수립팀은 전체 계획의 **종합적인 목표**에 도달하기 위한 전체 일정을 추정해낼 수 있다.

다음 제3부에서는 적합한 사람들이 지도자 계획을 이행하기 위하여 중요한 자원이 될 것이다. 계획 세우기부터 이행 단계들 내내 사람들, 각 개인들에게 일어나는 일들은 중요하다. 계획 수립과 그 과정에서 사람들이 은혜를 받고, 하나님의 성품에 대하여 더 많이 배우고, 주님께로 더 가까이 나아갔는가? 만약에 올바른 일들이 올바른 방법으로 성취되었다면 과정과 프로젝트 모두 주님께 영광을 돌리게 될 것이다.

성경적인 세계관에서는 꿈꾸는 자들(visionary)과 이행하는 자들(implementers)을 나누는 이분법적 사고는 존재하지 않는다. 리더 팀은 종합적인 목표를 정의하고 **성취필요항목들을** 작성하고 이정표들을 확인하고 종합적인 목표에 필요한 **주요과업들을** 정하기 위하여 함께 일한다. 또한 주요과업들을 완수하기 위해, 이정표들에 도달하기 위해, **성취필요항목들을** 달성하기 위해, 필요한 모든 자원들을 조달할 책임이 있다. 각 사람의 창조성, 풍부한 재능, 믿음이 서로 결합할 때 계획이 진행될 뿐만 아니라 하나님과 계속해서 공동 창조할 수 있다는 점이 중요하다.

프로젝트를 완성하기 위해서는 인력, 시간, 정보, 재정, 물자들의 자원들이 필요하다. 필요한 자원이 없이는 **종합적인 목표를** 이룰 수가 없다. 그 자원은 지도자가 하나님과 동행하고 인도하심에 따라갈 때 얻어질 수 있다.

당신이 지도자 계획 5단계를 끝마칠 때 당신의 팀은 4단계에서 확인한 **주요과업들에** 필요한 자원들의 견적서를 작성하는 개념과 원리들을 배우게 될 것이다. 전체 리더 팀과 기술 책임자들, 영역별 전문가들이 **주요과업들의** 수행에 필요한 자원 사용에 책임과 의무를 지니게 되며 자원 견적에 대한 정보들을 지니게 된다. 당신은 각 **주요과업에** 필요한 소요 시간을 예측함으로써 모든 자원 평가를 마무리 짓는다. 그리고 각 **주요과업에** 필요한 소요 시간과 과업 수행을 감독할 책임자들의 이름을 전체 지도자 계획의 해당 주요과업 도표들 위에 기재한다.

>>> 필요자원과 크리티컬 패스란 무엇인가?

적합한 인력 자원 확보는 설비, 물자, 재정, 면허장, 영적인 재충전, 믿음 등의 자원과 주요과업 완성에 필요한 소요 시간 산정에 큰 영향을 미친다.

5단계에서 실시되는 자원 평가는 각 주요과업을 위한 소요 시간을 산정함으로써 마무리된다. 5단계에서는 각 주요과업의 책임자의 이름이 있어야 한다. 마지막으로 종합적인 목표에 도달하기 위한 적절한 전체 소요 일정을 산출해 낸다.

지도자 계획

5단계에서 소요 시간들이 산정되고 해당 책임자들의 이름이 '이정표/주요과업 결합 차트'에 추가되면 '지도자 계획'이라 불리는 완전한 전체 계획서가 비로소 제작된 것이다. 여기에는 이정표들, 주요과업들의 순차적 관계들이 도표로 나타나 있다. 또 각 주요과업을 위한 예상 소요 시간과 주요과업 책임자 또는 담당 팀의 리더 이름이 삽입된다. 5단계에서는 특정 날짜나 기한은 생각하지 않는다. 주요과업을 위해 기록되는 예상 소요 시간은 최대한의 시간이 아니라 최소한의 시간이다.

크리티컬 패스(전체 일정 결정선)

크리티컬 패스(The Critical Path)란 종합적인 목표에 도달하는 데 가장 긴 시간이 걸리는 주요과업들과 이정표들을 연결한 선이다.

주요과업들에는 서로 의존되어 수행되는 것들과 독립되어 수행되는 것들이 있다. 이 중 관련된 주요과업들은 그룹을 이루며 독립적이고 동시다발적으로 수행된다. 이때에 가장 오래 걸려 완수되는 그룹이 있다. 그 주요과업들 완수에 필요한 시간들을 연결한 선을 크리티컬 패스라 하는데 이것은 전체 일정에 결정적 영향을 끼친다. 하나의 전체 계획에 두 개 또는 그 이상의 크리티컬 패스가 있을 때도 있다.

필요자원들 평가하기

제5단계에서의 핵심은 지도자 계획에 시간을 결부시키는 것이다. 모든 주요과업들이 동시에 완성될 수 없기 때문에 필요자원을 산정하는 데에는 과업 완성에 소요되는 시간이 개입되어야 한다. 이렇게 함으로써 주어진 자원들을 가지고 얼마나 많은 주요과업들이 동시에 성취될 수 있는지 알 수 있다. 주요과업의 시작부터 완수까지 소요되는 시간을 산정하기 위해서는 적합한 인력 및 다른 필요자원들에 대한 평가가 있어야 한다. 이 5단계를 위한 상징으로서 시간 측정기인 모래시계가 사용된다(그림 B-47 참조).

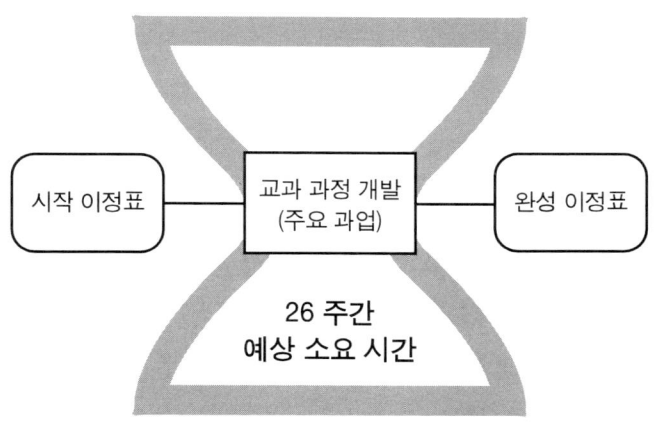

그림 B-47

평가가 의미하는 것

예상 소요 시간 결정은 지도자 계획에서 주요과업들에 대한 책임과 의무가 있는 사람들의 헌신을 의미한다. 일반적으로 팀원과 팀 리더 혹은 고객과 공급자 간에 계약한 일을 수행하는 데 있어 소요되는 시간 또는 경비의 견적은 헌신의 요소를 기반으로 한다. 자동차를 수리할 때 비공식적인 비용 예측과 공식적인 비용 견적서는 다르다. 주요과업 수행 및 감독에 대해 책임이 있는 리더들이 실시한 필요자원 평가는 공식적인 견적서 또는 확고한 헌신(약속)으로 간주되어야 한다. 또한 소요 시간 산정은 리서치나 개발 계획 같은 주요과업을 완수하는 과정에서의 난관을 표시하는 공식 서류가 될 수 있다. 즉, 그런 형태의 과업수행에 대한 낙관적인 예측과 비관적인 예측, 가장 근사치의 예측을 숫자로 표현하는 것이다.

>>> 필요자원에 대한 성경적인 관점

성경을 살펴보면 필요자원(Resources) 없이도 어떤 프로젝트를 시작하도록 하나님이 요구하실 때가 있다. 하나님이 주신 프로젝트들을 수행해 온 사람들은 경험상 필요자원을 다 가지고 시작하는 프로젝트는 드물다는 것을 안다.

자원이 부족한 것은 예상치 못할 일이 아니다. 낙심할 필요도 없다. 왜냐하면 용기 있는 지도자는 "작게 시작하는 날이라고 멸시하지" 않을 것이기 때문이다(참고, 슥 4:10). 오히려 이러한 계획 수립 단계에서부터-다른 모든 단계에서도 마찬가지지만-주님께 순종함으로 믿음의 발걸음을 옮겨놓는다. 필요자원에는 어떤 것들이 있는지 살펴보자.

사람들

지도력의 최고 모델이신 예수님은 사람들이 얼마나 중요한 자원인지 터득하고 계셨다. 마가복음에서는 예수님의 주된 지상사역이 말씀 전파와 치유의 이중 사명임을 초반부터 확실하게 보여준다(막 1:38, 39). 마가복음은 예수님이 새로운 사역을 위해 필요한 인력, 즉 동역자 팀을 분명한 목적하에 선발하신 것을 기록하고 있다(막 1:16-20, 2:13-14, 3:13-19). 특히 3장에서는 어떻게 인적자원의 선발이 **주요과업들**의 확정과 밀접하게 엮어져 있는지 강조하고 있다. "이에 열둘을 세우셨으니 이는 자기와 함께 있게 하시고 또 보내사 전도도 하며 귀신을 내어쫓는 권세도 있게 하려 하심이러라"(막 3:14-15).

예수님이 착수하신 큰 프로젝트에 열두 명은 너무나 미미한 팀으로 보일지도 모른다. 그러나 소수의 사람들로 세상에 중대한 영향력을 끼치는 것이 가능할 때가 많다. 리더 중 하나인 요나단은 이렇게 언급했다. "여호와의 구원은 사람의 많고 적음에 달리지 아니하였느니라"(삼상 14:6). 그리고는 한 사람의 부하 동료만 데리고 많은 적군에 대항하여 전투를 시작했고 승리를 얻었다. 우리는 종종 너무 많은 인력을 둔다. 왜냐하면 충분한 자원을 확보해 놓는 데서 거짓 안도감을 갖기 때문이다.

기드온은 큰 군대를 모집할 계획을 세웠다. 그러나 하나님은 그에게 이렇게 말씀하셨다. "너를 좇은 백성이 너무 많은즉 내가 그들의 손에 미디안 사람을 붙이지 아니하리니"(삿 7:2). 300명이 될 때까지 사람들을 돌려보낸 후에 기드온은 그들보다 우세한 적군을 물리쳤다. 중요한 것은 사람의 수가 아니었다. **종합적인 목표** 달성을 위한 믿음과 일치된 마음을 가진 사람들을 팀원으로 선발해야 한다. 그러므로 리더는 예수님을 본받아 집중적으로 기도한 후 팀원을 선발해야 한다. 리더가 결정해야 할 자원 중에서 인적 자원이 가장 중요하다.

느헤미야도 이 문제에 많은 시간을 보냈다. 그는 신중하게 신뢰할 만한 "두어 사람"만을 선발했다(느 2:12). 그런 후에 더 큰 리더 팀을 함께 이끌기 위한 계획을 진행했다. 느헤미야 3장에는 50여 명에 이르는 리더와 리더 팀의 이름이 언급되어 있다. 성벽 재건이 끝나고 영구적인 리더가 필요하게 되었을 때 그는 하나냐를 선발했다. 왜냐하면 하나냐는 "위인이 충성되어 하나님을 경외함이 무리에서 뛰어난 자"였기 때문이다(느 7:2).

느헤미야는 이 프로젝트에 그와 함께 동참한 사람들의 복지와 보호에도 관심을 기울였다(느 4:11-15, 5:1-13). 그에게 사람들은 아주 중요했다. 재건 사업에 참여했던 사람들의 명단을 많은 시간을 들여 언급한 것을 볼 때 그가 동역자들을 얼마나 소중히 여겼는지 확인할 수 있다(느 7:6-68, 10:1-29, 11:3-24).

시간

용기 있는 지도자들이 관심을 가져야 할 두 번째 자원은 시간이다. 예수님은 다음과 같이 말씀하시면서 시간의 가치에 대해 가르치셨다. "때가 아직 낮이매 나를 보내신 이의 일을 우리가 하여야 하리라 밤이 오리니 그때는 아무도 일할 수 없느니라"(요 9:4).

시간은 한번 낭비하면 다시 되찾을 수 없고 돈으로 살 수 없다. 그러므로 리더는 기회를 최대한 살리도록 계획을 신중히 세워야 한다. 시간을 고려하면서 프로젝트를 실행해야 한다. 느헤미야가 왕에게 계획을 제시했을 때 왕이 첫 번째로 "네가 몇 날에 행할 길이며 어느 때에 돌아오겠느냐?"고 질문했던 것처럼 시간 계획은 아주 중요하다(느 2:6). 느헤미야는 지혜롭게 계획을 세웠기 때문에 왕에게 정확한 계획 일정을 이야기할 수 있었고 왕의 허락을 얻어낼 수 있었다.

리더는 팀이 시간 계획에 맞추어 **종합적인 목표**를 향해 움직이도록 돕는다. 이를 위하여 리더는 믿음의 기반 위에서 진행해야 한다. 인적 자원, 재정, 물자 등의 자원들도 마찬가지지만 시간 자원은 성령의 인도함 없이 계획되어서는 안 된다. 겉으로 보기에 불가능한 계획들도 하나님을 의존하고 그분의 말씀에 청종하면 충분히 성취될 수 있다. 느헤미야는 단 52일만에 성벽 재건을 완성할 수 있었다. 그 역사가 하나님의 도움을 받아 이루어졌기 때문이다(느 6:15-16).

소요 시간을 예상하는 과정을 단순화하고 양식화하기 위해 **필요자원** 평가 양식에다가 **주요과업** 목록을 작성하면 도움이 된다. 이 양식 안에 기재되는 정보는 전체 일정 결정에 필요한 자원 평가에도 활용된다. 그리고 전체 지도자 계획 도표상에 나타나게 될 최종 정보를 정리하는 작업 문서가 된다. 이 양식에는 각 **주요과업**에 대한 간략한 설명과 세부사항의 수준, 각 **주요과업별** 책임 지도자, 예상 소요 시간과 예상 소요 비용을 기재한다. 책임자 칸에는 책임자 이름을 적고 아직 책임자가 결정되지 않았다면 직책을 적어 넣는다. 그림 B-48은 양식 안에 약간의 정보를 기재한 예다.

지도자 계획-5단계 양식
필요자원 평가하기

주요 과업들/과업들 및 필요 자원의 묘사

세부수준 1 2 3 4	주요 과업/과업(간략한 묘사) (4단계에서 개발한 것)	책임자	예상 소요 시간 (주간)	예상 소요 비용
X	건축 설계도 준비	조유현	26	
X	기초 설계도 준비	조유현	7	
X	구조 설계도 준비	조유현	19	
X	설비 짓기	유성대	78	
X	기반 콘크리트 깔기	유성대	12	
X	구조 철골 세우기	이준원	10	

그림 B-48

재정/물자

어떤 계획에서나 세 번째 필요한 자원은 재정이다. 느헤미야가 기록한 것 같이 그도 이 자원을 위해 계획을 세웠다(느 2:8, 10:31-39). 그가 다양한 수단을 사용해서 과업 완성에 필요한 자원들을 확보했다는 것에 주목하라. 처음에 그는 왕으로부터 자원을 확보했다. 그 다음에는 백성들 가운데서 자원을 일으켰다. 리더는 재정적 자원을 마련하는 데 결코 소홀해서는 안 된다. 그러나 재정 자원의 조달 여부가 계획의 결정적 요소는 아니다. 하지만 유감스럽게도 리더가 재정 자원을 필수로 보기 때문에 많은 프로젝트들이 시작도 못하고 있다. 주님의 말씀이 프로젝트의 결정적 요소가 되어야 한다. 주님의 말씀, 근면성, 지혜로운 계획 수립, 하나님께 대한 순종적인 실행이 선행되면 적절한 시기에 적절한 방법으로 자원이 조달될 것이다.

>>> 필요자원 평가의 중요성

지금까지 리더가 종합적인 목표 성취를 위하여 어떻게 필요한 자원들을 조달하고 실행할 것인가에 대해 살펴보았다. 필요자원을 조달하는 것은 수고와 영적 전쟁을 수반한다. 그러므로 난제들을 극복하고 비전을 성취하기 위해서는 리더 팀의 믿음이 중요하다.

5단계에서는 지도자 계획을 완성하고 예상 소요 시간을 제시할 것이다. 이것은 최종적으로 중요한 단계이며 지도자 계획의 중요한 정보다. 자원 평가의 중요성에 대해 살펴보자.

1) 정확한 계획을 세울 수 있다

개별적인 주요과업에 필요한 자원들이 정확하게 산정되고 분석되면 지도자 계획의 전체 소요 시간도 정확하게 산정될 것이다. GIGO(Garbage in, garbage out : 쓰레기를 입력하면 쓰레기 결과가 나온다. 즉, 엉터리 데이터를 입력하면 엉터리 결과가 나온다-역주). 원리가 여기에 적용될 수 있다. 그러나 처음에 계획한 주요과업들과 자원 평가가 불확실해도 그 불확실성이 올바르게 분석되면 전체 일정은 정확하게 예측될 수 있다. 이처럼 5단계는 주요과업들에 필요한 자원을 평가하고 분석함으로써 전체 계획에 정확도를 부여한다.

2) 강요된 기한에 영향을 받지 않는다

각 과업들의 일정을 잡을 때에 일방적이고 비현실적인 마감일자들에 맞추도록 강요하는 것이 일반적이다. 그러나 그 결과는 실망스럽고, 심지어 재난까지 초래한다. 그러나 5단계 지도자 계획은 개별 과업과 그 소요 시간 산정 과정의 마감일자를 비현실적으로 정하려는 주변 영향에서 벗어나 각 과업이 실제로 요구하는 소요 시간을 냉철하게 볼 수 있게 한다. 만약 이번 단계에서 실행되는 독립적인 평가 과정이 모순된 상황을 만들어 낸다면 후에 전체 상황에 맞도록 수정할 수 있다.

3) 팀원들의 헌신을 이끌어 낸다

사람은 자신이 수행할 일에 대한 예상 소요 시간을 스스로 산정하기를 선호한다. 계획 수립팀의 팀원들은 이미 4단계에서 직접 자신들의 과업들을 확인했다. 5단계에서는 이 과업들의 자원을 산정(평가)할 차례다. 만약 제3자가 그 과업들을 평가하고 자원평가서를 만들었다고 상상해 보라. 후에 팀원들은 그 평가서대로 따라주지 못할 것이다. 심지어 무의식적으로 그 계획을 방해할 수도 있다. 자신들이 만들어 낸 것이 아니기 때문이다.

5단계에서는 계획 수립자들이 자원평가서를 작성하게 된다. 그 결과 그들은 그 계획에 대한 주인의식을 갖게 되고 자원평가서의 수치들을 지키려고 애쓰게 된다. 자신들이 직접 작성했기 때문에 그만큼 노력하게 된다.

4) 불확실성에 대처할 수 있다

연구나 개발 프로그램 같은 계획에는 평가가 어려운 과업들이 있다. 5단계에서 사용되는 평가 과정에서는 하나의 과업이나 연속된 과업들에 시간이 얼마나 걸릴 것인지를 경험과 통계를 통해 참작한다. 또한 다양한 기술 사용과 할당된 시간 안에 과업들을 완성시킬 가능성을 참작한다. 이 모든 요소들을 균형있게 고려함으로써 계획의 성공적인 완수를 추구하는 것이다.

이 5단계의 과정에는 또 다른 유익이 있다. 연구 및 개발 프로그램 등의 과업들처럼 견적 평가가 힘든 경우에 기술적이고 과학적인 배경을 지닌 책임자들은 당연히 견적 평가를 주저한다. 이때 5단계의 방법이 탈출구를 제공하여 준다. 아무도 연구 및 개발과업에 대한 소요 시간 예측을 한 가지로만 고정하려고 하지 않는다. 이러한 과업을 수행하는 자들은 그 과업이 본래 지니고 있는 불확실성을 나타낼 방법이 필요하다. 그것은 계획했던 그대로 이루어질 것을 항상 기대할 수는 없다는 의미다.

5단계에서는 예상되는 불확실성을 표현하는 방법을 제공해 준다. 그러므로 예상 기간에 어긋나는 실망스러운 경우가 생긴다 해도 그 계획은 여전히 성공 가능성을 지닌다. 이미 불확실성을 반영하여 보충 전략이나 추가 시간을 설정해 놓기 때문이다. 이러한 과정은 전체 지도자 계획을 추진하고 감독하는 최고 리더들과 기술적인 리더들 사이에 현실감과 이해와 확신을 준다.

5) 시간과 비용의 균형을 이룰 수 있다

전통적인 회계 예산 수립 체제는 보통 수입과 지출에 초점을 두고 있으며 시간 계획과는 서로 연관시키지 못한다. 예를 들어, 오른손의 시간 계획을 왼손의 비용 예산이 알지 못하고, 거꾸로 왼손의 비용 예산을 오른손의 시간 계획이 모른 채 진행되는 것이다.

그러나 5단계에서는 동일한 과업에 대한 소요 시간과 소요 비용을 함께 산정하여 두 분야를 연결시킨다. 나중에 예상 소요 시간과 예상 소요 비용을 얼마나 잘 따랐는지 각 분양별로 분석하거나 두 영역을 함께 분석함으로써 전체 계획 수행에 균형있는 결정들을 내릴 수 있다.

5단계 과정에 참여해야 할 사람들

인력, 시간, 비용은 언제나 지도자 계획의 **주요과업들**에 실제적으로 헌신된 사람들에 의해 산정되어야 한다. 이러한 핵심 지도자들이 4단계 때부터 주요과업들을 결정하고 상세한 과업 내용들을 확인하도록 세심하게 배려해야 한다. 헌신된 마음으로 **필요자원 평가서**를 만들면 나중에 열심으로 그 일을 수행하게 된다.

>>> 크리티컬 패스 분석이란 무엇인가?

크리티컬 패스 분석(Critical Path Analysis)은 완수하는 데에 가장 긴 시간이 걸리는 과업이 무엇인가를 한눈에 볼 수 있게 해준다. 그 주요과업들은 전체 일정에 영향력을 끼치는 중요한 것이다.

계획 수립 기술과 방법론

소요 시간을 예측할 때에는 결정적인(deterministic) 방법이나 개연적인(probabilistic) 방법 중에 한 가지를 사용할 수 있다.

결정적인 방법은 과거의 사례나 기억 또는 일상적인 기준 등에 의존하는 방법이다. 예를 들면, 건물에 페인트칠을 하는 데 얼마나 시간이 걸릴 것인가에 대한 가장 좋은 예측 방법은 지난 번에 칠할 때 시간이 얼마나 걸렸느냐에 근거하는 것이다.

비슷한 조건에서 페인트칠을 하는 데 똑같은 시간이 걸릴 것이라고 가정하는 것은 합리적이다. 이처럼 자세한 기록이나 기억에 의한 평가는 결정적인 접근 방식이다.

한편 이전에 드물게 있었거나 거의 경험이 없는 과업의 평가를 위해서는 개연적인 방식이 사용될 수 있다. 예를 들면, 석유 시추를 위해 땅에 구멍을 뚫거나 새로운 생산품을 발명하는 데에 얼마나 시간이 걸릴 것인가 하는 경우다. 이것은 모험이기 때문에 당신은 할 수 있는 한 최선의 정보를 수집하고 '가장 근접한' 예측을 한다. 만약 당신이 평가에 책임이 있다면 '가장 근접한' 평가 이외에도 (모든 것이 잘될 경우의) 낙관적인 평가와 (모든 것이 잘못될 경우의) 비관적인 평가를 괄호 안에 표시해 주는 것이 현명하다.

크리티컬 패스 표기

지도자 계획이 만들어진 후에는 **종합적인 목표** 달성을 앞당기기 위해 시간 및 날짜 계산 차트, 도표, 일람표들을 만들 수 있다. 프로젝트 시작 날짜를 정하고 프로젝트의 전체 진행 일정을 수립하면 고전적인 크리티컬 패스 표기법을 사용할 수 있다. 먼저 각 이정표와 주요과업의 시작 및 끝시점을 일일이 점검하여 가장 이른 것부터 가장 늦은 것까지를 표시한 순차적 도표를 만든다. 그리고 크리티컬 패스를 나타내기 위해 전체 일정에 영향을 끼치는 주요과업들과 이정표들을 굵은 선으로 연결한다. 적절한 컴퓨터 프로그램을 이용하면 더 신속하게 이 작업을 완성할 수 있다.

>>> 크리티컬 패스 분석의 중요성

크리티컬 패스 분석의 중요성에 대해 좀더 구체적으로 살펴보자.

1) 총 소요 시간을 결정한다

크리티컬 패스 분석은 원래 전체 계획의 모든 **주요과업** 완수에 요구되는 총 소요 시간을 계산해 준다. 이 총 소요 시간에 비추어 부과된 시간 제한들을 비교해 보면 총 소요 시간 안에 또는 정해진 완성 일자에 전체 프로그램이 완성될 수 있을지 아니면 프로그램의 어떤 부분이 계획보다 더 일찍 완성될 수 있을지 결정할 수 있다.

2) 프로젝트를 가속화시킬 수 있는 과업들을 확인한다

크리티컬 패스 분석은 전체 일정에 결정적인 영향을 끼치는 **주요과업들**과 덜 중요한 **주요과업들**을 알게 한다. 즉, 전체 일정을 단축시킬 수도 있고 지연시킬 수도 있을 만큼 프로그램에 결정적인 영향력을 미치는 **주요과업**들이 무엇인지 보여준다. 당신은 결정적인 영향력을 지닌 과업들의 완수 기간을 단축했을 때 진행이 가속화될 수 있을지 없을지, 그리고 그러한 결정이 비용면에서도 효율적인지를 결정하기 위해 모의실험을 할 수 있다.

3) 가장 빠른 날짜와 늦은 날짜를 결정한다

크리티컬 패스 분석은 총 소요 시간 이외에도 각 **주요과업들**과 이정표들을 가장 빨리 시작할 수 있는 일자와 가장 늦게까지 허용될 수 있는 일자를 알 수 있게 해준다.

대체로 당신은 모든 **주요과업들**이 가능한 빠른 시일에 시작되도록 스케줄을 잡을 것이다. 비용 절감을 고려하여, 가장 빨리 시작할 수 있는 날짜와 허용될 수 있는 가장 늦은 날짜 사이에서 융통성 있게 결정할 수 있다.

구매와 관련된 예를 들면 어떤 물자의 조달 시점을 결정할 때(허용될 수 있는 가장 늦은 일자를 염두에 두고) 고가로 사들여야 하는 품목이 실제로 필요하게 될 때까지 그 조달 일정을 의도적으로 지연시키는 JIT(Just in time : 정확히 제시간에)와 같은 조달 과정을 도입할 수 있다. 이렇게 융통성 있는 합리적 조달 시점(일자) 결정을 통해 창고 비용이나 은행차입 비용 또는 미투자 재정의 사용을 줄일 수 있다.

4) 성공적인 완수 가능성이 증대된다

모든 조종사들이 비행할 때마다 예비 연료를 충분히 비축하지 않고 필요한 분량만큼만 연료 탱크에 채운다고 상상해 보라. 모든 비행기의 절반은 활주로에 도착하기 전에 추락하게 될 것이다! 조종사가 예비 연료를 비축하지 않고서는 비행 계획을 세우지 않는 것처럼 당신도 확실한 여유 시간(slack time)이 포함되지 않은 **지도자 계획**을 승인하고 싶지 않을 것이다.

여유 시간은 크리티컬 패스 분석을 통해 **주요과업**에 필요한 시간을 단축하거나 전체 허용 시간을 늘려 잡음으로써 확보할 수 있다. 이 결정은 훌륭하다. 왜냐하면 허용된 시간 내에 계획을 성공적으로 완성할 가능성이 증대되기 때문이다.

허용된 최대 기간이 계획 완수에 필요한 기간보다 길 때 성공의 기회는 50% 이상이다. 반대로 허용된 최대 기간이 필요 기간보다 짧을 때 성공의 기회는 50% 미만으로 감소된다. 필요 기간이 허용된 최대 기간과 똑같을 때 성공 확률은 50%라는 점을 유념하라.

>>> 크리티컬 패스와 여유 시간

리더들은 최종 마감시간이라는 현실 속에서 살아간다. 합리적인 계획 수립이 완성되었을 때 리더는 그것을 마감일자에 맞춰 평가해야 한다.

예를 들어, 시작 이정표부터 완성 이정표까지 26주가 요구되는, 훈련시설 건축에 대한 지도자 계획을 가정해 보라. 만약 학급을 새로 짓겠다고 광고한 날짜가 30주 전이라면 지도자는 4주간의 여유를 가지게 된다. 그러나 만약 훈련 개시 일자가 꼭 26주간 남아 있다면 여유 시간이 없는 것이다. 모든 일은 계획표에 따라 진행해야 된다. 그렇지 않으면 마감일자에 끝마칠 수 없다. 또 훈련 개시 일자까지 22주밖에 없다면 지도자는 큰 문제를 안게 될 것이다. 마음속에 의도했던 계획을 이행할 충분한 시간이 없는 것이다. 시간은 귀중한 필수자원이다. 그것은 삶의 한 부분이다. 예수님은 지상사역에서 마감시간의 압박을 인식하셨다. "때가 아직 낮이매 나를 보내신 이의 일을 우리가 하여야 하리라 밤이 오리니 그때는 아무도 일할 수 없느니라"(요 9:4).

여유 시간이란 전체 프로그램 안의 일련의 과업들을 완수하는 데 필요한 최소한의 기간과 최대한 허용된 기간의 차이다. 과업들을 완수하는 데 절대적으로 필요한 최소한의 기간들을 결합하면 전체 일정이 된다. 총 필요한 시간과 총 허용된 시간을 비교하면 여유 시간을 알 수 있다.

보통 크리티컬 패스는 여유 시간이 전혀 없다고 오해하지만 여유 시간이 있을 수도 있고 제로일 수도 있고 모자랄 수도 있다. 필요한 시간이 허용된 시간보다 짧을 때 언제고 남는(+) 여유 시간이 존재한다. 똑같을 때는 여유 시간이 제로(0) 상태가 되며 꼭 필요한 시간이 허용된 시간보다 더 길 때 여유 시간은 모자라게(-) 된다. 그러므로 여유 시간을 분석하는 것은 계획 수립 과정과 그 계획을 성공적으로 완수하는 과정에서 더 나은 결정을 하기 위하여 아주 유용한 것이다.

항상 여유 시간이 남도록 해야 한다. 여유 시간 제로(0)상태나 모자라는 (-) 상태로 될 때 지도자 계획은 즉각적으로 수정되어야 한다.

병행되는 경로들의 여유 시간

크리티컬 패스는 지도자 계획에 있는 진행 경로들 중 가장 여유 시간이 없거나 모자라는 경로다. 크리티컬 패스 분석 과정은 그 경로에 수반되는 여유 시간을 결정하고 확인해 줄 뿐 아니라 동시에 진행되는 다른 **주요과업**들과 이정표들의 경로들이 얼마나 덜 촉박한지 확인해 준다.

비결정적인 경로들의 여유 시간은 언제나 크리티컬 패스가 갖는 여유 시간보다 많을 것이다. 하지만 비결정적인 진행 경로들이 크리티컬 패스만큼 촉박한 상황들이 발생할 수도 있다. 이럴 경우에는 비결정적인(Non-critical) 진행 경로라는 용어보다는 오히려 준결정적 진행 경로(Sub-critical)라고 하는 것이 더 좋다. 그렇다면 그 경로들은 얼마나 촉박한가? 노련한 리더는 각 진행경로들의 여유 기간을 참고할 것이다.

크리티컬 패스와 여유 시간 계산 방법

크리티컬 패스는 컴퓨터 계산이 필요한 수학적인 계산 과정이다. PERT 및 다른 크리티컬 패스 분석 방법들이 우주선 프로젝트를 위해 맨 처음 개발되었을 때 기업 환경에는 맞지 않았다. 왜냐하면 크리티컬 패스 분석은 일일이 더하거나 소수 대형 회사 또는 정부 기관들만 사용 가능한 복잡한 컴퓨터 시스템을 사용해야 했기 때문이다. 크리티컬 패스 분석은 놀라운 방법이었지만 사용하기에는 복잡하거나 비용이 많이 들었다.

일일이 더해가는 방법은 간단한 계산기를 사용하여 가장 긴 소요 시간을 요하는 진행 경로를 계산하고 확인했다. 그러나 이 과정은 프로젝트의 시작부터 끝날 때까지 병행되는 진행 경로들을 하나하나 합계해 나가면서 그 중에서 가장 길게 걸리는 과업들을 연결해 나가야 했기 때문에 많은 시간이 소모되었으며 큰 프로젝트일수록 더욱 그랬다. 주의 깊게 계산하지 않으면 잘못되는 경우가 있었다.

컴퓨터 프로그램을 통해 크리티컬 패스를 확인할 경우에는 손으로 계산기를 두드리는 것처럼 가장 긴 시간을 요하는 경로들의 소요 시간을 합계하지 않는다. 훨씬 간단하고 현명한 이 컴퓨터 연산법은 단지 두 가지 연산키로 이뤄져 있다. '앞으로(forward pass)'라는 연산키를 누르면 각각의 이정표나 **주요과업**이 최대한 빨리 시작하거나 완수되는 예측 날짜들을 결정한다. 이것은 프로젝트의 주어진 시작 일자로부터 계산된다. 그 다음에 "뒤로(backward pass)"라는 연산키를 누르면 아까의 이정표들과 **주요과업**들이 최대한 늦게 시작하거나 완성되어도 가능한 날짜들이 결정된다. 이것은 프로젝트의 주어진 완성 일자로부터 계산되거나 컴퓨터가 파악한 가장 이른 시작 일자로부터 계산된다. 각 **주요과업**과 이정표에 대해 컴퓨터가 결정해 주는 일자들을 비교하여 그 사이의 차이를 여유 시간으로 정한다. 크리티컬 패스는 프로젝트의 시작에서부터 완성 때까지 최소의 여유 시간을 지닌 경로를 따라간다.

  완성된 지도자 계획의 견본을 www.courageousleaders.com에서 볼 수 있다.

결론 | Chapter Summary

프로젝트의 성취를 위해 필요한 모든 자원들을 평가하는 단계로서, 각 단계에 소요되는 (예상) 시간과 책임자/담당자의 이름, 합당하고 현실적인 기준과 원칙 하에 산출된 전체 소요 일정이 기록되어야 한다.

5단계에서는 각 주요과업의 책임자의 이름이 추가된다.

지도자 계획-5단계 양식
필요자원 평가하기

주요 과업들/과업들 및 필요 자원의 묘사

세부수준				주요 과업/과업(간략한 묘사) (4단계에서 개발한 것)	책임자	예상 소요 시간 (주간)	예상 소요 비용
1	2	3	4				
X				건축 설계도 준비	조유현	26	
X				기초 설계도 준비	조유현	7	
	X			구조 설계도 준비	조유현	19	
X				설비 짓기	유성대	78	
	X			기반 콘크리트 깔기	유성대	12	
	X			구조 철골 세우기	이준원	10	

예상 소요 시간은 최대한의 시간이 아니라 최소한의 시간이다. 특정 날짜나 기한은 기재하지 않는다.

Part C

옳은 일을 올바르게 행하기
하나님이 동기부여하신 행동

서문_하나님의 방법으로 이행되는 하나님의 계획

제10장_하나님과 함께 행동으로 옮기기

제11장_불가능한 것을 받아들이고 가능한 것을 행하기

제12장_미래를 예견하고 현재에 충실하기

제13장_하나님의 방법으로 행하기

제14장_목표 달성 - 사명의 완수

서 문

하나님의 방법으로 이행되는 하나님의 계획

"가라사대 무릇 사람의 할 수 없는 것을 하나님은 하실 수 있느니라"(눅 18: 27).

- 인구 백만의 대도시를 복음화시키는 전도 계획
- 그리스도인 리더들이 모여 새로운 회사를 세워 가난한 지역공동체 안의 500명에게 일자리를 제공할 계획
- 오염된 아시아 지역에 정수기를 제조하고 보급하는 계획
- 도시 중심부에 선교 지향적인 셀 교회를 세우는 계획
- 윌리엄 캐리, 한스 호그, 아브라함 카이퍼와 같은 위대한 개혁자들을 본받아 하나님의 영광을 위하여 나라를 변화시키고 소망 있는 미래를 가져다 주는 계획

위와 같이 올바른 지도자 계획이 준비되었다면 이제 올바른 일을 올바르게 행할 준비를 해야 한다. 하나님의 방법으로 세워진 하나님의 계획들은 우리에게 그와 함께 창조해 나갈 기회들을 제공해 준다. 그렇지만 계획을 준비한 후 이행하기까지 너무 오래 지연될 때 때로는 우리 자신의 방법, 즉 주님의 방법이 아닌 세상적인 방법으로 계획을 이행하려는 유혹이 다가오기도 한다. 우리는 그러한 경우를 여러 번 보아 왔다. 지도는 올바르지만 때때로 운전자들이 무지하여 길을 잃는다. 하나님의 길에 최고의 권위

를 부여하지 않기 때문에 종합적인 목표가 성취되지 않는 것이다.

제3부에서는 하나님이 주신 계획을 하나님이 동기부여하신 행동으로 옮겨 사명을 성취하는 데에 무시해서는 안 될 리더십의 원리, 기술, 자원들을 살펴볼 것이다.

10장과 11장에서는 단계마다 하나님의 전략을 구하고 하나님과 함께 행동으로 실행하는 것의 중요성을 강조한다. 리더들은 몇 가지 이유 때문에 종종 하나님의 방법으로 계획을 수행하는 데 실패한다. 하나님이 인도하신 계획은 때때로 리더들의 경험을 뛰어넘고 더 복잡할 수 있다. 자원들도 너무 많이 필요하다.

이러한 요인들은 그리스도인 리더들로 하여금 행동하지 못하고 주저하게 함으로써 이미 확보된 자원들마저 활용되지 못하게 한다. 하나님은 리더들이 작게라도 시작하여 그들 손에 있는 것을 활용하며 믿음으로 내딛고 씨를 뿌리며 팀을 일으키고 자원을 공급해 주시는 하나님을 신뢰하기를 원하신다.

'불가능한 것'에 헌신하는 것은 역설이지만 그리스도인 리더들은 이 역설적 원리를 따라 살아야 할 경우가 많다.

12장에서는 대형 프로젝트를 수행하는 리더들이 내리는 많은 결정이 장기간 영향을 가질 수 있음을 주의시킨다. 그러므로 리더들은 오늘의 결정들이 가져올 내일의 결과들을 미리 볼 수 있어야 한다. 선견지명은 리더의 필수적인 능력이다. 12장은 프로젝트를 계획대로 추진하고, 최근 상황을 평가하고 보고하는 절차들을 소개한다.

13장에서는 계획을 이행하는 내내 하나님의 방법대로 하는 것, 영적 전쟁을 위한 무장, 장애물 극복, 숲과 나무를 함께 보는 것, 섬기는 리더로 고

수하는 것이 얼마나 중요한지 논의한다.

14장에서는 목표에 도달하는 것, 즉 사명의 완수와 함께 이 책의 결론을 맺는다. 여기에서의 초점은 변화하는 리더가 되는 것, 선한 싸움을 싸우는 것, 하나님의 입장에서 승리를 이해하는 것, 하나님께 영광과 찬양을 돌리는 데에 있다. 제3부를 통해 사명의 완수를 위한 전쟁의 시작과 중간, 그리고 끝까지 하나님의 길을 재음미하고 행하도록 힘을 얻으리라고 확신한다.

10

하나님과 함께 행동으로 옮기기

스페인 속담에 "긴 여행도 한 걸음부터다"라는 말이 있다. 마찬가지로 아무리 큰 프로젝트나 역사라도 첫 단계부터 시작한다. 선지자는 "작은 일이라고" 멸시하는 것에 대하여 경고한다(참고, 슥 4:10). 생명은 미미하게 생겨나서 성장한다. 갓난아이를 바라보며 작다고 멸시하는 사람은 없다. 오히려 새로운 생명을 축하하며 아이가 자신의 잠재력을 발휘하도록 양육한다.

마음에 하나님의 비전을 품고 그 손에 하나님의 계획을 가진 리더도 이와 같다. 그러한 리더는 작은 시작을 소중히 여기고 지키며 하나님이 동기 부여하신 행동을 통하여 충분한 잠재력이 드러날 때까지 키워간다. 역사는 위대한 사건들을 탄생시킨 작은 발걸음들로 가득 차 있다. 진정한 리더에게는 이러한 작은 발걸음들이 하나님께 순종하는 믿음의 행동이다.

모세의 경우, 자신이 살아있다는 것 자체가 기적이며 하나님의 섭리임을 깨달았다. 모세는 하나님이 그를 백성의 구원자로 세우신 것을 알고 있었다. 그러나 하나님이 주신 비전이 있었는데도 그는 하나님이 동기부여하신 행동을 하지 않고 그저 자신의 방법으로 하나님의 일을 시도하려 했다. 하나님이 그를 부르셨다고 이해했지만 어떻게 그 일을 할 것인지 하나님께 묻고 기다리지 않은 것이다.

모세는 하나님의 방법보다는 자신의 행동 방침을 따랐고 결국 사람을 죽이고 말았다(출 2:11-15). 그 후 40년을 도망자 신세가 되어 희망 없이 보냈다. 한때 이집트의 왕자였던 사람이 양치기가 된 것이다. 모든 인생의 꿈과 목적이 사막의 모래 바람처럼 날아가 버렸다. 하나님을 만날 때까지 구원의 계획은 잊혀져 있었다.

리더로 하여금 행동하게 하는 것은 비전이나 계획이 아니라 하나님과의 관계다. 하나님이 불타는 가시나무 떨기에 나타나셨을 때 모세는 하나님께 많은 것을 질문했다. 그는 하나님이 맡기려는 과업에 대해 잘 준비되지 못했음을 느꼈다. 그는 행동 방침을 구하면서 하나님께 많은 질문을 했다. 대화가 끝나갈 무렵 하나님은 모세에게 한 가지 질문을 하셨다. "네 손에 있는 것이 무엇이냐?"(출 4:2). 하나님은 모세에게 없는 것으로 시도하기를 원치 않으시고 손에 가지고 있는 것으로 행하기를 기대하셨다. 모세가 가진 것이라고는 손에 쥔 지팡이뿐이었다. 그러나 여호와의 말씀만 따라간다면 온 백성을 압제자로부터 해방시키기에 충분한 도구였다. 모세가 지팡이를 가지고 하나님이 하라고 하신 일을 행했을 때 역사상 가장 위대하고 장엄한 위업이 전개되기 시작했다.

>>> 가진 것에서 시작하라

"네 손에 있는 것이 무엇이냐?" 하나님은 종종 이렇게 질문하신다. 하나님의 위대한 일들은 우리가 이용할 수 있는 자원을 순종함으로 활용할 때 시작되기 때문이다. 다윗은 하나님이 주신 비전을 이루기 위해 손에 가진 물맷돌을 사용했다. 물맷돌로 곰과 사자를 죽였으며 마침내는 블레셋 거인을 쓰러뜨렸다(삼상 17:1-54). 요나단도 마찬가지였다. 그도 역시 손에 가진 검 한 자루와 부하 한 명으로 강력한 군대를 패배시켰다(삼상 14:1-23). 사르밧 과부도 손에 가진 "가루 한 움큼과 병에 기름 조금"을 통해 하나님의 기적적인 공급을 보게 되었다(왕상 17:8-16). 오병이어를 가진 소년도 자기 손에 있는 것을 예수님께 드림으로 오천 명의 군중을 먹일 수 있었다(요 6:5-13). 이 외에도 많은 사람들이 하나님의 말씀에 순종하여 손에 가진 것으로 시작했을 때 위대한 일들이 일어나는 것을 보았다.

"네 손에 있는 것이 무엇이냐?"

하나님은 오늘날에도 진정한 리더가 되려는 자들에게 이 질문을 하신다. 작은 시작이 갖고 있는 잠재력을 과소평가하지 마라.

로렌 커닝햄은 청년 시절에 하나님이 주신 비전을 보았다. 그는 환상 중에 세계지도가 마치 살아있는 것처럼 움직이는 것을 보았다. 바다 물결이 여러 대륙의 해안으로 밀려들어 가는데 그 파도가 청년들의 얼굴로 바뀌어 보이기 시작했다. 수많은 젊은이들의 물결이 파도처럼 지구상의 모든 나라들을 뒤덮었다. 로렌은 다른 무엇보다 이 비전을 갖고 큰 선교단체들 중 하나가 된 국제 예수전도단(YWAM)을 시작했던 것이다. 수많은 젊은이들이 많은 나라에서 사역함으로써 그 비전은 현실로 이루어졌다.

리더가 주님의 말씀을 최고의 권위로 삼을 때 작은 시작은 위대한 성과를 탄생시키는 것이다.

>>> 융통성 있는 고집을 발휘하라

리더는 하나님의 계획을 하나님이 동기부여하시는 행동으로 옮기려 할 때 융통성을 발휘해야 한다. 자신의 세계에 변화를 가져오기 원하는 사람들은 끈질기게 꿈을 지킬 수 있어야 하고 비전을 단호하게 붙들 수 있어야 한다. 이런 끈기는 모든 리더에게 꼭 필요하다. 그것은 어떠한 상황에서도, 어려움에 대항해서 하나님이 주신 비전을 붙잡는 불굴의 정신이다.

리더는 불독과 같은 정신을 개발해야 한다. 이 못생긴 개에게는 우수한 성질이 있다. 한번 어떤 것을 물면 턱을 굳게 다물고는 절대로 놓지 않는다. 먹이를 물었을 때는 채찍질을 해도 소용없을 정도다. 리더의 역사에는 불독의 정신이 있었다.

엘리사는 엘리야에게 임한 영감의 갑절을 받기로 결심했다. 엘리야가 젊은 제자 엘리사의 마음을 돌리려고 했지만 엘리사는 결코 포기하지 않았다. "여호와의 사심과 당신의 혼의 삶을 가리켜 맹세하노니 내가 당신을 떠나지 아니하겠나이다"라고 하면서 마지못해하는 스승을 떠나지 않았다(왕하 2:2).

룻은 하나님의 백성이 되기로 결심했다. 극심한 기근과 미망인의 고통도 그녀의 결심을 단념시키지 못했다. 시어머니가 거듭해서 그녀의 백성에게로 돌아가도록 권고하자 룻은 이렇게 대답했다. "나로 어머니를 떠나며 어머니를 따르지 말고 돌아가라 강권하지 마옵소서 어머니께서 가시는 곳에 나도 가고 어머니께서 유숙하시는 곳에서 나도 유숙하겠나이다 어머니의 백성이 나의 백성이 되고 어머니의 하나님이 나의 하나님이 되시리니… 어머니께서 죽으시는 곳에서 나도 죽어 거기 장사될 것이라"(룻 1:16-17).

룻의 결심이 많은 시대적 난관에 부딪히기는 했으나 그녀는 결국 유대 역사 가운데서 중요한 역할을 해 내었다.

다윗의 강한 세 용사들 중 하나인 엘르아살은 역경 중에서도 꺾이지 않는 의지로 위업을 성취하였다. 다른 동료들은 도망쳤지만 그는 다가오는 적군과 맞서 싸웠다. "그 날에 여호와께서 크게 이기게 하셨으므로 저가 나가서 손이 피곤하여 칼에 붙기까지 블레셋 사람을 치니라"(참고, 삼하 23:10).

이러한 굳센 의지는 승리를 이루는 요소다. 어떻게 그러한 끈기와 의지를 개발할 수 있는가? 하나님과 친밀하게 교제함으로 가능하다. 성경은 모세에 대하여 이렇게 언급하고 있다. "믿음으로 애굽을 떠나 임금의 노함을 무서워 아니하고 곧 보이지 아니하는 자를 보는 것같이 하여 참았으며"(히 11:27). 하나님에 대한 지식이 자랄수록 하나님의 성품이 우리 안에 나타날 것이다. 성경은 다윗이 고통의 시간들을 인내하면서 "그 하나님 여호와를 힘입고 용기를 얻었더라"고 기록하고 있다(삼상 30:6). 집은 파괴되고 가족들은 포로로 잡혀가고 부하들은 그에게 돌로 치겠다고 말하는 상황에서 다윗의 리더십은 시험을 받고 있었다. 하나님과 교제하며 역경을 이겨낸 다윗은 위대한 사람이 될 준비를 한 것이다. 다니엘이 말한 것처럼 "오직 자기의 하나님을 아는 백성은 강하여 용맹을" 발한다(단 11:32).

당신의 오른손을 붙드는 하나님을 만날 때 오래 참으시는 하나님께로부터 끈기와 인내를 배우게 된다(사 41:13). 과업수행에 수반되는 끈기는 하나님과의 끊임없고 한결같은 교류에서 비롯된다. 사실 하나님과 그분의 길에 대한 온전한 위탁은 우리에 대한 그분의 영원한 위탁에서 비롯된다. 시편 기자는 이렇게 고백한다. "나의 영혼이 주를 가까이 따르니 주의 오른손이 나를 붙드시거니와"(시 63:8). 바울은 자신의 부르심에 대해 그러한 불굴의 고집(끈기)을 표현했다.

> "내가 이미 얻었다 함도 아니요 온전히 이루었다 함도 아니라 오직 내가 그리스도 예수께 잡힌 바 된 그것을 잡으려고 좇아가노라 형제들아 나는 아직 내가 잡은 줄로 여기지 아니하고 오직 한 일 즉 뒤에 있는 것은 잊어버리고 앞에 있는 것을 잡으려고 푯대를 향하여 그리스도 예수 안에서 하나님이 위에서 부르신 부름의 상을 위하여 좇아가노라 그러므로 누구든지 우리 온전히 이룬 자들은 이렇게 생각할지니 만일 무슨 일에 너희가 달리 생각하면 하나님이 이것도 너희에게 나타내시리라"(빌 3:12-15).

이러한 태도와 삶은 리더의 특징이다. 물론 이것이 리더가 실수하지 않는다는 것을 의미하지는 않는다. 정상궤도에서 이탈한 것을 깨닫자마자 곧 바른 길로 되돌아오기로 결단하는 능력에 대해 말하는 것이다. 의로운 (올바른) 사람이란 결코 쓰러지지 않는 사람이 아니라 "일곱 번 넘어질지라도 다시 일어나는" 사람이다. 이와는 대조적으로 "악인은 재앙으로 인하여 엎드러지고" 다시 일어날 수 없다. 왜냐하면 그들은 하나님과의 친밀한 관계에서 오는 불굴의 의지가 없기 때문이다(참고, 잠 24:16). 불굴의 의지는 진정한 리더의 특징이다.

어떤 사람들은 불굴의 의지를 융통성 없는 고집으로 오인할지도 모른다. 그러나 여기서 우리가 말하는 것은 꽉 막힌 옹고집이 아니다. 진정한 리더는 한편으로는 원하는 성취필요항목들과 종합적인 목표를, 또 한편으로는 융통성 있는 불독 정신을 지닌다. 상황의 변화, 뜻밖의 장애물, 예상치 않은 일들은 주요과업들과 이정표들, 필요한 자원 배분의 수정을 요구할지도 모른다. 진정한 리더는 종합적 목표를 확실하게 달성하기 위해 전략을 조절한다. 진정한 고집은 융통성을 요구한다. 왜냐하면 리더는 변수가 있는 복잡한 세계에서 일하기 때문이다.

리더가 고려해야 될 요소 중 하나는 반대하는 세력에 대한 것이다. 체스를 두는 사람처럼 리더도 변치 않는 종합적 목표를 가진다. 즉, 반대 세력을 물리치는 것이다. 하지만 그 목표를 성취하는 수단들은 상대의 전략들에 맞게 수정되어야 한다. 승리를 위한 길이 하나만 있는 것은 아니다. 전략과 선택은 다양하다. 진정한 리더는 승리의 목표에 도달하기 위해 가능한 한 많은 전략들과 선택들을 창의적이고 기술적으로 사용한다.

때때로 경험이 부족한 리더들은 수단과 결과, 과정과 종합적인 목표를 혼돈한다. 다양한 활동들이 각각의 중요성을 지니고 있음을 인식하지 못하고 주요과업과 다른 과업 사이의 중요성을 구분하지 못한다. 이런 이유 때문에 '주요한' 것보다는 '부수적인' 것에, 결과보다는 수단에 집착한다. 이것은 팀이 종합적 목표를 달성하는 것을 방해하는 비생산적인 완고함을 가져올 수 있다. 따라서 종합적인 목표는 흔들리지 않아야 하지만 그 수단과 방법에서는 창조적인 융통성을 발휘해야 한다. 리더들은 이러한 융통성 있는 끈기로 인해 날마다 하나님을 의지하게 된다. 왜냐하면 하나님과 함께 목표를 규칙적으로 점검할 필요를 알기 때문이다.

지도자 계획은 융통성 없는 청사진도 아니고 어려움이 나타날 때 하나님을 찾지 않아도 되는 대용물도 아니다. 오히려 그것은 종합적인 목표를 향한 이행 과정을 수시로 평가하도록 돕는 수단이며, 그들에게 비전을 주셨던 하나님의 임재 가운데로 돌아가도록 인도하는 것이다. 리더는 잘 듣는 법을 배워야 한다. 그래야만 종합적인 목표를 향해 나아가는 동안 바른 궤도에 머물기 위해 꼭 필요한 진로 수정과 창조적인 해결책을 갖추게 된다.

레이건 대통령은 1983년을 미국 '성서의 해'로 선포했다. 로렌 커닝햄은 '성서의 해'를 위한 하와이 주위원회 의장직을 맡아달라는 부탁을 받았다. 그것은 하와이의 25주년 희년 축하행사의 일부였다. 전체적(종합적) 목표는 하와이에 있는 모든 가정이 사용하고 있는, 주 언어로 된 신약성경을 배부하는 것이다.

로렌은 하와이에서 사용되고 있는 17개의 언어로 된 성경을 배부하기 위해 재정을 모았고, 교회들을 동원했으며, 배부 전략을 세웠고, 대중들이 성경의 핵심적 역할을 인식하도록 했다. 이 과정에서 로렌은 많은 방해를 만났다. 제1차 계획이 이행되지 못했을 때, 그는 간사들과 제2차 계획을 개발했다. 2차 계획이 단지 부분적인 성공만을 가져왔을 때, 제3차 계획이 만들어졌다. 그리고 종합적인 목표가 아직 달성되지 않았을 때 4차, 5차, 6차가 차례로 이행되었다. 로렌의 창조적이고 융통성 있는 수단과 목표를 향한 끈기는 이 역사적인 종합 목표의 성취를 가능하게 했다. 특히 로렌의 리더십은 우리의 뜻을 하나님의 뜻에 복종시킬 때 길이 있다는 것을 증명해 주었다.

진정한 리더는 팀원의 헌신을 이끌어낸다. 이것은 요나단과 그의 병기든 자가 시작했던 전투에서 증명되었다. 모든 사람들이 강력한 블레셋 군대로부터 도망쳤을 때, 요나단은 승리에 대한 종합적인 목표를 굳게 붙들었다. 군사력은 형편 없었지만 그는 전투를 수행했다. 블레셋 군은 "병거가 삼만이요 마병이 육천이요 백성은 해변의 모래와 같이 많았다"(참고, 삼상 13:5). 반면에 이스라엘 군은 육백 명 가량이었는데 그들 중 검을 가진 자는 사울과 요나단 둘뿐이었다. 상식적인 전략으로는 이런 상황을 돌파할 수가 없었다. 요나단이 하나님을 의뢰하지 않았다면 불가능한 상황이었다. 그러나 요나단은 목표를 결코 놓지 않았다. 하나님이 동기를 부여하시면 무엇이든 기꺼이 했다. 정상적인 군사 전략을 사용할 수 없기 때문에 요나단은 하나님의 성품에 근거하여 창조적인 전략을 개발했다. "요나단이 자기 병기 든 소년에게 이르되 우리가 이 할례 없는 자들의 부대에게로 건너가자 여호와께서 우리를 위하여 일하실까 하노라 여호와의 구원은 사람의 많고 적음에 달리지 아니하였느니라"(삼상 14:6).

이러한 용기 있는 위탁, 이러한 융통성 있는 고집은 영향력을 발휘한다. "병기 든 자가 그에게 이르되 당신의 마음에 있는 대로 다 행하여 앞서 가소서 내가 당신과 마음을 같이하여 따르리이다"(삼상 14:7). 결국 그들은 작지만 중대한 승리를 얻었다. 사망한 적군은 이십 명밖에 안 되지만 - 엄청난 대군에 비교하자면 큰 물통 안의 물 한 방울과 같은 것이지만 - 온 적군 가운데에 소동이 일어났고 전체가 혼란에 빠져 도망쳤다. "이는 큰 떨림이었다"(참고, 삼상 14:15).

요나단의 리더십은 그의 병기 든 자로 하여금 행동하게 했고 또한 하나님의 능력이 임하게 했을 뿐 아니라 겁 많은 이스라엘 사람들로 용사가 되게 하였다. "에브라임 산지에 숨었던 이스라엘 모든 사람도 블레셋 사람의 도망함을 듣고 싸우러 나와서 그들을 추격하였더라"(삼상 14:22). 요나단의 융통성 있는 고집이 하나님께 대한 실재적인 믿음의 열매로 드러나자 이스라엘 백성들의 심령 안에 의욕이 불길처럼 일어났다.

제2차 세계대전 동안에 임명된 영국의 국무총리 윈스턴 처칠은 융통성 있는 고집을 가진 용기 있는 리더의 좋은 본보기다. 그는 1940년 5월 13일 의회에서 다음과 같이 연설했다.

하원의원 여러분께 말씀드립니다…(중략) 나는 피와 수고와 눈물과 땀 이외에는 아무것도 드릴 것이 없습니다. 우리 앞에는 장기간의 투쟁과 고난이 기다리고 있습니다. 여러분은 이에 대한 정책이 무엇이냐고 질문하겠지만 나는 이에 대하여 육해공의 입체적 '전쟁수행', 즉 하나님이 우리에게 주신 힘을 다해 역사상 가장 어둡고 통탄할 독재에 대항하여 전쟁을 수행하는 것이라고 대답하겠습니다. 그것이 우리의 정책입니다. 여러분은 이 전쟁의 목적이 무엇이냐고 물으시겠지만 나는 이에 대해서도 "승리"라는 한 마디밖에 드릴 말씀이 없습니다. 어떠한 대가를 지불하더라도, 그 길이 아무리 오래 걸리고 힘들어도 폭력에 맞서 이기지 않으면 대영제국의 생존은 있을 수 없을 것입니다…(중략) 나는 이러한 무거운 책임을 희망을 가지고 기꺼이 맡은 것입니다…(중략) 나는 이 역사적 순간에 여러분 모두의 협력을 요청하고 호소합니다. 힘을 합쳐서 전진합시다.

처칠의 '전쟁 계획'은 이용 가능한 모든 수단과 창조적인 전략을 활용하여 승리하는 것이었다. 리더로서 하나님이 주신 비전과 하나님이 인도하신 계획을 하나님이 동기부여하시는 행동으로 옮기려고 구하면, 프로젝트의 범위나 중요도는 문제 되지 않는다. 만약 당신의 비전이 하나님의 마음에서 비롯되었다면 원수와의 싸움은 피할 수 없다. 그러므로 당신도 승리를 위해 하나님이 제공하시는 모든 수단을 사용할 줄 아는 융통성 있는 끈기를 가져야 한다.

>>> 창조성을 기르라

앞에서 우리는 지도자 계획과 조종사가 비행 계획서를 준비하는 것을 비교하였다. 조종사는 혼자서 비행 계획을 짜지 않는다. 그는 공항 관제실과 의논한다. 예보된 것보다 강한 역풍이나 거대한 소용돌이와 같은 예기치 않은 상황을 만날지도 모른다. 이때 조종사는 안전하게 원하는 목적지에 도착하기 위해 비행 계획에 다양한 조정을 할 필요가 있다. 비행이 순조롭게 되든지 변경되든지 간에 조종사는 가까이에 있는 관제탑과 속도, 고도, 위치, 연료 상태 등을 규칙적으로 확인해야 한다.

조종사는 정보를 줄 뿐만 아니라 공중에 있는 다른 비행기나 사용하는 라디오 주파수, 그리고 데이터에 관하여 여러 관제탑으로부터 정보를 받기도 한다. 조종사와 관제탑 사이의 통신은 빈번하고 규칙적이다. 이와 같이 팀이 지도자 계획을 이행하기 시작할 때 리더와 하나님과의 교통도 빈번하고 규칙적이라야 한다.

계획이 시작되었다고 해서 하나님께 의뢰하는 것을 등한시해서는 안 된다. 위대한 리더들은 그들 스스로 하나님께 의존하는 훈련을 한다. 하나님과 의논하는 것은 예외적인 행사가 아니라 정상적인 일상생활이다.

전쟁이 한창일 때 다윗은 여호와께 물었다(삼상 23:2,4). 느헤미야는 왕과 이야기하는 동안에도 하나님께 점검을 받았다(느 2:4). 다니엘은 중요하고 결정적인 순간에 기도하고 하나님께 듣기 위해 시간을 따로 내었다(단 2:16-23). 이렇게 기도하고 하나님께 듣는 생활이 규칙적인 그의 삶은 친구나 원수들에게도 잘 알려져 있었다(단 6:1-13). 예수님은 공생애 기간에 하나님 아버지께 기도하기 위해 습관적으로 사역을 멈추셨다(요 11:41-42).

규칙적인 기도는 리더의 생활방식이 되어야 한다. 하나님은 분명히 창조성을 높여 주신다. 리더는 최대한의 창조성을 실천할 수 있도록 계속해서 하나님께 질문해야 한다.

세월이 지나면서 리더가 얻게 되는 유익 중 한 가지는 경험이다. 그러나 경험이 유용한 교훈을 준다 해도 어려운 도전에 부딪혔을 때는 무용지물이 될 수도 있다. 이전의 경험으로만 새로운 상황에 대처할 수는 없다. 그러므로 오직 하나님만 의존해야 한다. 하나님은 과거의 쟁점, 현재의 도전, 미래의 관심사를 가장 분명히 이해하시기 때문에 옛것과 새로운 것, 잘 알려진 것과 미지의 것 등의 모든 상황 가운데서 우리를 올바르게 인도하실 수 있다.

친숙해 보이는 상황인데도 새로운 전략과 창조적인 방식을 적용해야 하는 경우도 있다. 그렇기 때문에 예수님도 이렇게 말씀하셨다. "마치 새것과 옛것을 그 곳간에서 내어오는 집주인과 같으니라"(마 13:52). 참신한 창조성은 증명된 경험만큼이나 가치가 있다. 이것이 바로 부지런히 하나님을 구해야 하는 이유다.

여호수아는 이 교훈을 힘들게 배웠다. 큰 성 여리고를 정복하고 승리감에 도취한 채 (이 승리는 위대한 군사전략 때문이 아니라 여호와의 말씀을 세부적으로 잘 들었기 때문이다) 그는 별로 중요해 보이지 않는 작은 아이 성으로 주의를 돌렸다. 그는 아이 성에 정탐꾼을 보냈다. 그리고 그들의 보고에 근거하여 성을 쳐부술 충분한 군대로 공격을 시작했다. 그러나 그는 이 군사 행동을 시작하기에 앞서 하나님과 의논하지 않았다. 정탐은 무의미했고 참혹한 패배를 맞았다. 여호수아의 정탐꾼은 정확했으나 충분치 못한 정보를 제공했다. 그 빠뜨린 정보는 오직 하나님께로서만 얻을 수 있다. 패배 후에 여호수아는 하나님과 의논하였고 그 말씀에 순종했다. 결국 그는 아이 성 전투에서 승리를 거뒀다(수 6:2-8:29).

모든 상황에서 부지런히 하나님과 의논해야 한다는 이 교훈은 잊어버리기 쉽다. 이런 일이 다시 여호수아에게 일어났다. 아이 성 승리가 있은 지 얼마 안 되어, 죽음을 두려워한 기브온 사람들이 여호수아를 찾아왔다. "꾀를 내어 사신의 모양을 꾸미되 해어진 전대와 해어지고 찢어져서 기운 가죽 포도주 부대를 나귀에 싣고 그 발에는 낡아 기운 신을 신고 낡은 옷을 입고 다 마르고 곰팡이 난 떡을 예비하고 그들이 길갈 진으로 와서 여호수아에게 이르러 그와 이스라엘 사람들에게 이르되 우리는 원방에서 왔나이다 이제 우리와 약조하사이다"(수 9:4-6).

여호수아와 리더들은 기브온 사람들이 보낸 자들을 심문했다. 그들은 기브온 사람들의 이야기를 믿었고 그들의 이야기만을 근거로 해서 결정을 내렸다. 최선의 결정을 내렸다고 생각하였으나 사실은 속임을 당한 것이었다. 그들의 결정은 현명하지 못했다. "여호와께 묻지 않았기" 때문이다(참고, 수 9:14).

우리도 제한된 지식에만 의존할 때 어리석은 결정을 내리게 된다. 잠언서는 이렇게 교훈한다. "너는 마음을 다하여 여호와를 의뢰하고 네 명철을 의지하지 말라 너는 범사에 그를 인정하라 그리하면 네 길을 지도하시리라 스스로 지혜롭게 여기지 말지어다 여호와를 경외하며 악을 떠날지어다"(잠 3:5-7).

여호수아가 하나님께 구하면서 보여준 창조성은 참으로 놀라운 것이었다. 여리고 성을 정복하기 위해 이스라엘 군대는 성벽을 6일 동안 행군하여 돌았다. 그런 후에 칠 일째는 성을 일곱 번 돌았다. 그리고 일곱 번째 돌 때에 백성들은 성벽이 무너질 때까지 함성을 지르며 나팔을 불었다(수 5:1-6:20).

아이 성을 정복할 때는 군대를 둘로 나누었다. 한 무리는 성에서 보이지 않는 곳에 숨고 나머지는 정면에서 공격하다가 적군을 평지로 유인하기 위해 퇴각하는 척했다. 잠복해 있던 사람들은 숨어 있던 곳에서 일어나 그 성을 점령했다(수 8:1-26).

다음 전투에서 여호수아는 철야 행군 후에 기습 공격을 감행했다. 적군이 도망가는 동안 날이 저물기 시작하자 여호수아는 여호와께 태양을 멈춰 달라고 부르짖었다. 그 기도의 응답으로 태양은 정상 궤도에서 벗어나 한동안 멈췄다(수 10:1-21). 여호수아가 여호와의 인도하심을 구하고 순종했을 때 그의 전략은 참으로 놀랍고 다양했다. 하나님이 주신 창조적 전략의 결과로 여호수아와 그의 군대는 전문적인 기능이 증강되었고 특별한 승리를 얻게 되었다.

사람들은 너무나 쉽게 하나님을 구하는 것을 잊어버린다. 유다 왕국의 세 번째 왕인 아사가 그러했다. 아사는 처음에는 나라를 잘 다스렸다. 그의 리더십은 모범적이었다. 아사는 "그 하나님 여호와 보시기에 선과 정의를 행하여 이방 제단과 산당을 없이하고 주상을 훼파하며 아세라 상을 찍고 유다 사람을 명하여 그 열조의 하나님 여호와를 구하게 하며 그 율법과 명령을 행하게" 하였다(대하 14:2-4). 부지런히 여호와를 구하고 의지한 결과 아사는 강력한 구스 족의 침략을 물리칠 수 있었다(대하 14:8-15).

이 위대한 승리 후에 선지자 아사랴는 아사를 격려했다. "아사와 및 유다와 베냐민의 무리들아 내 말을 들으라 너희가 여호와와 함께하면 여호와께서 너희와 함께하실지라 너희가 만일 저를 찾으면 저가 너희의 만난 바 되시려니와 너희가 만일 저를 버리면 저도 너희를 버리시리라"(대하 15:2). 아사는 이 말을 듣고 "마음을 강하게" 하였다(참고, 대하 15:8).

그가 하나님을 의지했기에 유다 왕국은 그가 치세한 이래 35년째까지는 평화를 누릴 수 있었다. 그런데 36년째 되는 해에 이스라엘 군대가 다시 유다 왕국을 위협하였다. 이때 아사 왕은 하나님을 구하는 대신에 아람 왕의 도움을 구했다. 이 군사협정은 합리적이고 분별 있는 것처럼 보였다. 그러나 그것은 가장 어리석은 행위였다. 이번에도 선지자가 아사에게 하나님의 말씀을 전했다. 그러나 이때의 말씀은 냉혹했다.

> "왕이 아람 왕을 의지하고 왕의 하나님 여호와를 의지하지 아니한고로 아람 왕의 군대가 왕의 손에서 벗어났나이다 구스 사람과 룹 사람의 군대가 크지 아니하며 말과 병거가 심히 많지 아니하더이까 그러나 왕이 여호와를 의지한고로 여호와께서 왕의 손에 붙이셨나이다 여호와의 눈은 온 땅을 두루 감찰하사 전심으로 자기에게 향하는 자를 위하여 능력을 베푸시나니 이 일은 왕이 망령되이 행하였은즉 이후부터는 왕에게 전쟁이 있으리이다"(대하 16:7-9).

아사는 이 훈계를 듣고도 회개치 아니하였고 결국 비극적인 최후를 맞았다. 젊은 날에 배웠던 교훈을 잊어버렸던 것이다. 심지어 그는 병들어 죽어갈 때까지도 "여호와께 구하지 아니하고 의원들에게" 구하였다(대하 16:12). 그가 모든 상황마다 하나님을 구하고 온전히 의지하는 태도를 고수했더라면 그의 인생은 달라졌을 것이다. 리더들이 하나님과 그분의 무한한 자원을 의존하는 대신에 자기 자신과 제한된 자원을 의존한 결과 기회를 잃어버리는 것은 매우 큰 손실이다.

아사의 아들 여호사밧은 부친의 잘못으로부터 교훈을 배웠다. 다른 왕에게 그는 다음과 같이 충고했다. "청컨대 먼저 여호와의 말씀이 어떠하신지 물어보소서"(왕상 22:5). 이것이 바로 리더가 어떤 상황에서든지 우선적으로 해야 될 일이다. 하나님은 우리에게 약속하셨다. "네가 거기서 네 하나님 여호와를 구하게 되리니 만일 마음을 다하고 성품을 다하여 그를 구하면 만나리라"(신 4:29). 그러므로 우리는 "여호와와 그 능력을 구하고 그 얼굴을 항상 구해야 한다"(참고, 시 105:4). 왜냐하면 "여호와를 찾는 자는 모든 좋은 것에 부족함이" 없기 때문이다(시 34:10).

부족함이 없게 될 '좋은 것들' 중에는 제한된 경험과 지혜만을 의존해서는 결코 얻을 수 없는 창조성도 있다.

하나님은 말씀하신다. "보라 내가 새일을 행하리니 이제 나타낼 것이라 너희가 그것을 알지 못하겠느냐"(사 43:19), "보라 전에 예언한 일이 이미 이루었느니라 이제 내가 새일을 고하노라 그 일이 시작되기 전이라도 너희에게 이르노라"(사 42:9). 하나님은 또한 우리를 독려하신다. "너는 내게 부르짖으라 내가 네게 응답하겠고 네가 알지 못하는 크고 비밀한 일을 네게 보이리라"(렘 33:3). 그리고 약속하신다. "이제부터 내가 새일 곧 네가 알지 못하던 은비한 일을 네게 보이노니"(사 48:6). 왜냐하면 하나님은 새일을 창조하시는 분이시기 때문이다(렘 31:22). 리더로서 살기를 원한다면 열심히 창조주 하나님을 구하고 그분의 말씀에 순종해야 한다. 그러면 창조성이 극대화될 것이다.

>>> 하나님의 목표, 하나님의 방법으로 행하라

자신의 세계를 변화시키기 원하는 리더들은 하나님의 목표를 달성하고자 헌신할 뿐만 아니라 이러한 목표를 하나님의 방법으로 성취하려고 노력해야 한다. 좋은 목표를 정했을지라도 그것들을 성취하기 위한 방법이 선하시고, 공의로우시고, 사랑이신 하나님의 성품을 반영하지 못한다면 유익이 되지 못한다. 성실함, 종의 정신, 겸손, 믿음, 끈기, 자기 희생 등이 리더의 삶의 방식이다.

예수님은 우리의 최고 모델이시다. 그는 하나님이 원하는 것을 하셨을 뿐만 아니라 하나님이 원하시는 방법대로 하셨다. 예수님보다 더 위대한 리더십의 모델은 없다. 그리고 예수님보다 더 큰 희생을 한 사람도 없다. 바울은 예수님을 본받으라고 가르치고 있다. "너희 안에 이 마음을 품으라 곧 그리스도 예수의 마음이니 그는 근본 하나님의 본체시나 하나님과 동등됨을 취할 것으로 여기지 아니하시고 오히려 자기를 비어 종의 형체를 가져 사람들과 같이 되었고 사람의 모양으로 나타나셨으매 자기를 낮추시고 죽기까지 복종하셨으니 곧 십자가에 죽으심이라"(빌 2:5-8). 예수님도 우리에게 자기 희생 외에 그를 따르는 다른 길은 없다고 말씀하셨다. "누구든지 자기 십자가를 지고 나를 좇지 않는 자도 능히 나의 제자가 되지 못하리라"(눅 14:27). 베드로는 이렇게 말했다. "이를 위하여 너희가 부르심을 입었으니 그리스도도 너희를 위하여 고난을 받으사 너희에게 본을 끼쳐 그 자취를 따라 오게 하려 하셨느니라"(벧전 2:21).

자기 포기 없는 구속이 있을 수 없고 희생 없는 구원이 있을 수 없는 것처럼, 십자가 없이는 진정한 생명력 있는 변화가 일어날 수 없다. 겁 많은 사람들은 십자가의 길을 따라갈 수 없다. 여호사밧과 같이 "전심으로 여호와의 도"를 행하고(대하 17:6) 그리스도처럼 기꺼이 섬김의 대가를 지불하기 위해 사랑으로 생명을 버리는 법을 배워야 한다. 말과 행동에 하나님의 방법을 보여 주신 그리스도를 본받자! "주께서 선한 것이 무엇임을 네게 보이셨나니 여호와께서 네게 구하시는 것이 오직 공의를 행하며 인자를 사랑하며 겸손히 네 하나님과 함께 행하는 것이 아니냐"(미 6:8).

11

불가능한 것을 받아들이고 가능한 것을 행하기

리더들이 하나님이 주신 비전에 따른 프로젝트를 행할 때 충성됨과 근면성만으로는 성공하지 못한다. 리더들은 하나님의 능력을 바라보아야 한다. 만약 그 프로젝트가 진실로 하나님께로서 왔다면 하나님이 일하실 것이다. 도전이 아무리 커 보여도 하나님은 자신의 위대하심을 증명하실 것이다.

모세의 경우가 그러했다. 그는 하나님께 순종하여 3백 만이 넘는 유대 민족을 애굽에서 광야로 인도했다. 모세는 하나님이 행하신 경이로운 기적들을 보았다. 군중의 목마름을 해소시키기 위해 반석에서 솟아 나오는 물줄기, 그렇게 많은 무리를 먹이기 위해 날마다 초자연적인 방법으로 공급되는 만나의 기적을 상상해 보라!

모세는 하나님이 어디로 인도하시는지, 또 어떻게 공급하시는지를 배우고 있었다. 하나님의 놀라우신 공급과 위대하신 구원을 생각하며 모세는 경외함으로 이렇게 고백했다. "주 여호와여 주께서 주의 크심과 주의 권능을 주의 종에게 나타내시기를 시작하셨사오니 천지간에 무슨 신이 능히 주의 행하신 일 곧 주의 큰 능력으로 행하신 일같이 행할 수 있으리이까"(신 3:24). 그러나 아직 하나님은 그의 위대하심을 '보이기 시작하셨을 뿐'이었다.

어느 날 백성들이 불평하기 시작했다. "누가 우리에게 고기를 주어 먹게 할꼬"(민 11:4). 모세는 그들의 배은망덕함을 보며 하나님께 불평했다. 하나님은 모세의 불평을 중단시키고 백성들의 욕망을 책망하는 대신 고기를 주시겠다고 말씀하셨다. "하루나 이틀이나 닷새나 열흘이나 이십 일만 먹을 뿐 아니라 코에서 넘쳐서 싫어하기까지 일개월 간을 먹게 하시리니"(민 11:19, 20).

모세는 그 말을 믿을 수가 없었다. 삼백만 이상이 한달 동안 끼니마다 먹을 수 있는 양이 얼마나 엄청날지 상상해 보라. 모세는 의심스러워하며 하나님께 물었다. "그들을 위하여 양떼와 소떼를 잡은들 족하오며 바다의 모든 고기를 모은들 족하오리이까?"(민 11:22). 모세에게는 하나님의 위대하심에 대한 새로운 계시가 필요했다. 하나님은 말씀하셨다. "여호와의 손이 짧아졌느냐 네가 이제 내 말이 네게 응하는 여부를 보리라"(민 11:23). 그 때 일어났던 놀라운 일이 성경에 자세히 설명되고 있다. "바람이 여호와에게로서 나와 바다에서부터 메추라기를 몰아 진 곁 이편저편 곧 진 사방으로 각기 하룻길 되는 지면 위 두 규빗쯤에 내리게 한지라"(민 11:31).

만약 어떤 사람이 이러한 기록을 수학적으로 계산하려고 한다면 그야말로 엄청난 식량공급 문서가 될 것이다. 유목민들이 하루에 걷는 거리는 적어도 40Km 정도다. 성경이 묘사하고 있는 상황은 40km 반경에 메추라기로 둘러 쌓인 이스라엘 진영의 모습이다. 즉, 하나님이 공급하신 메추라기가 5000㎢ 넓이의 지역을 1m의 높이로 완전히 덮었다는 결론에 이른다. 참으로 하나님은 크고 놀라운 분이시다!

>>> 불가능한 것을 받아들이라

"저희에게 당한 이런 일이 거울이 되고"(고전 10:11).

옛날과 같이 오늘날도 하나님은 하나님이 주신 비전, 하나님이 인도하신 계획과 일을 실천하는 리더들에게 그분의 위대하심을 나타내기 원하신다. 이렇게 질문해 보라. "나의 하나님은 얼마나 크신 분인가?" 교리문답식의 답을 원하는 것이 아니다. 이것은 실제적인 질문이다. 당신의 하나님은 재정적인 어려움이나 리더십의 어려움을 잘 처리할 수 있도록 당신을 도와주시기에 충분하신 분인가? 과연 놀라운 방법으로 관여하시는 능력의 하나님이신가?

그렇지 않다면 당신은 큰 문제 거리들을 가지게 될 것이다. 하나님의 위대하심에 대한 관점을 놓쳐 버리면 종종 우리에게 다가오는 문제들이 더 크게 보인다.

동전 하나를 눈앞에 대 보자. 눈에 가까이 대면 이 작고 둥근 물체는 사람의 시야 전체를 가리게 된다. 그래서 태양과 같이 동전보다 훨씬 더 큰 물체도 보지 못하게 된다. 이처럼 어떤 사람들은 재정적인 문제나 다른 문제들에 지나치게 초점을 맞추기 때문에 자기도 모르게 그 문제로 자신들의 세계를 가득 채워 결국 다른 것은 아무것도 볼 수 없게 된다. 심지어 하나님까지도 가려 버린다.

리더는 이처럼 구부러진 관점을 가져서는 안 된다. 만약 문제의 진정한 실체를 보기 원한다면 먼저 하늘을 바라보아야 한다. 하나님을 바라볼 때 현실을 가장 올바르게 볼 수 있게 된다. 하나님의 위대하심의 빛 가운데서 문제들은 감당할 만한 크기로 줄어든다.

시편 기자는 그와 같은 중요성을 알고 있었다. "내가 산을 향하여 눈을 들리라 나의 도움이 어디서 올꼬 나의 도움이 천지를 지으신 여호와에게 서로다"(시 121:1-2). 리더는 날마다 다음과 같은 인식을 가지고 살아가야 한다. "하나님은 우리의 피난처시요 힘이시니 환난 중에 만날 큰 도움이시라 그러므로 땅이 변하든지 산이 흔들려 바다 가운데 빠지든지 바닷물이 흉용하고 뛰놀든지 그것이 넘침으로 산이 요동할지라도 우리는 두려워 아니하리로다"(시 46:1-3). 하나님의 위대하심에 대한 새로운 관점을 가짐으로 리더들은 자신의 자원뿐 아니라 진정으로 필요한 하나님의 자원을 이끌어내게 된다.

제자들은 예수님이 자신들에게 군중들을 먹이라고 부탁하셨을 때 이 교훈을 배웠다. 그것은 충격이었다. 어떻게 그러한 일을 부탁하실 수 있단 말인가! "우리에게 떡 다섯 개와 물고기 두 마리밖에 없으니 이 모든 사람을 위하여 먹을 것을 사지 아니하고는 할 수 없삽나이다"(눅 9:13). 그때 얼른 계산을 마친 빌립이 말했다. "각 사람으로 조금씩 받게 할지라도 이백 데나리온의 떡이 부족하리이다"(요 6:7). 예수님이 제자들에게 무리를 먹이라고 말씀하시자 즉시 돈을 생각했다는 것이 흥미롭다.

예수님은 바람직하지 않은 상황(무리의 굶주림)에 대처하기 위해 바람직한 성취필요항목(무리를 먹임)을 말씀하셨다. 그리고 제자들은 그 주요과업(양식 구매)과 필요한 자원(이백 데나리온)에 대해 생각하기 시작했다. 그들은 예수님이 다른 방법으로 군중을 먹이실 거라고는 전혀 상상도 못했다. 오직 돈만이 해답이라고 생각했으나 그렇지 않았다. 하나님은 돈보다 훨씬 더 창조적인 방법을 사용하셨다.

리더는 하나님의 창조성과 사랑의 성품을 신뢰해야 한다. 제자들의 잘못은 하나님의 성품에 대해서 초점을 잃고 자신들이 믿는 오직 한 가지 수단(돈)에만 집착한 것이다.

얼마 후 4천 명의 무리를 먹이기 위해 다시 한번 기적이 일어났다. 마치 하나님이 예기치 않은 방법으로 공급해 주신다는 사실을 잊지 않도록 제자들이 후세에게 강조하는 듯하다. 이 두 사건이 일어나고 얼마 후 예수님은 그 일을 상기시키셨다. "내가 떡 다섯 개를 오천 명에게 떼어 줄 때에 조각 몇 바구니를 거두었더냐 가로되 열둘이니이다 또 일곱 개를 사천 명에게 떼어 줄 때에 조각 몇 광주리를 거두었더냐 가로되 일곱이니이다"(막 8:19-20).

이 예화를 주의 깊게 생각해 보라. 두 번째 기적에서는 첫 번째보다 양식은 40% 더 많아졌고, 무리의 수는 20% 줄었다. 나중 상황은 이전의 상황보다 훨씬 나았다. 첫 번째 기적에서는 사람의 수도 많았고 먹고 남은 양도 더 많았다(70%가 더 많음). 마치 하나님은 더 불가능한 상황을 선호하시는 것처럼 보인다. 심지어 반대 조건이 더 많을 때 하나님의 위대하심이 더 잘 드러나는 것 같다. 이것을 이해하는 리더는 상황이 어려워질 때 낙심하지 않고 하나님이 더 크게 행하실 것을 기대한다. 가능한 것을 행하라! 그리고 불가능한 것은 하나님이 행하실 것을 기대하라!

>>> 돈의 함정을 피하라

"돈만 있다면!" 이것은 사람들이 자주 하는 한탄이다. 재정 문제로 꿈을 접는 사람들이 많다. 그들은 재정적인 능력을 의존하는 것만큼 하나님의 능력을 의존하지 않는다. 하나님이 인도하신 계획들을 이행할 책임이 있는 자들이 재정적인 어려움에 부딪쳐 어깨를 움츠리기 때문에 많은 비전들을 이룰 수 없었다. 운명론적 탄식은 창조성을 억누르고 많은 프로젝트들을 소멸시킨다.

우리가 하나님과 공동 창조자라는 태도를 갖는다면 부족한 재정은 하나님이 인도하신 계획을 진전시키는 데 불리한 요소가 될 수 없다. 재정적인 자원은 폐쇄적 경제체제 안에 있는 제한된 소모품이 아니다. 폐쇄적 경제체제 안에서는 가진 자는 가진 자로, 못 가진 자는 못 가진 자로 살아야 하며 한 사람의 부가 증가하면 다른 사람의 자원은 감소한다.

리더는 그러한 비성경적인 개념을 배격하고 빈곤정신을 깨뜨려야 한다. 우리 하나님은 은행구좌의 현금잔액 한도 내에서 행동하도록 제한받는 분이 아니다. 하나님은 그보다 더 크신 분이다. 만약 우리가 하나님과 함께 동역한다면 재정과 부가 새롭게 창출되며, 수입이 늘어나고, 수입원이 개발될 것이다. 하나님이 부여하신 창조성이 함께하는 한 재정적인 어려움 중에서라도 프로젝트는 계속될 것이다. 계획의 성공 여부는 외부적인 상황이 아니라 내적인 확신에 달려 있다.

두려움, 자포자기, 할 수 없다는 자세, 빈곤정신 등은 계획을 방해할 수 있다. 이러한 운명론적 관점과 대조적으로 충만한 믿음, 확신, 할 수 있다는 정신, 기회창출의 정신 등은 하나님이 부여하신 창조성을 길러준다. 빈곤정신을 갖느냐, 가능성의 정신을 갖느냐 하는 것은 단순한 성격 이상의 문제며 의지적으로 결단하는 것이다. 빈부를 막론하고 누구든지 빈곤정신에 묶여 살 수 있다. 또한 빈부를 막론하고 가능성의 정신으로 자유롭게 살 수 있다. 예수님은 빈곤정신에 묶이지 않고 궁핍한 중에서도 후하게 헌금한 가난한 과부의 삶을 칭찬하셨다(막 12:41-44). 또한 이기적으로 부를 축적하여 빈곤정신이란 감옥에 갇힌 죄수처럼, 자기 자신과 남을 해롭게 하는 부자가 되지 말라고 경고하셨다(눅 12:16-21).

예수님께 칭찬받은 과부처럼 우리는 빈곤정신을 깨뜨리고, 베푸는 삶을 살아야 한다. 성경은 이렇게 가르친다. "구제를 좋아하는 자는 풍족하여질 것이요 남을 윤택하게 하는 자는 윤택하여지리라"(잠 11:25), "악한 눈이 있는 자는 재물을 얻기에만 급하고 빈궁이 자기에게로 임할 줄은 알지 못하느니라"(잠 28:22), "흩어 구제하여도 더욱 부하게 되는 일이 있나니 과도히 아껴도 가난하게 될 뿐이니라"(잠 11:24).

만약 충분한 재정이 없기 때문에 어떤 모험도 할 수 없다고 느낀다면 당신은 어떠한 성과도 이루지 못할 것이다.

"족한 줄을 알지 못하여 족하다 하지 아니하는 것 서넛이 있나니 곧 음부와 아이 배지 못하는 태와 물로 채울 수 없는 땅과 족하다 하지 아니하는 불이니라"(잠 30:15-16). '족하다 하지 않는 태도'의 동류들을 주목하라. 아이 못 낳는 태, 고갈 상태(가뭄), 황폐함 등이다. 이러한 태도는 죽음과 멸망을 초래한다.

사실, 당신은 언제나 충분한 자원을 가지고 있다. 물고기 두 마리와 보리떡 다섯 개는 굶주린 무리를 먹이는 데 충분했다(요 6:5-13). 요나단의 검한 자루와 병기 든 한 사람은 강한 블레셋 군을 정복하는 데 충분했다(삼상 14:1-23). 과부의 마지막 밀가루 한 움큼과 기름은 하나님의 풍성한 공급하심을 보기에 충분했다(왕상 17:8-16). 만약 당신이 주의 말씀을 확실히 받았다면 얼마든지 시작해도 된다. 하나님이 하라고 하신 일을 하고 있는가? 우리의 재정적 상태가 아니라 우리를 향하신 주님의 말씀 그리고 그에 대한 우리의 응답이 프로젝트의 과정을 형성하는 주된 요소가 되어야 한다. 당신을 전투에서 승리하게 하는 것은 많은 돈이 아니라 순종이다.

>>> 가능한 것을 행하라

당신은 당신이 할 수 있는 일을 했고 하나님이 주신 비전에 응답했다. 당신과 당신 팀은 창조자와 함께 지도자 계획을 만들기 위하여 열심히 기도하면서 수고했다. 종합적인 목표에 도달하기 위해 수행되어야 할 이정표들과 주요과업의 구체적인 계획도 가지고 있다. 당신이 할 수 있는 일을 하고 하나님이 불가능한 일을 하신다면 사명은 성취될 수 있다고 생각한다.

이제 당신은 하나님의 전략들을 구하고 하나님이 동기부여하신 행동으로 옮겨야 한다. 앞으로 어떻게 할 것인가? 당신은 리더십의 중요한 순간에 와 있다. 지도자 계획에 나타난 비전은 견고한 기반 위에 이루어져야 한다.

기반의 핵심 요소들은 무엇인가? 첫째는, 리더로서 비전에 대해 계속해서 당신의 팀원 및 다른 사람들과 의사소통을 해야 한다. 둘째로, 비전이 점진적으로 성취되는 것을 볼 수 있어야 한다. 셋째로, 최첨단에 서 있기 위해서는 새로운 도전들을 받아들일 준비가 되어 있어야 한다. 넷째로, 과업을 완성하고 사명의 성취를 보고 신뢰를 쌓기 위해 하나님의 길로 행해야 한다. 지금부터 각각의 요소들을 더 깊이 살펴보자. "너희 속에 착한 일을 시작하신 이가 그리스도 예수의 날까지 이루실 줄을 우리가 확신하노라"(빌 1:6).

1) 비전에 대한 의사를 전달함

당신이 수질 오염이 심한 지역에 비용이 적게 드는 정수 시스템을 공급하는 지도자 계획을 가지고 있다고 가정해 보라. 시스템이 세워지면 하루에 수백 명을 살려낼 수 있을 것이다. 이 계획은 또한 복음을 전하고 예수님의 사랑을 나타내는 데에 하나의 매개체가 될 것이다. 사실 그 프로젝트는 육체적인 필요와 영적인 필요를 둘 다 충족시키는 '양손' 복음이다. 이제 리더는 비전에 대해 사람들에게 이야기하고 계획을 이행하는 필요한 자원을 일으켜야 한다. 예수님은 갈릴리 해변에 모여 있는 무리에게 말씀하셨다.

> "씨를 뿌리는 자가 뿌리러 나가서 뿌릴새 더러는 길가에 떨어지매 새들이 와서 먹어버렸고 더러는 흙이 얇은 돌밭에 떨어지매 흙이 깊지 아니하므로 곧 싹이 나오나 해가 돋은 후에 타져서 뿌리가 없으므로 말랐고 더러는 가시떨기 위에 떨어지매 가시가 자라서 기운을 막았고 더러는 좋은 땅에 떨어지매 혹 백 배, 혹 육십 배, 혹 삼십 배의 결실을 하였느니라" (마 13:3-8).

하나님의 영감으로 시작된 프로젝트는 많은 씨앗들을 심을 수 있는 기회를 제공한다. 그 씨앗들 중 일부만이 열매를 맺게 될 것이다. 그러나 그 열매들은 심겨진 씨앗들에 비교하면 엄청난 수확이다.

리더는 수확량을 극대화시키기 위해 할 수 있는 한 많은 씨앗을 심어야 한다. 더 많은 사람들이 하나님이 주신 비전과 계획에 관심을 갖게 되고 그 프로젝트 팀의 일원이 되기 원한다. 씨 뿌리는 자의 비유에서와 같이 당신의 팀에 합류한 사람들 중에 얼마는 많은 열매를 맺을 것이다. 그들은 기꺼이 훈련을 받고 프로젝트의 풍성한 수확을 위해 많은 씨를 뿌리는 전도자들이 된다. 프로젝트의 리더가 최선을 다해 일을 수행하고 더 많은 씨를 심고자 노력할 때 주님은 사람들과 다른 자원들을 적당한 때에 충분하게 공급해 주신다.

우리는 국제 예수전도단의 열방대학(University of the Nations) 설립과 개발팀의 일원으로 일했다. 주님은 선교지향적인 대학을 세우기 위한 영감 넘치는 비전을 주셨다. 그 비전은 단과대학과 교수진, 학교, 센터들로 이루어진 국제적인 대학교를 세워 수많은 사람들을 영적으로, 문화적으로, 지적으로, 전문적으로 훈련시킴으로써 하나님이 그들에게 주신 능력들을 활용하여 전세계 나라와 사회의 각 영역에서 복음을 전하고 하나님의 사랑을 증명하도록 돕는 것이다.

열방대학의 개발팀은 1978년 하와이 코나에 최초로 캠퍼스 건축을 시작했다. 독특한 과정들이 개발되었고 많은 씨앗들이 심겼다. 주님은 세계 여러 나라에서 수많은 사람들이 열방대학 발전에 합류하도록 그리고 열방대학의 과정에 참석하도록 계속 인도하셨다. 건축하고, 가르치고, 전도여행을 인도하고, 주요 프로그램을 운영하기 위해 필요한 기술을 가진 많은 사람들이 모여 들었다. 현재 열방대학 산하의 학교들은 세계 전역 110개 나라 250개 지역에 분포되어 있다. 초기 열방대학의 개척자들은, 불가능한 일은 하나님께 맡기고 가능한 일들을 성실히 행했다. 이 비전을 위해 씨앗을 심는 일은 세계 전역에서 계속되고 있다. 학생들과 간사들의 일대일 간증은 씨를 뿌리는 매우 효과적인 방법이다. 소그룹 모임이나 회의도 역시 효과적인 방법이다. 인터넷, 안내서, 대학 목록, 기타 다른 매체를 통하여 정보를 제공받을 수 있다.

하나님이 주신 비전과 계획은 하나님이 인도하시는 행동으로 이행되어야 한다. 열방대학(U of N) 기본정신은 열방대학 개발팀의 비전에 대한 이해를 더해 줄 것이다(그림 C-1 참조). 이 프로젝트에 참가한 모든 사람들은 이 비전이 세계 전역에 걸쳐 이행되는 것을 보는 축복을 누렸다.

열방대학 기본정신

열방대학은 전세계를 교실로 여긴다. 열방대학은 그리스도를 모르는 사람들에게 다가가도록 사명 받은 모든 그리스도인을 돕고 훈련시킨다. 복음을 알지 못하는 나라, 도시, 사람에게 특별한 관심을 기울인다. 복음전도와 가난한 사람들에게 관심을 갖는다.

열방대학은 세계 전역과 사회의 여러 분야에서 섬기도록 학생들을 준비시킴으로 복음 전도 범위를 넓히기를 추구한다. 학생들이 부름 받은 전문 영역과 직업에서 효과적으로 섬기기 위해 그들이 받은 소명들에 대해 배우고 성장할 수 있는 기회를 제공한다. 세상의 빛과 소금이 되라는 예수님의 명령은 그리스도인이 섬김과 복음 증거로 실천적 삶을 살라는 의미라고 믿기 때문에, 열방대학은 학생들이 성경적으로 생각하고, 영적으로 분별하며, 겸손하게 행동하는 법을 가르쳐 그들의 전문 영역들을 복음화하도록 노력한다.

열방대학의 교육 방식은 삶의 모든 영역들, 즉 믿음, 덕, 지식, 절제, 인내, 경건, 형제우애, 사랑 등에 있어서 균형 있는 발전을 강조하는 베드로후서 1장 5절부터 8절에 기반을 둔다. 학생들은 하나님의 은혜와 예수 그리스도의 사랑으로 인해 믿음과 하나님을 예배하는 삶이 성장하고 지식이 지혜로 강화되며 하나님의 부르심에 순종하게 된다.

열방대학은 모든 면에서 교육적인 탁월함을 추구하는 가운데 하나님을 알고 사랑하며 그분의 계시와 인도하심을 구하는 삶에 목적을 둔다. 중보기도와 경배와 찬양은 모든 과정 안에 통합되어 있다. 하나님의 뜻대로 사는 삶이 학생들과 간사들의 관계 속에 분명히 드러나야 한다. 예수님이 명령하신 것과 같이 용서, 마음을 열고 나눔, 회개, 각 사람의 은사와 능력을 존중함, 일치, 연합, 섬김, 섬기는 리더십, 서로 사랑하는 삶인 것이다.

그림 C-1

열방대학이 그리스도의 지상 명령을 이루려고 추구할 때 계속 성장할 것을 확신한다. "그러므로 너희는 가서 모든 족속으로 제자를 삼아 아버지와 아들과 성령의 이름으로 세례를 주고 내가 너희에게 분부한 모든 것을 가르쳐 지키게 하라 볼지어다 내가 세상 끝날까지 너희와 항상 함께 있으리라 하시니라"(마 28:19-20).

2) 작은 것으로 시작

잠언서의 끝 부분에 흥미로운 기도가 나온다. "나로 가난하게도 마옵시고 부하게도 마옵시고 오직 필요한 양식으로 내게 먹이시옵소서 혹 내가 배불러서 하나님을 모른다 여호와가 누구냐 할까 하오며 혹 내가 가난하여 도적질하고 내 하나님의 이름을 욕되게 할까 두려워함이니이다"(잠 30:8-9). 우리는 종종 사람들이 넉넉하지 못하다고 불평하는 소리를 듣게 된다. 그러나 너무 부유하다고 불평하는 것을 들어본 적이 있는가? 너무 많은 것도 모자라는 것만큼이나 프로젝트에 불리할 수 있다.

프로젝트를 시작하기 위해 '꼭 알맞은' 자원의 양은 어느 정도일까? 때로 우리는 불안한 마음 때문에 무조건 많이 가지려 한다. 하나님은 이스라엘 자손을 약속의 땅으로 인도하실 때 너무 많이, 너무 빨리 주면 오히려 해가 된다는 것을 아셨다. 그래서 이렇게 말씀하셨다. "그 땅이 황무하게 되어 들짐승이 번성하여 너희를 해할까 하여 일년 안에는 그들을 네 앞에서 쫓아내지 아니하고 네가 번성하여 그 땅을 기업으로 얻을 때까지 내가 그들을 네 앞에서 조금씩 쫓아내리라"(출 23:29-30). 하나님은 그 땅을 차지할 권리와 책임감이 성장하는 데 시간이 필요하다는 것을 아셨다. 매번의 승리를 위해 열심히 일해야 할 때 승리와 더불어 바르게 살아갈 수 있는 능력이 개발된다. 잠언서에 이 원리를 요약해 놓았다. "처음에 속히 잡은 산업은 마침내 복이 되지 아니하느니라"(잠 20:21).

이와 마찬가지로 기드온의 이야기에서 하나님이 '지나침의 오류'로부터 어떻게 그를 지키셨는지를 볼 수 있다. 기드온은 처음에 삼만 이천 명의 큰 군대를 소집했다. 그러나 하나님은 그에게 말씀하셨다. "너를 좇은 백성이 너무 많은즉 내가 그들의 손에 미디안 사람을 붙이지 아니하리니"(삿 7:2). 하나님의 가르침을 따라서 기드온은 군대를 만 명까지 줄였다. 하나님은 다시 기드온에게 말씀하셨다. "백성이 아직도 많으니"(삿 7:4). 그리고는 단 삼백 명이 남을 때까지 군사들을 계속 선발하셨다(삿 7:4-8). 이것이 바로 '꼭 알맞은' 수다. 그리고 이 사람들을 통해 하나님은 승리를 얻으셨다.

프로젝트에 필요한 자원들은 대부분 우리가 생각하는 것만큼 많지 않다. 우리는 안전을 위해 사람과 재정 둘 다를 미리 비축하기를 좋아한다. 그러나 이것은 자원 배분이나 이용 면에서 최선이 아니다. 자원을 꼭 필요한 때에(JIT:Just In Time) 얻는 것이 오히려 큰 유익이 된다. 비축된 자원은 활용률이 낮으며 팀원들은 능력을 충분히 발휘하지 못해 의욕을 잃게 되고 기대감도 낮아진다. 마치 오래 사용하지 않은 근육처럼 팀은 무기력하고 무능하게 되며 효용성도 감소된다. 그렇게 되면 팀원들의 총체적 능력이 필요한 순간에 부합하지 못해 주저앉고 말 것이다.

기드온이 만일 천 명으로 싸웠다면 어땠을지 상상해 보라. 삼백 명의 잠재력은 결코 극대화되지 않았을 것이다. 어려움에 직면하기 전에는 자신의 능력을 결코 알 수 없다. 그들은 자신에 대한 기대감을 가지고 살아갔을지도 모른다. 그러나 소수로 도전할 수밖에 없었던 상황에서 그들은 살아 계신 하나님을 믿음으로 일어났고 그 결과 이전에 본 적이 없는 용기를 발견했다.

너무 많이 가지려는 유혹을 거부하라. 너무 많은 것은 너무 적은 것보다 교묘하고 철저히 팀을 파괴시킬 수 있기 때문이다. 그것은 승리를 위한 내적인 믿음과 용기를 파괴시킬 수 있다.

작게 시작하는 것은 또 다른 유익이 있다. 재정적인 것과 다른 도전들을 극복할 때 리더십이 발전되고 성숙한다. 성경은 이렇게 말씀한다. "손으로 모은 것은(조금씩 모은 재물은 : NIV) 늘어가느니라"(잠 13:11). '조금' 은 '더 많이' 얻기 위한 최선의 훈련이다. 달란트 비유에서 예수님은 재정 경영에 대해 말씀하시면서 작은 것에 충성하라고 강조하신다. "착하고 충성된 종아 네가 작은 일에 충성하였으매 내가 많은 것으로 네게 맡기리니"(마 25:21). 그는 또한 이렇게 가르치셨다. "지극히 작은 것에 충성된 자는 큰 것에도 충성되고 지극히 작은 것에 불의한 자는 큰 것에도 불의하니라"(눅 16:10).

충성되게 일한 종은 "잘하였도다"라고 칭찬을 들었다(마 25:21,23). 충성되지 않고 일관성이 없으며 성실하지 않으면 일을 잘 해낼 수가 없다. 신뢰, 충성, 일관성, 성실함은 작고 보이지 않는 일상의 사소한 일들 가운데서 배우게 된다.

만약 일상에서 훈련되지 못한다면 공적인 큰 압박과 도전들이 다가오는 순간 큰 어려움을 겪게 될 것이다. 그러한 순간들이 다가오기 전에 리더는 이미 훈련을 마쳐야 한다. 작은 것에서 시작하여 충성스럽게 성장해 가는 것이 리더에게는 커다란 유익이다.

3) 도전을 받아들임

그들의 세계를 변화시키기 원하는 진정한 리더들은 자신의 능력을 뛰어넘는 도전들을 받아들인다. 자신의 능력을 뛰어넘고 큰 자원들을 요구하는 목표를 겨냥한다. 최선을 다하지 않고도 성취할 수 있는 일이라면 목표를 너무 낮게 겨냥했음에 틀림없다. 만약 주어진 자원으로 쉽게 이룰 수 있는 프로젝트라면 하나님이 주신 비전이 아니라 당신 자신이 만든 비전을 추구하고 있지 않는지 숙고해 보아야 한다. 당신 능력의 한계 밖에 있는 것을 목표로 할 때 하나님이 일하실 여지가 있게 된다.

어떻게 하면 성취가 전혀 불가능하거나 지나치게 평범하지 않은, 적당한 수준의 도전들이 있는 프로젝트가 될 수 있을까? 너무 많지도 않고 너무 적지도 않은 '꼭 적당한' 수준이란 어느 정도인가?

등산가를 생각해 보자. 그들은 매번 산을 오를 때마다 좀더 힘들게, 좀더 높게 오르도록 자신을 독려한다. 그들은 자신의 능력을 알고 있다. 그래서 성공할 때마다 다음에는 자신의 능력을 조금 능가할 수 있도록 준비한다. 등산가가 되려는 사람은 처음에는 낮은 절벽을 타는 훈련부터 시작한다. 그러나 경험과 기술이 늘어갈수록 더 높은 곳에 목표를 둔다. 비록 처음부터 에베레스트 산에서 훈련을 시작하는 것은 아니지만 언젠가 에베레스트 산에 오를 수 있다는 희망 속에 능력을 키워간다. 도전 때마다 이전보다 좀더 큰 목표를 정함으로써 등산가는 자신의 능력을 최대한도로 개발하는 것이다.

진정한 리더들도 이와 같다. 자신들의 능력을 증진시킬 도전들을 받아들인다. 자신들의 믿음을 실천하고 하나님이 함께 역사하셔야만 성취될 수 있는 도전들을 취하는 것이다. 그들은 자신이 쉽게 감당할 수 있는 가능한 것과 전혀 감당할 수 없는 불가능한 것 사이에 놓여 있는 것을 목표로 삼는다. 즉, '감당할 수 있는 불가능'에 목표를 둔다. 이것은 하나님을 향한 전폭적인 믿음뿐만 아니라 희생적인 수고를 요구한다.

희생적인 노력, 근면, 창조적 재능으로 가난을 극복하고 부자가 된 호래이쇼 올가(Horatio Alger)와 같은 사람들의 이야기는 감동적이다. 우리는 '부자가 되었다'라는 부분에 자극을 받을지도 모른다. 그러나 사실 '…로부터 …로'라는 부분을 배워야 한다.

인생의 중요한 교훈들은 과정을 거치면서 배우게 된다. 애굽을 떠나 즉시 약속의 땅에 들어가지 못한다. 먼저 사막 광야를 횡단하고 혹독한 시련을 거치는 중에 약속의 땅에 들어가기 위해 필요한 능력과 성품을 갖출 수 있는 기회를 가지게 된다. 나비들도 극심한 노력 없이는 누에고치를 뚫고 나와 자유롭게 날아다닐 수 없다. 잘 알고 있듯이 만약 나비가 고치에서 빠져 나오기 위해 몸부림칠 때 외부에서 도와 주면 날개가 정상적으로 발육하지 못하여 날 수 없게 된다. 오늘 고치로부터 탈출하려는 역경을 극복하는 것은 미래에 날기 위한 필수 과정이다. 이처럼 리더도 역경을 기꺼이 받아들일 수 있어야 한다.

재정이라는 거대한 도전은 종종 누에고치와 같은 역할을 한다. 재정적인 필요는 근면을 길러 주는 자극이 될 수 있다. 리더는 재정적인 필요에서 오는 도전들을 피하지 말고 받아들여야 한다. 그러한 압박을 개인과 조직의 성장의 기회로 보아야 한다. 잠언에서 그 점을 통찰력 있게 말씀하고 있다. "노력하는 자는 식욕을 인하여 애쓰나니 이는 그 입이 자기를 독촉함이니라"(잠 16:26).

배고픔은 일을 하게 만드는 요인 중 하나다. 당신은 무엇에 굶주리고 있는가? 당신은 무엇을 성취하려고 노력하고 있는가? 만약 그것이 가치 있는 노력이라면 열심히 해야 한다. 배고픔이 근면을 통해 해결될 때 위대한 일들이 성취될 수 있다. 부지런하면 부족한 부분을 채울 수 있다. 다음 성구들이 이 점을 분명히 말씀하고 있다.

> "손을 게으르게 놀리는 자는 가난하게 되고 손이 부지런한 자는 부하게 되느니라"(잠 10:4).
> "모든 수고에는 이익이 있어도 입술의 말은 궁핍을 이룰 뿐이니라"(잠 14:23).
> "부지런한 자의 경영은 풍부함에 이를 것이나 조급한 자는 궁핍함에 이를 따름이니라"(잠 21:5).

4) 신뢰 구축

용기 있는 리더의 성품은 압박을 통해 검증을 받는다. 압박은 재정적인 필요와 연관될 때가 많은데 그럴 때 하나님의 방법을 따라 행하는, 변함 없는 성실성이야말로 진정한 위대함이다. 압박이 없을 때는 얼마든지 경건할 수 있다. 그러나 주위에 폭풍이 휘몰아치기 시작할 때 당신은 견고히 서 있는가? 경건한 가치관을 가지고 충성되게 인내하는가, 아니면 편리한 길과 타협하려 유혹에 굴복하는가?

재정 문제 등 많은 압박들이 성실성을 포기하도록 리더들을 유혹할 것이다. 여호사밧 왕에 대한 기록을 보며 격려를 얻으라. "여호와께서 여호사밧과 함께하셨으니 이는 저가 그 조상 다윗의 처음 길로 행하여"(대하 17:3). 영어성경 RSV에는 "그는 여호와의 길로 용기 있게 행하여"라고 되어 있다. 압력을 가하는 집단과 상황적인 유혹에 저항하는 것에는 참으로 용기가 필요하다. 어떤 리더들은 항복하지만, 용기 있는 리더들은 맡겨진 비전을 충성스럽게 고집한다. 그들은 손쉬운 편리함보다는 경건한 가치들을 선택할 것이다.

에서는 전자의 경우였다. 그는 장자 명분을 팥죽 한 그릇에 팔았다(창 25:29-34). 에서는 장래의 유업을 현재의 만족과 바꿔 버렸다. 현재의 필요를 우위에 둔 것이었다. 모든 리더들은 이러한 두 가지 사이에서 계속적으로 갈등하며 선택한다. 조금이라도 타협을 허용하면 이리저리 휩쓸리다가 결국 비윤리적 타협에 이르게 될 것이다. 얼마나 많은 리더들이 시작은 잘 했으나 타협함으로써 권위에 손상을 입었는가.

솔로몬도 그 중 하나다. 그는 권력, 여인, 재물을 부적절하게 사용하는 유혹에 빠졌다. 모세는 미래의 왕들에게 이 세 가지 함정에 관하여 경고했었다. 왕들에게 말과 아내들과 금을 많이 쌓아두지 말라고 교훈했다.

> "왕 된 자는 말을 많이 두지 말 것이요 말을 많이 얻으려고 그 백성을 애굽으로 돌아가게 말 것이니 이는 여호와께서 너희에게 이르시기를 너희가 이후에는 그 길로 다시 돌아가지 말 것이라 하셨음이며 아내를 많이 두어서 그 마음이 미혹되게 말 것이며 은금을 자기를 위하여 많이 쌓지 말 것이니라 그가 왕위에 오르거든 레위 사람 제사장 앞에 보관한 이 율법서를 등사하여 평생에 자기 옆에 두고 읽어서 그 하나님 여호와 경외하기를 배우며 이 율법의 모든 말과 이 규례를 지켜 행할 것이라 그리하면 그의 마음이 그 형제 위에 교만하지 아니하고 이 명령에서 떠나 좌로나 우로나 치우치지 아니하리니 이스라엘 중에서 그와 그의 자손의 왕위에 있는 날이 장구하리라"(신 17:16-20).

모세의 분명하고 지혜로운 교훈에도 불구하고 솔로몬의 훌륭했던 리더십은 비참하게 끝나고 말았다. 솔로몬은 이제 아내를 많이 두었던 부도덕한 왕으로 기억되고 있다. "왕은 후비가 칠백 인이요 빈장이 삼백 인이라" (왕상 11:3). 그러나 이것은 그의 몰락의 일부였다. 솔로몬은 모세가 규정한 리더십의 원리를 전면 부정하여 아내를 많이 두었을 뿐만 아니라 금과 전차와 말도 증가시켰다(왕상 14:22, 10:26-29). 그의 전대미문의 지혜도 우상숭배의 결과로 사라져 버렸다.

그의 위대함을 삼킨 요인은 우상숭배였지 거대한 국가적인 위기가 아니다. 원리를 저버리고 쾌락만을 추구한 나머지 점점 더 타락해 갔다. 그의 위대한 권세와 부는 그의 성품이 무너졌을 때 아무런 의미도 없었다. 그는 좀더 신중하게 지혜의 말씀에 주의를 기울여야만 했다.

"불의의 재물은 무익하여도 의리는 죽음에서 건지느니라"(잠10:2), "재물은 진노하시는 날에 무익하나 의리는 죽음을 면케 하느니라"(잠11: 4).

한 사람의 삶의 유산은 그가 다음 세대에 끼친 영향력을 보면 잘 알 수 있다. 솔로몬은 그의 동시대 사람인 스바 여왕의 칭송을 받았다.

> "내가 내 나라에서 당신의 행위와 당신의 지혜에 대하여 들은 소문이 진실하도다 내가 그 말들을 믿지 아니하였더니 이제 와서 목도한즉 내게 말한 것은 절반도 못 되니 당신의 지혜와 복이 나의 들은 소문에 지나도다 복되도다 당신의 사람들이여 복되도다 당신의 이 신복들이여 항상 당신의 앞에 서서 당신의 지혜를 들음이로다 당신의 하나님 여호와를 송축할지로다 여호와께서 당신을 기뻐하사 이스라엘 위에 올리셨고 여호와께서 영영히 이스라엘을 사랑하시므로 당신을 세워 왕을 삼아 공과 의를 행하게 하셨도다(왕상 10:6-9).

그러나 다음 세대들은 다른 보고를 했다. 솔로몬의 아들 르호보암이 치세하는 동안 왕국은 분열되었고 이전의 영광은 대부분 상실되었다. 분열의 동기는 솔로몬이 부과한 중한 세금을 완화시켜 달라고 백성들이 요구한 데서 비롯되었다. "왕의 부친이 우리의 멍에를 무겁게 하였으나 왕은 이제 왕의 부친이 우리에게 시킨 고역과 메운 무거운 멍에를 가볍게 하소서 그리하시면 우리가 왕을 섬기겠나이다"(왕상 12:4). 르호보암은 그들의 요구를 무시했다. 그리고 부친이 그랬던 것처럼 탐욕스럽게 세금을 늘리기로 결정했다. 백성들은 반역했고 일련의 비극적인 사건들을 일으켰으며 마침내 이스라엘의 몰락을 초래했다. 이 모든 것은 리더가 재정 면에서 절제하지 못했기 때문이었다.

성경은 탐심에 대하여 다음과 같이 경고하고 있다. "돈을 사랑함이 일만 악의 뿌리가 되나니 이것을 사모하는 자들이 미혹을 받아 믿음에서 떠나 많은 근심으로써 자기를 찔렀도다"(딤전 6:10).

>>> 하나님의 방법에 초점을 맞추라

예수님은 다음과 같이 말씀하셨다. "한 사람이 두 주인을 섬기지 못할 것이니 혹 이를 미워하며 저를 사랑하거나 혹 이를 중히 여기며 저를 경히 여김이라 너희가 하나님과 재물을 겸하여 섬기지 못하느니라"(마 6:24).

하지만 많은 사람들이 하나님을 사랑하는 열정이 아니라 많은 돈을 벌게 해줄 것이 무엇인지를 고려하여 삶의 중요한 결정들을 내린다. 하나님의 뜻대로 사용하지 않는 재정은 파괴적인 힘을 지닌다. 심지어 하나님을 섬기는 사역에서조차 돈이 수단이 아닌 목적이 되어 버린다. 이것은 예수님이 말씀하신 것처럼 비극적인 인생이다. "사람이 만일 온 천하를 얻고도 제 목숨을 잃으면 무엇이 유익하리요 사람이 무엇을 주고 제 목숨을 바꾸겠느냐"(막 8:36-37).

한 개인의 가치는 그 사람이 벌어들일 수 있는 최대한의 순이익을 훨씬 능가하기 때문에 돈을 위해 삶을 산다는 것은 참으로 손해 보는 거래다. 하나님의 나라를 위해 사는 것만이 가치 있는 삶을 사는 길이다. 물론 하나님의 나라는 다양한 측면을 내포한다. 예수님은 다음과 같이 선언하셨다.

> "그러므로 내가 너희에게 이르노니 목숨을 위하여 무엇을 먹을까 무엇을 마실까 몸을 위하여 무엇을 입을까 염려하지 말라 목숨이 음식보다 중하지 아니하며 몸이 의복보다 중하지 아니하냐 공중의 새를 보라 심지도 않고 거두지도 않고 창고에 모아 들이지도 아니하되 너희 천부께서 기르시나니 너희는 이것들보다 귀하지 아니하냐 너희 중에 누가 염려함으로 그 키를 한 자나 더할 수 있느냐 또 너희가 어찌 의복을 위하여 염려하느냐 들의 백합화가 어떻게 자라는가 생각하여 보라 수고도 아니하고 길쌈도 아니하느니라 그러나 내가 너희에게 말하노니 솔로몬의 모든 영광으로도 입은 것이 이 꽃 하나만 같지 못하였느니라 오늘 있다가 내일 아궁이에 던지우는 들풀도 하나님이 이렇게 입히시거든 하물며 너희일까 보냐 믿음이 적은 자들아 그러므로 염려하여 이르기를 무엇을 먹을까 무엇을 마실까 무엇을 입을까 하지 말라 이는 다 이방인들이 구하는 것이라 너희 천부께서 이 모든 것이 너희에게 있어야 할 줄을 아시느니라 너희는 먼저 그의 나라와 그의 의를 구하라 그리하면 이 모든 것을 너희에게 더하시리라"(마 6:25-33).

재정적인 자원이나 다른 자원이 한정되어 있다는 것이 주님의 말씀에 불순종하거나 하나님이 주신 비전을 따르지 못할 이유가 될 수는 없다.

용기 있는 리더 바울은 가장 역경 중에 있으면서도 이렇게 선언했다. "하늘에서 보이신 것을 내가 거스리지 아니하고"(행 26:19). 또 그가 직면했던 어려움, 특히 재정적인 어려움들을 설명하고 있다. "또 수고하며 애쓰고 여러 번 자지 못하고 주리며 목마르고 여러 번 굶고 춥고 헐벗었노라"(고후 11:27), "가난한 자 같으나 많은 사람을 부요하게 하고 아무것도 없는 자 같으나 모든 것을 가진 자로다"(고후 6:10). 이것은 영감을 받아 쓴 시가 아니라 자서전적인 고백이다.

바울은 사역에 필요한 재정적 자원이 충분하지 않았던 때가 여러 번 있었다. 그런데도 어떻게 그렇게 혹독한 상황 가운데서 영향력을 끼치는 리더십을 발휘할 수 있었을까? 그것은 하나님의 성품에 대한 올바른 관점과 하나님이 주신 비전에 대한 열심을 가졌기 때문이었다. 성경은 우리도 이와 똑같은 태도를 갖도록 도전한다. "그러므로 함께 하늘의 부르심을 입은 거룩한 형제들아 우리의 믿는 도리의 사도시며 대제사장이신 예수를 깊이 생각하라"(히 3:1). 진정한 리더는 어떠한 어려움 속에서도 언제나 하나님께 순종할 수 있다.

어떤 사람들은 필요한 모든 재정이 갖추어지기 전에는 프로젝트를 착수해서는 안 된다고 주장할 것이다. 어떤 사람은 심지어 예수님의 말씀으로 주장을 펴기도 한다. "너희 중에 누가 망대를 세우고자 할진대 자기의 가진 것이 준공하기까지에 족할는지 먼저 앉아 그 비용을 예산하지 아니하겠느냐 그렇게 아니하여 그 기초만 쌓고 능히 이루지 못하면 보는 자가 다 비웃어 가로되 이 사람이 역사를 시작하고 능히 이루지 못하였다 하리라"(눅 14:28-30).

이 비유는 예수님이 더 깊은 진리를 설명하기 위해 일상사를 예로 들은 것이다. 그 보통의 사건(평범한 건축 프로젝트)은 예수께서 사람들이 프로젝트를 계획하는 것을 당연한 것으로 예상하셨다는 것을 보여준다. "먼저 앉아 그 비용을 예산하지 아니하겠느냐." 예수님의 관점에서 볼 때 계획을 세우는 것은 정상적이며 당연했다. 그것은 먹거나 잠자는 것만큼 자연스러운 삶의 한 부분이어야 한다.

예수님이 말씀하시는 더 깊은 진리는, 제자의 삶이란 온 마음을 다한 헌신이 있어야 한다는 것이다. 제자의 삶의 특징은 하나님의 인도하심에 대해 철저히 순종하는 것이다. 같은 본문에서 예수님은 세 번씩이나 무조건적으로 따르겠다고 헌신하는 사람만이 그의 제자가 될 수 있다고 말씀하셨다. 어떤 상황도, 즉 재정이나 그 외 다른 어떤 것들도 제자들이 주님께 순종하는 것을 단념시킬 수 없다. 주님은 말씀하신다.

> "무릇 내게 오는 자가 자기 부모와 처자와 형제와 자매와 및 자기 목숨까지 미워하지 아니하면 능히 나의 제자가 되지 못하고 누구든지 자기 십자가를 지고 나를 좇지 않는 자도 능히 나의 제자가 되지 못하리라 … 이와 같이 너희 중에 누구든지 자기의 모든 소유를 버리지 아니하면 능히 내 제자가 되지 못하리라"(눅 14:26-33).

부분적인 헌신과 그저 적당히 일하려는 태도는 그리스도의 제자에게는 적합하지 않다. 만약 당신이 예수님을 따르려고 한다면 어떤 길이든 가야 하고 어떤 대가든지 지불해야만 한다. 당신이 가장 사랑하는 어떤 것, 심지어 당신의 생명까지라도 드려서 시작한 것을 기꺼이 끝마칠 수 있어야 한다. 이것은 예수님이 자신을 따르는 자들에게 바라는 절대적이면서 근본적인 순종이다. 환경이나 상황에 개의치 않고 예수님과 그분의 말씀에 철저히 순종하는 삶이 진정한 리더의 삶이다. 가족 관계나 개인적인 야망이나 재정적 수단 또는 다른 어떤 것들에 의존해서는 안 된다. 오직 하나님이 주신 말씀과 비전에 의존함으로 온전히 주님을 따라야 한다. 하나님이 주신 비전에 대한 철저한 순종과 하나님의 성품에 대한 확고한 믿음이 결합될 때 리더는 어떠한 어려움도 직면할 수 있고 극복할 수 있다.

12

미래를 예견하고 현재에 충실하기

오늘의 결정이 미래의 특정 프로젝트나 집단 또는 기관 등에 미칠 영향을 미리 예견하고 분별하는 능력은 리더가 갖춰야 할 중요한 특성이다. 로버트 K. 그린리프는 자신의 고전 「리더로서의 종」(The Servant as Leader)에서 다음과 같이 말한다. "통찰력은 리더십의 중심적인 윤리다." 그는 또 이렇게 말한다. "윤리적인 타협은 미래를 바로 예견하고 올바른 행동을 취하지 못한 어제의 실패 때문이다. 이것은 리더십의 실패다. 이런 리더십은 명령을 내리는 권력으로 퇴화하고 있다. 미래 예견의 실패는 윤리적으로 나쁜 선택을 낳는다. 왜냐하면 (올바른) 행동을 시작하기 위한 여지가 좁혀졌고 오직 나쁜 선택만 남아 있기 때문이다."

맥스 드프리(Max Depree)도 「리더십은 예술이다」(한세 역간)에서 다음과 같이 언급한다. "리더십의 기술은 주로 미래의 일에 역점을 두게 된다.

예를 들어, 기구나 조직의 미래를 위한 준비로서 새로운 리더들을 세우고 성장시킨다. 그리고 그 새 리더들 역시 자신들을 넘어 미래를 내다보는 이들이어야 한다." 미래를 예견하면서도 현실을 처리하기 위해서는 일반적으로 두 가지 기본적인 리더십의 유형이 요구된다. 즉, 지도하는 일(leading)과 관리하는 일(managing)이다. 두 가지의 차이점을 잘 인식하여 프로젝트나 프로그램, 제도 등이 효과적으로 지도 및 관리되도록 하는 것은 매우 중요하다.

>>> 리더들과 관리자들

이 책에서 '비전'은 하나님이 당신에게 말씀하셨다고 믿는 것, 미래에 이루어질 수 있는 것에 대한 넓은 관점이나 큰 그림을 말한다. 비전은 주님의 마음에 기쁨을 주는 것일 수도 있고 하나님의 마음을 상하게 하는 상황에 대한 해결책일 수도 있다. 어떤 경우든 비전은 미래에 이루어질 상황을 미리 들여다보는 것이다. 종합적인 목표는 리더 팀이 구체적인 시간의 틀 안에서 성취하려는 비전의 전체나 일부를 포함한다. 그러므로 종합적인 목표는 미래에 대한 예견이다. 그것은 성취될 사명을 설명해 준다. 그것은 산정된 시간 안에 도달해야 할 표적 또는 최종 목표다.

리더들은 팀원들에게 비전과 종합적인 목표를 확실히 이해시키면서 팀을 지도(lead)해야 한다.

팀원들이 이정표들과 주요과업들을 완수해 가는 동안, 하나님이 주신 목표를 성취할 팀의 일원이라는 자부심을 갖도록 지도하고, 영향력을 발휘하며, 환경을 제공해야 한다. 그리고 팀원들과 외부 사람들에게 비전과 프로젝트의 현재 상황을 정기적으로 알려 주어야 한다. 만약 리더가 새롭고 흥미 있는 방법으로 이런 일들을 하지 못하면 팀원들의 역동성과 창조적인 공헌을 놓칠 수 있다.

리더들은 또한 매일의 과업들과 전체 프로그램이 정확하게 진행되도록 관리(manage)해야 한다. 그러므로 관리와 운영에 대한 책임을 분명히 이해해야 한다. 관리자들은 일을 어떻게 마무리할지 알아야 하며 모든 팀원들을 연합시켜야 한다. 관리자들은 현재 당면한 현실을 다루는 리더들이다. 그들은 일상적인 작업들에 필요한 자원들(인적 자원 포함)을 관리한다. 이것은 광범위하게 영향을 끼치며 농축된 기술이 요구되는 중대한 책임이다.

관리자는 숙련자의 신규 보충과 훈련, 필수 장비와 용역의 확보, 건전한 작업환경 구축, 신뢰할 수 있는 현금 유통 관리, 잠재적인 유통 지연에 대한 예상과 방지 등 중간 이정표들과 최종적인 목표를 달성하기 위해 필요한 많은 상황들에 있어서 리더십을 발휘할 수 있어야 한다.

관리자에게는 풍부한 경험과 현명한 판단력, 실제적인 일뿐만 아니라 팀원들의 태도와 감정적인 필요까지도 볼 수 있는 능력이 요구된다. 비전을 가진 리더(visionary leaders)와 관리자적 리더(managerial leaders)의 일반적인 기능들은 다르지만 관리자들 역시 우수한 리더십을 가져야 하며 양자는 서로 보완된다. 이 둘 모두 강하고 용기 있는 리더들이 되어야 한다. 그리고 오늘 내리는 자신들의 결정이 미래에 어떤 영향을 미칠 것인가를 예견할 수 있는 능력과 함축적인 사고 기술을 개발해야 한다. 추진하는 프로젝트가 아주 작은 경우를 제외하고 한 사람이 리더와 관리자의 두 가지 역할을 하려고 하는 것은 범하기 쉬운 실책 중 하나다.

>>> 선견지명(통찰력)을 키우라

선견지명은 마음 자세와 함께 생각의 폭과 관련이 있다. 마음의 자세란 목표를 이루겠다는 결심을 의미하고, 생각의 폭이란 목표와 광범위하게 연관된 것들을 이해하는 통찰력을 의미한다. 그것은 각각 헌신과 직관 두 가지와 관련되어 있다. 헌신과 직관은 당신을 더 대담하고 신중한 사람으로 만들 것이다.

선견지명은 현재의 행동에 대한 미래의 결과를 아는 것이다. 오늘의 삶이 다음 세대에 얼마나 중요한 영향을 끼치는지 미리 예측한다. 그러므로 선견지명을 갖기 위해서는 내일을 위해 오늘의 삶을 살기로 결심해야 한다. 선견지명은 여러 세대를 섬기고자 하는 종의 자세에서 얻어지는 것이다. 즉, 진정한 리더들은 단지 자신들의 세대를 위해서 살지 않고 영원의 빛 가운데서 하나님이 주신 비전을 실행한다.

하나님은 모든 세대의 하나님이시다. 불타는 떨기나무에서 모세를 만나신 하나님은 자신을 이렇게 소개하셨다. "나는 네 조상의 하나님이니 아브라함의 하나님, 이삭의 하나님, 야곱의 하나님이니라"(출 3:6). 이것은 성경에 여러 번 나오는 거룩하신 하나님의 호칭이다. 아브라함과 그의 자손에게 하신 하나님의 약속은 세계를 강력하게 변화시키는 프로젝트가 되었다.

하나님은 이스라엘 백성들에게도 다음 세대를 생각하라고 교훈하신다. 하나님은 이스라엘 백성들에게 그들의 행동이 선하든 악하든 간에 자손 삼사 대뿐 아니라 그 이후까지도 영향을 미친다는 사실을 여러 번 상기시키셨다(출 20:5, 34:7, 민14:18, 신5:9). 오늘 우리가 생각하고 행동하는 것은 내일에 영향을 미친다. "그런즉 너희가 어떻게 행할 것을 자세히 주의하여 지혜 없는 자같이 말고 오직 지혜 있는 자같이 하여 세월을 아끼라 때가 악하니라 그러므로 어리석은 자가 되지 말고 오직 주의 뜻이 무엇인가 이해하라"(엡 5:15-17).

우리가 다음 세대를 생각하지 못할 때 어떤 일이 일어날까? 이스라엘의 위대한 왕 히스기야의 삶에서 그 사례를 볼 수 있다. 여러 면에서 히스기야는 리더의 모델이었다. 성경은 그에 대해 이같이 기록한다. "히스기야가 이스라엘 하나님 여호와를 의지하였는데 그의 전후 유다 여러 왕 중에 그러한 자가 없었으니 곧 저가 여호와께 연합하여 떠나지 아니하고 여호와께서 모세에게 명하신 계명을 지켰더라 여호와께서 저와 함께하시매 저가 어디로 가든지 형통하였더라"(왕하 18:5-7).

그러나 그의 결정적인 약점은 선견지명(통찰력)이 부족한 것이었다. 비록 히스기야가 "진실과 전심으로" 하나님을 섬겼을지라도 그는 매우 근시안적인 리더였다(왕하 20:3). 단지 그는 자신의 세대만을 염두에 두었다. 치세 말기에, 그는 어리석고 교만하게 행동하여 국가의 모든 재산을 바벨론 사자들에게 보여 주었다. 당시 바벨론은 소국이었으나 후에 강대해졌다. 그가 시대의 표징에 주의를 기울이지 않았기에 결국 중대한 과오를 범했던 것이다.

이사야가 그에게 와서 바벨론이 흥할 것과 유다가 멸망할 것을 예언했다. 그것은 죽음과 파멸에 대한 끔찍한 예언이었다. 그러나 히스기야는 선견지명이 없는 반응을 보였다. "이사야가 히스기야에게 이르되 여호와의 말씀을 들으소서 … 히스기야가 이사야에게 이르되 당신의 전한 바 여호와의 말씀이 선하니이다 하고 또 가로되 만일 나의 사는 날에 태평과 진실이 있을진대 어찌 선하지 아니하리요 하니라"(왕하 20:16, 19). 그로서는 현재의 삶이 만족하니 미래야 어찌되건 상관이 없었다. 과연 예언대로 비극은 일어났다. 이것은 리더가 다음 세대를 준비하지 않았을 때 어떤 결과가 나타나는지 보여 준다. 리더가 선견지명으로 행치 못할 때는 파멸을 초래하게 된다.

히스기야의 이야기는 어떻게 끝났는가? 히스기야의 뒤를 이은 그의 아들 므낫세는 부친이 행했던 선한 일을 악하게 망쳐 놓는, 유다 역사상 가장 악한 왕이 되었다. 심지어 므낫세는 이방신 몰록에게 자신의 아들을 불로 태워 제사 지내기까지 했다(왕하 21:2-6). 사태는 점점 악화되어 이사야의 예언 후 80년 내에 모든 참혹한 예언들이 다 이루어졌다.

그러면 히스기야와 같은 과오를 어떻게 피할 수 있을까? 다음 세대를 염두에 두고(시 48:13, 71:18, 78:4, 6) 내포된 의미를 파악하는 사고(함축적 사고)의 기술을 개발하도록 노력하는 것이다. 함축적인 사고는 하나님이 어떻게 아브라함의 자손들을 교훈하셨는지 숙고함으로써 개발할 수 있다. 하나님의 계시의 핵심은 유대인들에게 주신 십계명이다(출 20:1-17, 신 5:6-21).

십계명을 단지 도덕이나 재판상의 법령이라고만 생각하는 경향이 있으나 유대인들에게는 십계명이 토라의 기반이었다. 비록 십계명이 법률적인 의미를 내포하고 있지만 그 주 목적은 교훈이다. 십계명은 한 나라를 제자 삼기 위한 선견지명의 발로였다. 그저 좋은 규칙들을 아무렇게나 묶어놓은 것이 아니라 함축적인 사고의 원리를 가르쳐서 유대인들이 "지혜와 지식이 있는 백성"이 되도록 하는 사려 깊은 교훈인 것이다(신 4:6). 그 계명들은 아무런 생각도 없이 그저 수동적으로 받아들일 말씀이 아니라 깊은 사고를 통해 의지적으로 받아들일 계명이다.

위대한 스승이신 하나님은 그분의 백성들에게 사고하는 법을 훈련시키시되, 실천적인 것들에서 교훈을 얻고, 구체적인 것들에서 추상적인 것을 생각하도록 인도하셨다. 십계명은 사고를 통해 그 궁극적인 결론과 적용에 도달하도록 구성되어 있다. 함축적인 사고를 훈련하기 위해서는 "왜 그럴까?"라고 질문하는 법을 배워야 한다. 제5계명부터 마지막 계명까지 숙고해 보자. 이 계명들은 다른 사람들과의 수평적인 관계를 다루고 있다.

제5계명 - 네 부모를 공경하라

"왜 그래야 하는가?" 부모는 우리의 생명을 낳아 주신 분들이며 생명은 가치 있는 것이기 때문이다. 그러므로 생명을 낳아 주는 이들은 공경을 받아야 한다.

제6계명 - 살인하지 말지니라

"왜 그래야 하는가?" 다시 말하지만 생명은 가치 있는 것이다. 누군가의 생명을 빼앗는 것은 높은 가치를 지닌 것을 파괴하는 것이다. 만약 당신이 이웃을 사랑한다면 그들의 생명을 도적질하지 못할 것이다. 제6계명은 논리적으로 5계명을 뒤따르고 있다.

제7계명 - 간음하지 말지니라

"왜 그래야 하는가?" 우리는 여기서 좀더 깊게 생각해 봐야 한다. 만약 다른 사람의 생명을 취하는 것이 나쁜 것이라면, 다른 사람의 삶에 귀중한 것, 다른 사람의 생명과 친밀하게 연결되어 있는 것, 즉 그 사람의 배우자를 취하는 것도 나쁜 것이다. 간음은 살인만큼 직접적이지는 않지만 살인처럼 생명을 파괴하는 것이다. 제7계명에서도 앞의 계명과 사고의 흐름이 동일하게 이어진다.

제8계명 - 도적질하지 말지니라

"왜 그래야 하는가?" 물건들은 생명이 없는데 어떻게 이것이 앞선 계명의 의미들과 연결될 수 있는가? 물건은 생명을 대표한다. 예를 들어, 텔레비전을 사려면 돈을 지불해야 한다. 그 돈을 벌기 위해서는 몇 주 또는 몇 개월 동안 애쓰고 수고해야 할 것이다. 텔레비전을 훔치는 도둑은 사실, 텔레비전 주인이 수고한 몇 주 또는 몇 개월의 삶을 훔치는 것이다. 그러므로 이 계명은 정도만 다를 뿐 결국은 같은 종류의 계명이다.

만약 살인으로 생명이 파괴되어서는 안 된다면 도둑질로 인해 생명의 일부분이 파괴되어서도 안 된다. 만약 한 사람의 삶에 있어서 귀중한 배우자를 간음으로 파멸하지 말아야 한다면 한 사람의 삶에 가치 있는 그 어떤 것도 파괴되어서는 안 된다. 생명에 대한 근본 이치를 받아들인다면 그 이치의 자연스런(당연한) 결론들 역시 진실로 받아들여야 한다. 즉, 각 계명들은 앞선 계명들 안에 내포된 진리를 함축하고 있는 것이다. 그러므로 제8계명은 한 걸음 더 전진된 사고를 하도록 촉구한다.

제9계명 - 네 이웃에 대하여 거짓 증거하지 말지니라

"왜 그래야 하는가?" 한 사람이 다른 사람에 대하여 거짓말을 하면 그 사람의 명성은 도적질당하고, 실추되며, 파멸당할 수도 있다. 명성이란 실제적인 것이다. "많은 재물보다 명예를 택할 것이요 은이나 금보다 은총을 더욱 택할 것이니라"(잠 22:1). 도적질하는 것이 나쁘다면 속임과 거짓말로 선한 이름을 도적질하는 것도 나쁜 것이다. 함축적인 사고의 과정은 우리를 새로운 수준의 이해와 통찰력으로 이끈다. 제9계명은 우리로 하여금 더 앞선 사고로 이끌어 간다. 구체적인 사물에서 배운 의미들을 추상적인 개념에도 적용하는 것이다.

제10계명 - 네 이웃의 집을 탐내지 말지니라

"왜 그래야 하는가?" 탐내는 마음과 정신은 실제적으로 드러나는 거짓말, 도적질, 간음, 살인 등을 생산하는 씨앗이기 때문이다. "마음에서 나오는 것은 악한 생각과 살인과 간음과 음란과 도적질과 거짓증거와 훼방이니"(마 15:19). 십계명 중에 이 마지막 계시의 의미는 만약 당신이 생명의 가치를 높이 평가한다면, 생명이 파괴될 것을 알면서도 그런 생각을 품을 수 없다는 것이다.

앞선 모든 계명들이 다른 여러 나라의 법률서에서 찾아볼 수 있다면 마지막 계명은 어떤 나라의 사법체계에서도 찾아볼 수 없는 것이다. 마지막 **계명은 계시와 가르침의 절정이고, 함축적인 사고의 최고의 통찰이 담겨 있다.**

이런 종류의 함축적 통찰력은 실제 삶의 토대가 된다. 예수님의 산상수훈은 이러한 함축적인 이해력을 보여준다. 예수님은 제자들의 마음에 심어진 함축적인 진리의 씨앗들을 계속해서 실생활에 적용하게 하셨고 진리의 당연한 결과들을 생각하도록 훈련시키셨다. 예수님은 "만약 이것이 사실(진리)이라면…저것도 결과적으로 사실(진리)이다"라는 표현을 자주 쓰셨고 "…하였다는 것을 너희가 들었으나… 나는 너희에게 이르노니"라는 말씀도 하셨다(참고, 마 5:21, 27, 31, 33, 38, 43). 예수님은 구약에 나타난 진리의 씨앗들에서 궁극적 결론을 이끌어 내셨고 새로운 삶을 변화시키는 방법으로 그것들을 적용하셨다.

하나님이 계시하신 진리 위에 세워진 함축적인 사고가 선견지명의 기반이다. 그러므로 리더들은 이 기술이 자라가기를 추구해야 하며 모세와 같이 기도해야 한다. "우리에게 우리 날 계수함을 가르치사 지혜의 마음을 얻게 하소서"(시 90:12). 왜냐하면 선견지명(통찰력)은 하나님의 지혜로 훈련된 마음의 열매이기 때문이다. "진리를 사고서 팔지 말며 지혜와 훈계와 명철도 그리할지니라"(잠 23:23), "지혜를 얻으며 명철을 얻으라 내 입의 말을 잊지 말며 어기지 말라 지혜를 버리지 말라 그가 너를 보호하리라 그를 사랑하라 그가 너를 지키리라 지혜가 제일이니 지혜를 얻으라 무릇 너의 얻은 것을 가져 명철을 얻을지니라"(잠 4:5-7), "지혜를 얻는 것이 금을 얻는 것보다 얼마나 나은고 명철을 얻는 것이 은을 얻는 것보다 더욱 나으니라"(잠16:16).

어떻게 이런 지혜를 얻는가? "여호와를 경외하는 것이 지혜의 근본이요 거룩하신 자를 아는 것이 명철이니라"(잠 9:10). 지혜롭고 용기 있는 리더십의 시작은 하나님과의 올바른 관계임을 다시 한번 명심하라!

계시된 지혜 위에 세워진 선견지명(통찰력)은 행동과 동기를 주의 깊게 살피고 그것들의 궁극적인 의미들을 파악한다. 그리하여 "사람이 무엇으로 심든지 그대로 거두리라"는 말씀의 의미를 이해한다(갈 6:7). 오늘의 선택이 내일 어떤 현실로 다가올지 깨닫는다면 오늘 현명한 결정을 내리게 된다. 이런 종류의 선견지명은 성경 곳곳에서 볼 수 있다. 다음은 모세의 마지막 연설이다.

> "보라 내가 오늘날 생명과 복과 사망과 화를 네 앞에 두었나니 곧 내가 오늘날 너를 명하여 네 하나님 여호와를 사랑하고 그 모든 길로 행하며 그 명령과 규례와 법도를 지키라 하는 것이라 그리하면 네가 생존하며 번성할 것이요 또 네 하나님 여호와께서 네가 가서 얻을 땅에서 네게 복을 주실 것임이니라 그러나 네가 만일 마음을 돌이켜 듣지 아니하고 유혹을 받아서 다른 신들에게 절하고 그를 섬기면 내가 오늘날

너희에게 선언하노니 너희가 반드시 망할 것이라 너희가 요단을 건너가서 얻을 땅에서 너희의 날이 장구치 못할 것이니라 내가 오늘날 천지를 불러서 너희에게 증거를 삼노라 내가 생명과 사망과 복과 저주를 네 앞에 두었은즉 너와 네 자손이 살기 위하여 생명을 택하고 네 하나님 여호와를 사랑하고 그 말씀을 순종하며 또 그에게 부종하라 그는 네 생명이시요 네 장수시니 여호와께서 네 열조 아브라함과 이삭과 야곱에게 주리라고 맹세하신 땅에 네가 거하리라"(신 30:15-20).

성경은 의인의 길과 악인의 길을 반복해서 비교함으로써 우리의 이해를 도와 준다. 그 예들을 잠언서에서 찾아볼 수 있다. 이 시대의 위대한 리더 중 한 사람인 빌리 그래함도 젊었을 때부터 매일 잠언서 한 장을 읽음으로 교훈을 얻었다고 한다. 잠언서에 나타난 지혜를 배우지 않으면 그릇된 판단을 하거나 부적절하게 대처할 수 있다.

시편 73편을 보자. 이 시편 기자는 악인의 성공과 형통함에 대하여 불평했지만 후에 이렇게 고백한다. "하나님의 성소에 들어갈 때에야 저희 결국을 내가 깨달았나이다"(시 73:17). 하나님과의 만남으로 미래에 대한 새로운 시각을 갖게 되어 현재의 삶을 더 지혜롭게 살게 되었다는 의미다.

이 시편은 중요한 진리를 말한다. 비록 선견지명을 갖고 미래의 결과에 대해 함축적인 생각을 한다고 해도, 인간의 추론만으로는 온전한 선견지명이 되지 못한다. 심지어 당신이 스스로 함축적인 생각을 하도록 훈련해도 미래를 헤아리지 못할 상황에 부딪히게 될 것이다(사 47:11). 왜냐하면 미래는 온갖 변수를 안고 있기 때문이다. 이것은 인간의 영원한 숙제다. "사람이 장래 일을 알지 못하나니 장래 일을 가르칠 자가 누구이랴"(전 8:7). 점치는 수정구슬을 들여다봐도, 별자리를 읽는다 해도 도움이 되지 못한다. 무당이나 도인도 도와줄 수 없다. 오로지 살아 계신 하나님께 들어야만 된다. 하나님만이 "종말을 처음부터 고하며 아직 이루지 아니한 일을 옛적부터" 보이실 수 있는 분이다(사 46:10).

이러한 사실을 아는 리더들은 진지하게 하나님을 구하게 된다. 진정으로 겸손하면 미래의 문제를 가지고 하나님께 다가간다. 하나님과 그의 계시에 의존하는 것이 선견지명의 열쇠며 시대적인 현상을 바르게 해석하는 데에 필수 요건이다. 하나님의 통찰력 없이는 모든 자료와 메가트렌드(megatrend : 현대 사회에서 진행중인 거대한 시대 사조), 주변을 맴도는 온갖 정보의 홍수 속에서 허우적거릴 뿐이다. 미래가 불확실한가? 하나님께 부르짖으라. "그가 너의 부르짖는 소리를 인하여 네게 은혜를 베푸시되 들으실 때에 네게 응답하시리라… 너희가 우편으로 치우치든지 좌편으로 치우치든지 네 뒤에서 말소리가 네 귀에 들려 이르기를 이것이 정로니 너희는 이리로 행하라 할 것이며"(사 30:19, 21).

많은 사람들이 열두 제자를 선발했던 예수님의 선견지명에 대해 논평했다. 예수님은 어떻게 그렇게 무식한 어부들이 리더가 될 것이라고 생각하셨을까? 어떻게 그분은 교활한 세리가 훗날 세계를 변화시키는 사람이 될 것을 내다보셨을까?

예수님은 비록 하나님의 아들이지만 홀로 이런 결정을 내리지 않으셨다. 하나님 아버지와 친밀히 의논하면서 결정하셨다는 사실이 이 의문을 푸는 열쇠다. 성경은 다음과 같이 말씀한다. "이 때에 예수께서 기도하시러 산으로 가사 밤이 맞도록 하나님께 기도하시고 밝으매 그 제자들을 부르사 그 중에서 열둘을 택하여 사도라 칭하셨으니"(눅 6:12-13). 예수님은 그들을 위해 하나님 아버지께 기도드렸다. "저희는 아버지의 것이었는데 내게 주셨으며"(요 17:6). 예수님은 자신이 열두 명을 선택한 것이 아니고 아버지의 통찰력으로 선택했음을 잘 알고 있었다. 만약 예수님이 그렇게 하셨다면, 우리는 더더욱 그렇게 해야 하지 않겠는가. 그러므로 기도를 통한 하나님과의 친밀함이 통찰력의 필수 요소다.

정확한 통찰력은 하나님의 임재 가운데서 형성된다. 우리가 그의 보좌 앞에 있을 때 미래에 대한 하나님의 견해를 분별할 수 있다. 또한 그의 보좌 앞에 있을 때 영원의 관점을 얻을 수 있고 오늘을 바르게 살기 위한 명확한 이해를 갖게 된다. 리더들은 다가오는 하나님의 나라를 염두에 두어야 한다. 왜냐하면 그것이 미래에 대한 참된 그림이기 때문이다. 그리고 마치 왕의 보좌 앞에 살고 있는 것처럼 살아야 한다. 그것이 현실이기 때문이다. 하나님이 보좌에 앉아 계시는 것이 바로 현실이다.

리더들은 하나님의 영원한 통치의 빛 가운데서 살아야 한다. 하나님은 "사람에게 영원을 사모하는 마음을" 주셨기 때문이다(전 3:11). 영원한 보좌를 바라볼 때 진정한 리더들은 무엇을 보는가? 요한은 그가 본 것을 이렇게 기록했다. "이 일 후에 내가 보니 각 나라와 족속과 백성과 방언에서 아무라도 능히 셀 수 없는 큰 무리가 흰옷을 입고 손에 종려 가지를 들고 보좌 앞과 어린양 앞에 서서 큰 소리로 외쳐 가로되 구원하심이 보좌에 앉으신 우리 하나님과 어린양에게 있도다"(계 7:9-10).

이것은 리더에게 동기를 부여하고 그들을 이끌어가는 궁극적인 비전이다. 이러한 관점은 오늘을 용기 있게 살 수 있는 원동력이 된다. 리더의 과업은 비전이 실제가 되게 하기 위해 미래를 현재로 끌어당기는 것이다. 리더들이 미래를 예견하면 예수님의 기도가 온전히 성취될 것이다. "나라이 임하옵시며 뜻이 하늘에서 이룬 것같이 땅에서도 이루어지이다"(마 6:10).

>>> 진행 상태를 파악하라

누가복음은 이렇게 시작된다. "우리 중에 이루어진 사실에 대하여 처음부터 말씀의 목격자 되고 일꾼된 자들의 전하여 준 그대로 내력을 저술하려고 붓을 든 사람이 많은지라 그 모든 일을 근원부터 자세히 미루어 살핀 나도 데오빌로 각하에게 차례대로 써 보내는 것이 좋은 줄 알았노니"(눅 1:1-3). 누가는 예수님의 삶과 행적을 탄생에서 부활까지 면밀히 연구했다. 그리고 다른 사람들에게 정보를 전달하기 위해 정확한 보고서를 준비했다.

프로젝트의 진행 상태를 점검하는 목적도 이와 비슷하다. 프로젝트에 연관된 모든 사람은 프로젝트 진행 상태 및 이미 성취된 부분에 대해 정확하고 체계적인 보고를 원한다. 프로젝트 진행 보고서는 주간 또는 월간 등 규칙적인 간격으로 프로젝트의 진행 과정을 보여 주어야 한다. 리더들과 경영자들, 그리고 전체 팀은 프로젝트가 시간 계획표대로 진행중인지 정확한 설명을 듣는다. 프로젝트의 상태를 상세히 알게 되면 의욕과 용기가 생기고 공동노력의 결과에 대해 인식할 수 있게 된다. 팀은 프로젝트가 시간 계획표대로 진행되고 있음을 알게 되면 만족하겠지만 만약 그렇지 못할 때는 더 분발하거나 특별기도를 구체적으로 드릴 것이다.

프로젝트 진척 과정을 점검하는 보고서는 체계적이고 일목 요연하며 종합적인 목표를 달성하기 위해 연합된 팀임을 상기시키는 데 초점이 맞춰져야 한다. 모든 팀원들은 다음의 성경 말씀을 기억해야 한다. "서로 돌아보아 사랑과 선행을 격려하며 모이기를 폐하는 어떤 사람들의 습관과 같이 하지 말고 오직 권하여 그날이 가까움을 볼수록 더욱 그리하자"(히 10:24-25).

바울이 빌립보서에서 기록했듯이 프로젝트의 당면한 실제 문제들을 취급할 때 팀원 각자는 섬기는 리더의 모델이 되어야 한다. "각각 자기 일을 돌아볼 뿐더러 또한 각각 다른 사람들의 일을 돌아보아 나의 기쁨을 충만케 하라 너희 안에 이 마음을 품으라 곧 그리스도 예수의 마음이니"(빌 2:4-5).

>>> 보고와 관리

알래스카에서 거대한 수송관 건설 공사가 진행되는 동안 그 회사의 회장은 매일 사무실에서 270kg이나 되는 경영관리 보고서를 받았다고 한다. 하지만 이 보고서는 정보의 양이 너무 과도하여 리더 팀에게 별로 유용하지 못했다. 이 수십억 달러짜리 대형 프로젝트에 가담하고 있는 수십 개의 주계약 도급 업체들과 수백 개의 하도급 업체들에게는 유용한 프로젝트 보고가 필요했기에 **특별 상황 관리 방법**(management-by-exception displays)이라는 보고체계를 세우게 되었다.

특별 상황 관리 방법이란 무엇인가? 자동차의 운전석 앞에 있는 계기판이 그 좋은 예다. 자동차의 엔진이 너무 뜨겁거나 전원 교류기가 작동이 안 되면 계기판에 붉은 불이 켜진다. 이런 표시는 자동차뿐 아니라 거대한 발전소에서 하부 기능이 정상 가동되지 않을 때 불빛을 통해 그 상황을 보고하는 데에도 사용된다(그림 C-2 참조).

그림 C-2

특별 상황 관리판(방법)은 프로젝트를 감독하는 데에도 사용될 수 있다. 프로젝트의 실제 진척 과정은 지도자 계획을 기준으로 비교 및 보고된다. 결정을 내리는 자들은 어떤 일이 잘못되었을 때에만 경보를 받고 각 분야의 책임자들이 지도자 계획의 진척 과정을 점검한다. 리더 팀은 주요 과업 완성, 이정표 발생, 일의 지연사태 발생 등을 쉽게 인식하게 해 주는 상징적 부호들을 사용하여 지도자 계획 위에다 진척 과정을 나타낸다. 프로젝트가 계획대로 진척을 이루고 있는지 아닌지를 나타내기 위하여 다양한 색깔, 모형, 상징들을 사용하게 된다.

회계(결산)에서는 스케줄 만들기와 예산 세우기 체계가 두 가지 색에 의해 만들어진다. 해당 프로그램이 시간 계획표보다 앞에 있느냐 뒤에 있느냐, 또는 그것이 예산안 내에 있느냐 초과 상태에 있느냐를 검정색 또는 빨간색으로 표시한다. 그러한 체제에서는 오직 두 가지 상태(조건)만이 표시된다. 그러나 어떤 것이 적색 상태로 되려고 할 때 경고가 없다는 점이 이 체계의 단점이다. 그러므로 두 가지 상태 사이에 경계 경보 상황을 나타내는 색을 더하여 세 가지 색을 사용하는 것이 더 효과적이다.

삼색 체계는 교통체계를 포함하여 많은 관리 통제 체계에서 사용되는데, 세계적으로 널리 사용되고 있다. 녹색은 '정상/가라' 는 뜻이고, 노란색은 '조심/천천히' 의 뜻이며, 빨간색은 '위험/멈춰라' 는 의미다. 이 세 가지 색깔은 지도자 계획의 최근 진척 상황을 알리고 보고하는 데 쓰인다(그림 C-3참조).

녹색 상태(정상), 노란색 상태(조심), 적색 상태(위험) 등은 계획 중 어느 부분에나 적용된다. 또한 수십 개의 주요 과업들과 이정표들이 표시된 보고서나 큰 차트에서도 책임자들이 문제점들을 쉽게 볼 수 있도록 해준다.

지도자 계획은 또한 녹색, 노란색, 빨간색과 함께 다른 상징들을 사용할 수도 있다. 색깔을 사용해서 보고서를 작성하고도 칼라 복사기를 사용할 수 없다면 다른 상징을 사용해서 각 과업의 상태를 나타낼 수 있다(그림 C-3 참조).

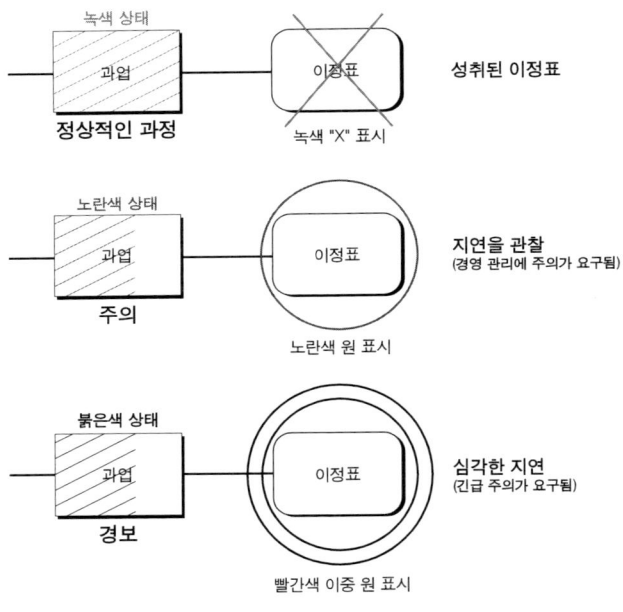

그림 C-3

노란색의 문제가 발생했을 때 시기적절하게 시정 결정을 내림으로써 적색 상태를 피해야 한다. 만약 이때 제대로 점검이 이루어지지 않으면 노란색 문제들은 빨간색 상태가 되어 회복이 어려워지게 될 것이다. 그러나 적합한 보고와 후속 조치가 이루어지면 녹색 상태로 회복될 수도 있다.

경영관리 리더십은 비행기 운항에 비유된다. 먼저 조종사는 비행계획을 준비하고 그 후에는 출발지에서 목적지 사이에 있는 중간 지점에 예상 도착 시간을 계산하고 충분한 연료를 비축한다. 이 전체 과정은 조종사들이 의무적으로 따라야 하는 비행계획/항공교통 통제 과정이다. 이 과정 덕에 사고가 미연에 방지된다.

실제로 모든 조종사는 비행계획을 따라 비행해야 한다. 그러면서 기류의 흐름에 의한 항로 이탈을 시정하고, 역풍을 만나면 동력 조정을 바꾸고, 예상치 못한 폭풍우를 통과할 때는 예정한 목적지에 무사히 도착하기 위해 계획을 수정해가면서 운항한다. 이와 마찬가지로 프로젝트나 프로그램의 리더도 프로그램의 성공적인 완성을 위해 승인된 지도자 계획을 활용한다.

지도자 계획은 최선의 지식을 토대로 세워진다. 진행 과정이 계획에서 벗어나게 되면 프로그램 리더는 신중하게 시정 조치를 취해야 한다. 프로그램 달성이 위태롭게 될지도 모른다. 그러나 예기치 못한 요소 때문에 본래의 지도자 계획이 수정되는 경우도 생길 수 있다. 그러므로 프로그램의 리더는 지도자 계획의 변경을 고려할 수 있는 융통성이 있어야 한다. 수정된 지도자 계획은 계획 수행중에 발견한 새로운 지식과 정보를 반영하는 것이고 최종 목적지에는 변함이 없다. 그러나 주요 과업들과 이정표들은 조정이 될 수 있다. "옛 지계석을 옮기지 말며"(잠 23:10). 종합적인 목표는 굳게 고수하라. 그러나 수단은 창조적으로 조정하라.

계획 조정 과정에서도 원래의 계획처럼 팀원들 전체가 관심을 갖고 철저한 의사 소통을 하는 것이 중요하다. 지도자 계획의 성공을 촉진시킬 수 있는 경영관리 방법들이 수많은 책들에 소개되어 있지만 섬기는 리더십에 대해 말하는 책은 많지 않다. 우리는 이 책에 소개된 그리스도를 닮은 리더의 특성들이 경영관리와 방법들의 표준이 되기를 희망한다. 다시 한번 사도 바울이 한 이야기에 귀를 기울이자.

"각각 자기 일을 돌아볼 뿐더러 또한 각각 다른 사람들의 일을 돌아보아 나의 기쁨을 충만케 하라 너희 안에 이 마음을 품으라 곧 그리스도 예수의 마음이니" (빌 2:4-5).

13

하나님의 방법으로 행하기

　　　　　　　　그리스도인들은 전쟁 중에 있다. 리더들은 자신들의 세계에 변화를 가져오기 위해서는 저항에 부딪힐 것을 예상해야 한다. 아주 오래 전부터 사단이 벌여온 영적 전쟁은 이 세상 사람들의 마음과 생각을 사로잡기 위한 전쟁이다. 우리는 사단의 방법에 대항해 하나님의 방법으로 싸워야 한다. 또 하늘과 땅에서 하나님의 능력이 역사하시고 하나님을 반대하는 모든 세력들이 묶임을 당하도록 적극적인 행동을 취해야 한다(마 18:18). 원수의 비열한 책략에 의지하게 만드는 유혹을 거부하고, 십자가의 고상한 방법을 고수할 때에만 승리할 수 있다. 하나님이 인도하시는 대로 따르고 기도할 때 승리는 보장된다.

　　영적 전쟁은 개인적인 동시에 공적인 전쟁이다. 왜냐하면 내적으로는 하나님의 성품을 반영하고 외적으로는 하나님의 방법에 따라 행하는 전쟁이기 때문이다. 그것은 타락을 물리치는 의의 전쟁이고, 두려움을 이기는 믿음의 전쟁이며, 거짓을 이기는 정직함의 전쟁이고, 교만을 이기는 겸손의 전쟁이며, 독재를 이기는 섬김의 전쟁이다.

땅에서의 역사는 생각보다 훨씬 더 깊이 하늘에서의 활동과 연관이 있다. 대부분의 사람들은 육체의 감각에 의한 육적인 삶을 살아 간다. 그러나 육적인 삶만큼이나 영적인 삶이 실재한다. 영적인 삶이란 내세적인 삶만을 의미하는 것이 아니다. 이 세상에서 일어나는 일들 중 아주 많은 부분이 영적인 것들이다. 리더가 영적 전쟁에 성공을 거두려면 이 부분에 대한 통찰력을 길러야 한다.

성경은 우리가 몰두하고 있는 영적 전쟁의 면모를 들여다볼 수 있는 기회를 제공한다. 욥기에 보면 이 땅에서 고통당하는 욥의 배후에 하나님과 사단의 논쟁이 있음을 보게 된다. 욥의 고난은 육체적인 현실만이 존재하는 이 세상에서는 이해될 수 없다. 그러나 육체적인 차원과 영적인 차원이 서로에게 영향을 주는 세계에서는 전략적인 통찰을 준다.

엘리사의 경우도 이러한 면을 엿볼 수 있는 또 다른 예다. 엘리사를 죽이려는 적군의 부대가 성을 포위했지만 엘리사는 침착한 태도와 확고한 믿음을 보여 그의 종 게하시를 당황케 했다. 게하시는 대부분의 우리들처럼 육체의 감각으로 인식하는 현실에 대해서만 알고 있었다. 그러나 엘리사에게는 현실에 대한 완전한 견해, 즉 물리적 현상뿐 아니라 성의 주변에 진치고 있는 영적인 군대까지도 볼 수 있는 통찰력이 있었다. "내 주여 우리가 어찌하리이까"(왕하 6:15) 게하시가 물었을 때 엘리사는 다음과 같이 간단하게 대답했다. "두려워하지 말라 우리와 함께한 자가 저와 함께한 자보다 많으니라 하고 기도하여 가로되 여호와여 원컨대 저의 눈을 열어서 보게 하옵소서 하니 여호와께서 그 사환의 눈을 여시매 저가 보니 불말과 불병거가 산에 가득하여 엘리사를 둘렀더라"(왕하 6:16-17). 하나님이 게하시의 눈을 열어 주셨던 것처럼 우리의 눈도 열어 주시고 우리 편에 있는 "불병거"를 볼 수 있게 하시며 하늘의 빛 가운데서 전쟁하게 해주시기를 바란다.

상황만을 보게 되는 전쟁에서 엘리사는 예리한 통찰력으로 결국 대적을 이길 수 있는 지혜로운 행동을 했다. 하나님이 엘리사를 공격하는 군대의 눈을 멀게 하시자 엘리사는 그들을 사마리아 성에 있는 이스라엘 왕의 궁전 뜰로 데리고 갔다. 그는 포로들을 죽이거나 학대하는 대신 시력을 회복하도록 기도한 후에 후하게 대접했다. "왕이 위하여 식물을 많이 베풀고 저희가 먹고 마시매 놓아 보내니 저희가 그 주인에게로 돌아가니라 이로부터 아람 군사의 부대가 다시는 이스라엘 땅에 들어오지 못하니라"(왕하 6:23). 이스라엘은 독특하고 자비로운 방법으로 전쟁을 승리로 이끌었고 원수의 재침략을 단절시켰다. 아마 이보다 더 훌륭한 군사 전략은 없을 것이다.

>>> 전신갑주를 취하라

엘리사의 이야기는 거룩한 관계가 얼마나 중요하지 가르쳐 준다. 단지 육체의 감각에 제한받지 않고 하나님이 보시는 눈으로 도전들을 볼 수 있게 해달라고 구해야 한다.

이 이야기는 또한 '반대정신'에 대한 원리를 가르쳐 준다. 세상에서는 공격당한 사람이 다시 보복을 하고 힘에는 힘으로 맞선다. 그리하여 보복과 역보복의 악순환이 계속된다. 리더가 똑같이 보복하려는 유혹에 굴복하면 리더십을 잃는다. 그렇게 되면 이제 상대방의 반응에 끌려다니는 존재로 전락하여 상대방에게 조정당하고 상황에 끌려다니게 된다. 리더에게 보복의 악순환은 적합하지 않다. 반대정신으로 대응하는 것이 예수 그리스도의 방법이다. 한쪽 뺨을 치는 자에게 다른 한쪽도 돌려 대주고 원수까지도 사랑하라고 예수님은 가르치셨다(마 5:37-48). 바울은 반대정신으로 대응하라는 그리스도의 가르침을 기반으로 하여 다음과 같이 교훈하고 있다. "아무에게도 악으로 악을 갚지 말고 모든 사람 앞에서 선한 일을 도모하라 … 악에게 지지 말고 선으로 악을 이기라"(롬 12:17, 21).

유명한 성 프란체스코의 기도문도 반대정신의 원리를 잘 반영하고 있다. 이것이 그리스도인들이 추구해야 할 영적 전쟁의 방법이다.

주여, 나를 당신의 도구로 써 주소서
미움이 있는 곳에 사랑을
다툼이 있는 곳에 용서를
분열이 있는 곳에 일치를
의혹이 있는 곳에 신앙을
그릇됨이 있는 곳에 진리를
절망이 있는 곳에 희망을
어두움에 빛을
슬픔이 있는 곳에 기쁨을
가져오는 자 되게 하소서
위로 받기보다는 위로하고
이해 받기보다는 이해하며

> 사랑 받기보다는 사랑하게 하여 주소서
> 우리는 줌으로써 받고
> 용서함으로써 용서받으며
> 자기를 버리고 죽음으로써 영생을 얻기 때문입니다

영적 전쟁의 원리를 따라 바울은 다음과 같이 말했다. "우리가 육체에 있어 행하나 육체대로 싸우지 아니하노니 우리의 싸우는 병기는 육체에 속한 것이 아니요 오직 하나님 앞에서 견고한 진을 파하는 강력이라 모든 이론을 파하며 하나님 아는 것을 대적하여 높아진 것을 다 파하고 모든 생각을 사로잡아 그리스도에게 복종케 하니"(고후 10:3-5).

영적 전쟁의 승리는 하나님에 대한 지식과 그리스도께 대한 순종에서 비롯된다. 사단의 폭력적인 방법을 거부하고 "어두움의 일을 벗고 빛의 갑옷을" 입기로 결심함으로써 어두움에 속한 사단의 왕국을 파괴하는 것이다(롬 13:12). 바울은 다른 구절에서 이 "빛의 갑옷"에 대하여 다음과 같이 권면한다.

> "종말로 너희가 주 안에서와 그 힘의 능력으로 강건하여지고 마귀의 궤계를 능히 대적하기 위하여 하나님의 전신갑주를 입으라 우리의 씨름은 혈과 육에 대한 것이 아니요 정사와 권세와 이 어두움의 세상 주관자들과 하늘에 있는 악의 영들에게 대함이라 그러므로 하나님의 전신갑주를 취하라 이는 악한 날에 너희가 능히 대적하고 모든 일을 행한 후에 서기 위함이라 그런즉 서서 진리로 너희 허리띠를 띠고 의의 흉배를 붙이고 평안의 복음의 예비한 것으로 신을 신고 모든 것 위에 믿음의 방패를 가지고 이로써 능히 악한 자의 모든 화전을 소멸하고

구원의 투구와 성령의 검 곧 하나님의 말씀을 가지라 모든 기도와 간구로 하되 무시로 성령 안에서 기도하고 이를 위하여 깨어 구하기를 항상 힘쓰며 여러 성도를 위하여 구하고"(엡 6:10-18).

"갑주"란 바로 하나님의 방법대로 사는 삶이며 성령의 열매, 즉 "사랑과 희락과 화평과 오래 참음과 자비와 양선과 충성과 온유와 절제"를 맺는 삶을 말한다(갈 5:22-23). 또한 하나님의 말씀에 순종하고 끈기 있게 기도하는 삶이다. 왜냐하면 하나님을 전적으로 의지하기 때문이다.

아일랜드 사람 성 패트릭은 바로 그러한 삶을 살았던 사람이었다. 그는 성령과 기도를 떠나서는 영적 전투에서 승리할 수 없음을 깨닫고 매일같이 '성 패트릭의 흉배'로 알려진 기도를 드렸다. 그 기도는 매일의 영적 전투에서 승리하기 위해 자신에게 갑옷을 입히는 것이었다. 또한 그것은 리더가 영적 전투에서 승리하기 위해 마땅히 해야 할 일이기도 하다. 다음은 그 기도의 일부분이다.

> 나는 오늘도 일어선다
> 나를 인도하시는 하나님의 힘으로
> 나를 지탱케 하시는 하나님의 능력으로
> 나를 지도하시는 하나님의 지혜로
> 나를 앞서 살피시는 하나님의 눈으로
> 나의 소리를 들으시는 하나님의 귀로
> 나를 위해 말씀하시는 하나님의 말씀으로
> 나를 지키시는 하나님의 손으로
> 나의 앞에 놓여 있는 하나님의 방법으로
> 나를 보호하시는 하나님의 방패로

나는 오늘도 일어선다
마귀의 덫으로부터
악한 유혹으로부터
나의 불행을 기원하는 모든 자들로부터
멀리 있든 가까이 있든
한 명이든 여러 명이든
나를 건지시는
하나님의 군대로 인하여
나는 오늘도 일어선다

>>> 장애물을 극복하라

느헤미야가 예루살렘 성벽을 재건하고 이스라엘을 회복하려는 프로젝트를 시작했을 때, 막강한 반대에 부딪혔다. 산발랏, 도비야, 게셈을 비롯한 수많은 사람들이 느헤미야를 대적했다. 왜냐하면 "이스라엘 자손을 흥왕케 하려는 사람이 왔다 함을 듣고 심히 근심하였기" 때문이었다(참고, 느 2:10).

이 원수들은 계속해서 느헤미야의 프로젝트를 중단시키려고(느 2:19-20, 4:1-15, 6:1-14). 무장한 군대로 정면에서 공격했고 위협과 획책, 분열, 조롱, 의심, 험담, 좌절 등 모든 전략들을 동원했다. 그러나 느헤미야는 기도하면서 역사를 계속해 나갔다. 느헤미야의 삶과 전투의 핵심은 기도였고, 삶의 도전들을 기도로 직면했음이 느헤미야서 여러 부분에 나온다(1:5-11, 2:4, 4:4-5, 5:19, 6:9,14, 13:14, 22, 29, 31). 이와 같이 기도는 리더의 삶에 중요한 위치를 차지한다. 그것은 장애물을 극복하는 열쇠기 때문이다.

느헤미야는 무거운 짐을 주께 의탁하면서 그 어려움들을 뚫고 나갔다.

그 지방의 세력가들이 무엇보다 강력한 반대 세력이었다. 그러나 그러한 역경에 직면해서 느헤미야는 놀라우리만큼 침착했다. 침착하다는 것은 그가 늘 준비되어 있었음을 의미한다. "우리가 우리 하나님께 기도하며 저희를 인하여 파수꾼을 두어 주야로 방비하는데"(느 4:9). 또한 성경은 다음과 같이 말씀한다. "성을 건축하는 자와 담부하는 자는 다 각각 한 손으로 일을 하며 한 손에는 병기를 잡았는데"(느 4:17). 즉, 그들은 일과 전쟁을 함께 수행했다. 이같이 늘 준비되어 있는 삶이야말로 하나님이 인도하는 대로 살아가는 사람들의 일상이 되어야 한다. 느헤미야가 이끈 팀과 같이 사전에 대비하고 있어야 한다.

느헤미야가 기도로 하나님께 의존하는 믿음과, 실천적이며 현실적인 행동을 조화시킨 것은 모든 리더의 모범이 된다. 원수의 공격 앞에서 그가 짜낸 지혜들을 생각해 보라(4장 참고). 느헤미야는 공격의 성격을 파악하고 기도한 뒤 백성들이 "온 마음을 다하여" 역사하도록 동기를 부여하였으며 위협에 대항하여 방어책을 세웠고 그들의 의견을 수렴하고 그 프로젝트에서 가장 공격받기 쉬운 부분들을 보호하기 위해 전략을 조정했다(참고, 느 4:6). 또한 백성들에게 "지극히 크시고 두려우신" 하나님의 성품을 상기시킴으로써 자신감을 키워주고 방어 무기로 무장시켰다(느 4:14).

그는 모든 영역에 필수 자원이 신속하게 분배되도록 각 분야의 원활한 의사소통을 위해 경보체계를 설치했으며, 이스라엘 백성들의 일치와 결속을 도모했다. 그는 방어와 건설 현장을 진두지휘함으로써 백성들을 감동시켰다. 그의 리더십은 조화와 균형을 갖춘 완벽한 것이었다. 전략들도 영적인 것과 실제적인 것을 모두 고려해서 세웠다.

느헤미야의 삶으로부터 배우게 되는 교훈 중 한 가지는 끊임없는 대적들의 반대에도 주의를 빼앗기지 않고 언제나 우선순위를 지켰다는 것이다. 문제의 뒤를 쫓아다니는 것이 아니라 거리를 두고 관망하는 자세를 고수했고 어떤 경우에는 대적들이 먼저 토론하자고 느헤미야를 초청했지만 다음과 같이 반응했다. "내가 곧 저희에게 사자들을 보내어 이르기를 내가 이제 큰 역사를 하니 내려가지 못하겠노라 어찌하여 역사를 떠나 정지하게 하고 너희에게로 내려가겠느냐 하매 저희가 네 번이나 이같이 내게 보내되 나는 여전히 대답하였더니"(느 6:3-4). 일을 진척시키기 위해 저항적인 행동을 취하기는 했으나, 결코 원수가 그의 계획 일정과 우선순위에 결정적 영향을 끼치도록 허용하지는 않았다. 오직 하나님이 인도하신 계획을 완수하는 데 최선을 다했고 주의를 다른 곳으로 돌리지 않았으며 백성들에게도 이같이 가르쳤다.

전투중에는 쉽게 초점을 잃어버릴 수 있다. 느헤미야는 이 점을 간파했기 때문에 이렇게 말했다. "너희는 저희를 두려워 말고 지극히 크시고 두려우신 주를 기억하고"(느 4:14). 우리에게 싸움을 걸어오는 원수들과 그 군대들을 제대로 파악하는 것도 유익하겠지만 먼저 하나님을 알고 그분이 우리에게 허락하시는 거룩한 자원들을 아는 것이 훨씬 더 가치 있다.

바울은 "만일 하나님이 우리를 위하시면 누가 우리를 대적하리요"라고 했다(롬 8:31). 그렇다. 사단이 아무리 강할지라도 유한한 피조물이며 패배자에 불과하다. 예수님은 생명을 버리심으로 원수를 정복하셨다. "정사와 권세를 벗어버려 밝히 드러내시고 십자가로 승리하셨느니라"(골 2:15). 어둠의 세력이 무한하신 창조주를 대항해 보았자 아무 승산이 없다. 하나님께 맞설 수 있는 원수는 없고 그분을 가로막을 수 있는 장애물도 없다. 그렇기에 당신도 어둠의 세력을 이길 수 있는 것이다. 왜냐하면 "너희 안에 계신 이가 세상에 있는 이보다" 더 크시기 때문이다(요일 4:4).

우리가 하나님께 대한 확신과 은혜 가운데 거하며 원수에게 위협받지 않고 살 수 있는 것은 하나님의 궁극적인 승리를 확신하기 때문이다. 리더는 역경에서도 괴롭다고 한탄하지 말고 오히려 기뻐해야 한다. 하나님으로 인해 어떠한 어려움과 장애물도 넉넉히 직면할 수 있기 때문이다.

하나님이 주신 비전이 실현되는 것을 보기 위해 전투에 임하고 있는 사람만이 확신 있는 찬양을 할 수 있다(시 149:6). 다윗은 이렇게 노래했다. "주는 나의 도움이 되셨음이라 내가 주의 날개 그늘에서 즐거이 부르리이다 나의 영혼이 주를 가까이 따르니 주의 오른손이 나를 붙드시거니와"(시 63:7-8), "나는 주의 힘을 노래하며 아침에 주의 인자하심을 높이 부르오리니 주는 나의 산성이시며 나의 환난날에 피난처심이니이다 나의 힘이시여 내가 주께 찬송하오리니 하나님은 나의 산성이시며 나를 긍휼히 여기시는 하나님이심이니이다"(시 59:16-17).

우리는 최후 승리를 기대하면서 사도 요한이 작사하고 헨델이 작곡하여 유명해진 다음의 노래를 수많은 사람들과 함께 부를 수 있다. "할렐루야 주 우리 하나님 곧 전능하신 이가 통치하시도다 … 세상 나라가 우리 주와 그 그리스도의 나라가 되어 그가 세세토록 왕노릇 하시리로다"(계 19:6, 11:15). 할렐루야!

>>> 종의 신분을 견지하라

느헤미야가 전투에서 이긴 비결 중 한 가지는 스스로를 종으로 생각했다는 점이다(느 1:6,11, 2:5, 20). 진정한 리더는 종된 신분을 깨달아야 한다. 이것이 전투에서 최후의 승리를 얻는 방법이다. 즉, 권리포기를 배우고, 다양성을 받아들이며, 베푸는 삶을 실천함으로 승리에 이르는 것이다.

1) 권리 포기

종의 정신은 권리포기를 배우는 것에서 시작된다. 오늘날 사람들은 자신의 권리는 주장하면서 책임은 회피한다. "우리 스스로가 책임져야 한다!"라는 플래카드를 들고 거리를 행진하며 항의하는 사람들을 본 적이 있는가? 사람들은 언제나 주는 것보다 받는 것에 더 관심을 갖는다. 이것은 리더들의 삶의 방식이 아니다. 리더는 오히려 종된 자로서 섬기며 살아야 한다.

이것은 책임을 회피하지 않고 받아들이는 것을 의미한다. 권리와 특권을 집요하게 붙들지 말고 섬기기 위해서는 이것들을 과감히 포기해야 한다. 우리의 초점은 얻는 것이 아니라 주는 것이다.

2) 다양성을 수용

바울은 자신이 지도하던 젊은 리더 디도에게 서신을 보냈다. 그는 서신에서 리더의 자질에 관해 교훈했다. 간략한 구절이긴 하지만 깊이 묵상할 필요가 있는 지혜의 말씀이다. 디도서 1장 6절에서 8절까지 바울은 "책망할 것이 없고"라는 말을 반복해서 썼다. 이 말은 리더가 추구해야 할 성실함(정직, 고결함)의 높은 표준을 말한다. 바울은 세 가지 영역에서 탁월함이 증명되어야 한다고 말했다.

- 가족 관계에서(딛 1:6).
- 인격에서(딛 1:7-8).
- 기술과 능력에서(딛 1:9).

그 중에 바울이 가장 많이 주의를 기울이고 있는 부분은 성품이다. 바울은 먼저 리더가 해서는 안 될 다섯 가지 명령을 하고, 이어서 리더가 행해야 될 여섯 가지 명령을 하고 있다. 만약 누군가 당신에게 그러한 목록을 작성하도록 부탁한다면 당신은 어떤 요소들을 포함시키겠는가? 만약 당신이 모든 리더들을 위해 열두 가지 이내의 보편적 지침이 담긴 목록을 만든다면 어떤 사항들을 올리기 원하는가? 우리는 세계 여러 곳을 다니며 세미나에서 사람들에게 이와 같이 질문했다. 그리고 그들이 만든 목록이 바울이 언급한 것들과 너무나 다른 데에 깜짝 놀랐다. 바울의 목록들을 숙고해 보자.

- **리더들이 해서는 안 될 다섯 가지 목록**(딛 1:7)
    - 위압적인 태도
    - 화를 잘 냄
    - 술취함
    - 폭력
    - 더러운 이를 탐함

- **리더들이 해야 될 여섯 가지 목록**(딛 1:8)
    - 나그네 대접
    - 선을 좋아함
    - 근신
    - 의로움
    - 거룩함
    - 절제

리더의 자격 조건 첫 번째에 "나그네 대접"이라는 사항이 있다는 것이 얼마나 놀라운가. 대부분의 사람들이 이 점을 그렇게 심각한 리더의 자질로 생각지 않을 것이다. 그런데 왜 바울은 그렇게 생각했을까? 이 말은 리더가 단순히 손님에게 차와 음식을 대접하는 법에 대해 알고 있어야 된다는 뜻인가? 그렇지 않으면 또 다른 의미가 있는 것일까?

Hospitable(호의적인, 손님 접대 잘하는, 극진한)의 헬라어는 "philoxenos"(필로세노스)로서 나그네/외국인을 두려워한다는 의미를 가진 "xenophobia"(세노포비아)의 반대어다. 복합어인 "필로세노스"의 문자적인 의미는 "나그네/외국인을 사랑하는"의 뜻이다. 이것은 사람이 외부 방문자들에게 친절하게 대접하고 그들을 자신의 삶과 가정에 영접한다는 의미다. 그러나 그 단어에는 정중한 환영과 친절한 영접 이외에 더 큰 의미가 있다. 나그네에게 사랑을 나타내기 위해서는 다양성을 기꺼이 수용하는 자세가 필요하다.

많은 사람들은 같은 인종 또는 자기들과 비슷한 배경과 취향, 공통된 문화, 비슷한 기호를 가진 사람들에게 편안함을 느낀다. 다르다는 것은 불쾌하고, 다양성은 거리낌이 될 수 있다. 그러나 단지 자기 자신과 비슷한 것만을 받아들이는 사람은 피상적이고 편협할 수 있다.

하나님은 다양성을 사랑하신다. 그가 지으신 세계를 생각해 보라. 피상적이고 무디며 단조로운 것은 아무것도 없다. 하나님은 얼마든지 흑백의 세계를 만들 수 있었겠지만 이 세계를 상상할 수 있는 모든 빛깔과 색으로 아름답게 채우셨다.

하나님은 한 종류의 꽃과 나무가 아니라 수천 수만의 다양한 식물들로 지구를 풍요롭게 꾸며 주셨다. 다른 신에게는 한 가지 동물만으로도 충분했을지 모르지만 하나님은 헤아릴 수 없이 많은 포유류, 조류, 어류, 양서

류, 파충류, 곤충 등을 지으시고 그들 안에 창조의 흔적을 남겨 두셨다. 독특한 모양의 눈송이들, 어린 아기들의 해맑은 미소는 하나님이 개성 없이 대량 생산하시는 분이 아니라는 사실을 증거해 준다. 훌륭한 예술성과 다양성으로 온 땅을 가득 채우셨다.

마찬가지로 진정한 리더라면 다양성을 사랑한다. 다양함에 따르는 불편을 체념하는 심정으로 견디는 것이 아니라 적극적으로 다양성을 받아들이며 다른 의견, 독특한 은사, 다양한 개성, 새로운 제안, 다른 배경을 지닌 사람들을 환영하는 것이다. 이것이야말로 리더들이 보여줄 수 있는 최선의 나그네 대접(hospitality)이다.

그러므로 리더들은 무조건 자신의 의견에 찬성만 하는 사람들에게 둘러싸여 있어서는 안 된다. 오히려 주변에 있는 이들의 은사들을 분별하고, 자신의 약점을 보완할 수 있는 사람들을 팀 안에 받아들여야 한다. '고분고분 복종만 하는' 사람이 아니라 상호보완적인 방법으로 행동할 수 있는 팀원들과 함께 일해야 한다. 리더들은 다양함을 사랑하기 때문에 팀원들 안에 다양한 은사들을 발견하고 개발하며, 팀원 한 사람 한 사람이 깊이 헌신하도록 적극적으로 기회를 만들어 준다. 이렇게 하면 팀 안에 막대한 힘과 활력이 생겨날 것이다.

3) 우수함(탁월함)을 추구

바울이 리더들에게 "나그네와 외국인을 사랑하는"(hospitable: philoxenos) 사람이 되고, 다양함을 받아들이라고 촉구한 것은 그런 점이 그의 마음에 큰 비중을 차지했기 때문일 것이다. 계속해서 바울은 디도에게 리더로서 열심으로 행해야 된다고 교훈한다.

리더들은 "philagathos(필라가소스)", 즉 선한 것을 사랑하는 자들이 되어야 한다. 선한 삶이란 흔히 말하는 물질주의적인 삶을 의미하는 것이 아니라, 모든 면에서 고상한 삶을 의미한다. 그들은 다양한 차원에서 탁월함을 사랑하고 추구해야 한다. 성경은 이렇게 말씀한다. "무엇에든지 참되며 무엇에든지 경건하며 무엇에든지 옳으며 무엇에든지 정결하며 무엇에든지 사랑할 만하며 무엇에든지 칭찬할 만하며 무슨 덕이 있든지 무슨 기림이 있든지"(빌 4:8). 리더들은 이런 것들을 열심히 추구하며 늘 염두에 두고 행동을 결정해야 한다.

하나님은 선하고 탁월한 것을 사랑하시며 뛰어난 일을 행하는 분이시다. 그가 창조하신 모든 것은 보시기에 매우 좋았다(창 1:31). 하나님은 자신의 모든 작품들을 놀라운 배려와 우아함으로 완성하신 최고의 장인이다. 하늘의 많은 무리가 "주 하나님 곧 전능하신이시여 하시는 일이 크고 기이하시도다 만국의 왕이시여 주의 길이 의롭고 참되시도다"라고 노래했다(계 15:3). 사람들은 예수님이 행하신 일에 대해 "그가 다 잘하였도다"라며 감탄했다(막 7:37).

탁월함은 주님의 영원한 특성이다. 그러므로 하나님은 우리에게 "잘하였도다 착하고 충성된 종아"라고 말씀하고 싶어하신다(마 25:21, 23). 왜냐하면 "우리는 그의 만드신 바라 그리스도 예수 안에서 선한 일을 위하여 지으심을 받은 자"이기 때문이다(엡 2:10).

그러므로 리더는 탁월함을 추구하여 성실한 태도로 일해야 하고, 그가 수행한 사역의 질도 증명되어야 한다(고전 3:13). 개개인들의 행동과 조직 전체의 노력 모두 탁월함을 표준으로 삼아야 우수한 조직이 된다. 조직 구성원의 동기가 급여가 아닌 숭고한 사명감이 될 때만 목적을 달성할 수 있다. 바울은 그의 동료들에게 다음과 같이 격려하였다. "무슨 일을 하든지 마음을 다하여 주께 하듯 하고 사람에게 하듯 하지 말라 이는 유업의 상을 주께 받을 줄 앎이니 너희는 주 그리스도를 섬기느니라"(골 3:23-24).

어떻게 일터에서 그러한 탁월함이 배양될 수 있을까? 바울은 이에 대해 "내가 또한 제일 좋은(탁월한) 길을 너희에게 보이리라"고 말문을 연 후에 사랑의 길에 대해 소개했다(고전 12:31). 리더는 팀원들 상호간에 사랑이 가치의 기준이 되는 환경을 조성해야 한다. 사랑은 연약한 감상주의나 비현실적 이상이 아니라 공동체의 탁월성을 극대화하기 위한 필수 조건이다. 사랑에 대한 바울의 정의를 보면 이 점이 더욱 분명해진다.

> "사랑은 오래 참고 사랑은 온유하며 투기하는 자가 되지 아니하며
> 사랑은 자랑하지 아니하며 교만하지 아니하며
> 무례히 행치 아니하며 자기의 유익을 구치 아니하며
> 성내지 아니하며 악한 것을 생각지 아니하며
> 불의를 기뻐하지 아니하며 진리와 함께 기뻐하고
> 모든 것을 참으며 모든 것을 믿으며
> 모든 것을 바라며 모든 것을 견디느니라
> 사랑은 언제까지든지 떨어지지 아니하나
> 예언도 폐하고 방언도 그치고 지식도 폐하리라"(고전 13:4-8).

최고의 행위는 사랑으로 표현된다. 사랑으로 지도하며 또 팀 안에 사랑의 분위기를 조성해주는 리더들은 모든 팀원들의 탁월함을 이끌어 낼 것이다.

4) 관용(후하게 베푸는 삶)을 실천

권리를 포기하고, 다양함을 수용하고, 탁월함을 추구하는 리더는 아울러 관용을 실천해야 한다. 리더란 계속 주어야 하는 종의 역할이다. 시간과 자원과 전문지식, 그리고 당신 자신까지 주어야 한다. 주고 싶은 마음이 들지 않아도 계속 주어야 한다. 넉넉하게 베푸는 삶이 진정한 리더의 삶이다.

하나님은 최고의 리더이며, 가장 후하게 모든 것을 주시는 분이다. "자기 아들을 아끼지 아니하시고 우리 모든 사람을 위하여 내어 주신 이가 어찌 그 아들과 함께 모든 것을 우리에게 은사로 주지 아니하시겠느뇨"(롬 8:32). 주는 것이야말로 진정한 종의 정신이다. 그러므로 리더는 "믿음과 말과 지식과 모든 간절함과 우리를 사랑하는 이 모든 일에 풍성한 것같이 이 은혜(베풂)에도 풍성하게 할지니라"(고후 8:7).

>>> 숲과 나무를 함께 보라

어떤 사람들은 나무만 보느라 숲을 보지 못하고 어떤 사람들은 숲의 큰 그림만을 보고 나무 하나하나에는 주의를 기울이지 않는다. 또 두 극단 사이에 현실을 바라보는 다양한 방법들이 존재한다. 각 사람마다 하나님이 주신 은사와 개성에 따라 독특한 관점이 있어서 이것은 마치 모든 사람이 제각각 다른 안경을 끼고 있는 것과 같다. 어떤 사람은 확대경을 끼고서 큰 그림을 보는가 하면 어떤 사람은 현미경처럼 세부적인 것만을 보는 경향이 있다. 그러나 당신이 본래 가지고 있는 안경과 함께 다른 종류의 안경들을 착용하는 법을 배울 수 있다.

리더는 필요에 따라 확대경과 현미경 두 가지 모두를 사용하여 바라보는 능력을 키워야 한다. 프로젝트의 큰 그림뿐만 아니라 중요한 세부사항을 잘 보아야 한다는 의미다. 만약 리더가 큰 그림을 보지 못하면 팀 전체가 행로에서 벗어나 방향을 잃게 될 수 있다.

리더는 팀 전체가 큰 그림을 놓치지 않도록 늘 상기시켜야 하며 동시에 중요한 세부사항에도 주의를 기울여야 한다. 예를 들면, 전체 계획이나 진행 과정을 위태롭게 할 수 있는 것들, 팀의 사기에 영향을 미치거나 연합을 깨뜨릴 수 있는 것들, 팀의 가치관과 도덕성을 타협하게 만들 수 있는 것들에 주의해야 한다.

그러나 리더가 지나치게 세부사항에 몰두하면 적절하지 못한 관리와 근시안적 편견으로 중요한 전략을 보지 못할 수도 있다. 반면에 세부사항에 대한 무관심은 현실로부터의 괴리감과 단절을 초래함으로써 팀의 역동성과 종합적 목표 달성 모두를 가로막게 된다.

균형 잡힌 관점을 갖기 위해 리더들은 자신의 약한 부분을 보완할 수 있는 사람들을 곁에 두어야 한다. 다른 관점을 지닌 사람들의 전문가적인 지식을 이끌어 내어 숲과 나무를 전부 볼 수 있는 관점을 유지해야 한다. 그런 면에서 팀의 연합과 원활한 의사 소통이 필요하다.

리더는 중요한 일들을 전담한다. 가장 중요한 일들은 시급한 일이 아니라 최대의 주의를 기울여야 하는 일이다. 예수님은 그 당시 종교 리더들이 진짜 중요한 문제에는 초점을 맞추지 않고 사소한 것들에 집중하고 있는 것을 신랄하게 책망하셨다. "화 있을진저 외식하는 서기관들과 바리새인들이여 너희가 박하와 회향과 근채의 십일조를 드리되 율법의 더 중한 바 의와 인과 신은 버렸도다 그러나 이것도 행하고 저것도 버리지 말아야 할지니라"(마 23:23).

리더는 중요한 것들에 관심을 기울이는 동시에 "포도원을 허는 작은 여우"를 조심해야 한다(아 2:15). '작아 보이는' 문제들이 시간이 지나면서 결코 작은 문제가 아닌 경우도 있다. 그 "작은 여우"를 제때에 잡지 못하면 전체 수확이 망쳐지기도 하고 적은 누룩이 반죽 전체를 부풀리는 것처럼 파급 효과가 클 수도 있다.

제방(둑)에 뚫린 작은 구멍은 결코 작은 문제가 아니다. 즉시 모든 수단을 동원하여 그 구멍을 막고 그 문제에 대한 영구적인 해결책을 강구해야 한다. 이런 경우에는 긴급한(urgent) 사항이 중요한(important) 문제가 되므로 그것을 긴급하게 처리하는 것이 중요하다.

작아 보이는 문제가 정말 '작고 사소한' 문제인지 아니면 제방에 생긴 구멍인지 분별하는 법은 그 문제의 장기적 파급 효과를 살피는 것이다. 만약 작은 문제가 계속 커진다면 팀과 프로젝트와 조직과 비전에 어떤 일이 일어나겠는가? 만약 오랜 시간이 경과되어도 별로 큰 영향을 미치지 않는다면 그것은 정말로 작은 문제이고 신경쓰지 않아도 된다. 그러나 만약 그것이 하나님이 주신 비전을 파괴하거나 하나님이 인도하신 계획을 좌절시키거나 하나님이 동기부여하신 활동을 쓸모 없게 만들 여지가 있다면 그것은 더 이상 작은 문제가 아니며 적절한 대응이 필요하다.

별로 표면에 드러나지 않는 작은 문제가 심각한 결과를 초래하는 경우, 이것은 오직 "우리가 더욱 간절히" 삼가고(히 2:1), 날마다 하나님을 구하며, 하나님이 주신 비전에 정확하게 목표를 맞춤으로써 피해갈 수 있다. 하나님은 통찰력과 민감함으로 상황을 관찰하고 장기적인 영향력을 파악하여 문제들을 미연에 방지할 수 있도록 인도해 주신다.

리더가 숲과 나무를 함께 보는 균형잡힌 관점을 가지는 것, 즉 작은 여우를 무시하지 않으면서도 주요한 문제들을 적절하게 다루는 것은 '시소의 원리'라고 볼 수 있다. 시소는 어린이들이 균형 감각을 배우게 되는 놀이기구다. 리더도 균형 감각을 연마해서 조직의 전체적인 방향 감각을 가져야 한다. 만약 조직원 모두가 시소처럼 한쪽으로 치우치려 하면 리더는 그 반대편으로 힘을 실어 주어야 한다. 그래야 팀에 균형이 잡히고 올바른 길로 나아가게 된다.

눈 쌓인 도로를 운전하다 보면 때때로 차선에서 미끄러지는 경우가 있다. 조심성 있는 운전자는 회전하는 차를 바로잡아서 정상 궤도로 안전하게 이끌어 내는 법을 안다. 프로젝트를 민감하게 이끌어 가는 리더는 중간중간에 코스를 재조정하며 프로젝트가 길을 잃어버리지 않도록 조심한다. 안전하게 최후 목적지에 도달하면 팀원들과 함께 사명을 완수한 것을 축하하며 기뻐하게 될 것이다.

14

목표 달성-사명의 완수

우리는 종합적인 목표, 즉 목적에 도달한다. 그러면 우리의 사명이 완수되었다고 말할 수 있을 것이다. 정말로 그러한가? 그 동안 이 책에 소개된 계획 수립 과정을 통해 수많은 프로젝트들이 성공적으로 수행되었음을 우리는 잘 알고 있다. 수천 명의 인원이 참여한 수십억 달러의 프로젝트, 예를 들어, 우주선에 사람을 태우고 달에 착륙했다가 귀환하는 프로젝트가 이 계획 수립 과정에 의해 진행되었다. 또한 이와 유사한 방법들이 교회, 종합대학, 교과 과정, 산업, 선교 기지, 열방의 제자화 등의 계획 수립에 활용되었다.

이처럼 지도자 계획 수립을 위한 5단계 과정이 종합적인 목표 달성을 위해 신뢰할 만한 지침을 제공해 주는 것이 사실이다. 그러나 계획을 잘 세우는 것만으로는 충분치 않다. 아무리 좋은 계획이라도 하나님이 주신 비전에 근거하지 않거나 하나님이 동기부여하신 행동을 통해 이행되지 않는다면 위험할 수 있다.

비록 이 책을 쓰는 우리의 바람대로 사람들이 '리더로서 팀을 잘 지도할 수 있는 방법'들을 제공받는다 해도, 제2부에 있는 계획 수립 방법이 성경적인 진리에서 멀어진다면 이는 분명 부정적인 결과를 초래하게 될 것이다. 그러므로 그리스도인 리더들은 모든 프로젝트마다 하나님이 주신 비전으로부터 시작해서 하나님이 인도하신 계획 수립과 하나님이 동기부여하신 행동으로 이어져야 함을 각별히 명심하지 않으면 안 된다. 그렇게 할 때 하나님을 영화롭게 하는 과업 완수가 이루어질 것이다. 매 단계마다 하나님의 영감과 지혜로 보호와 인도를 받고, 그의 능력과 은혜가 함께하실 때 비로소 프로젝트는 완성된다.

하나님은 우리를 하나님과 함께 공동 창조자로 부르셨다. 이 세계를 지으신 창조주와 함께 프로젝트의 실습생이 된다는 것을 상상해 보라! 그러한 프로젝트는 틀림없이 하나님께 영광을 올리게 된다. 제3부를 마감하면서, 변화하며 변화시키는 리더가 되는 것, 승리를 얻는 것, 하나님께 영광을 돌리는 것의 중요성에 대해 간략하게 다루기로 하자.

>>> 변화하며 변화시키라

20세기 초반에 아브라함 카이퍼는 네덜란드 수상으로서 나라를 변화시켜 하나님께 영광을 돌린 리더가 되었다. 「영광스러운 그리스도인들의 유업」(The Crown of Christian Heritage)이라는 책에서 카이퍼는 "성경과 창조 세계가 증언하는 주님의 법들을 국민의 양심에 새김으로써 온 국민이 다시금 하나님을 경외하도록 만들려는 열정으로 살았다"고 한다. 그는 예수 그리스도의 능력으로 확신있게 나라를 다스리고자 했다. 카이퍼는 다음과 같이 기록했다.

"하나님과의 가깝고 친밀한 교제는 충만하고 활기찬 삶 속에서 드러나야 한다. 그것은 우리의 감정, 지각, 감각, 사고, 상상력, 의지, 행동 말 속에 배어들어야 하고 영향을 미쳐야 한다. 그것은 우리의 삶에 낯선 요소가 아니라 언제나 우리의 전인격을 관통하는 열정이 되어야 한다."

카이퍼와 같이 수많은 사람들이 하나님과의 친밀한 교제를 통해 하나님의 비전을 받아들이고 하나님이 인도하신 계획을 하나님의 방법대로 이행함으로써 자신이 속한 세계를 변화시켰다. 그들은 자신의 삶을 하나님이 기뻐하시는 거룩한 산 제사로 드렸으며 세상적인 삶의 방식을 거부했다. 그들은 생각(mind)을 새롭게 함으로 변화를 받았다. 그리하여 하나님의 뜻에 따라 행할 수 있었다(롬 12:1-2). 그들은 자신이 변화됨으로써 세계를 변화시키는 리더가 된 것이다.

리더 컨퍼런스(leadership conference)에서 탐 블루머 박사(국제 열방대학 교무처장)는 1978년에 제임스 맥그리거 번스(James MacGregor Burns)가 리더십에 관하여 쓴 저서를 인용하여 '변화시키는 리더십'에 대하여 역설하였다. 탐 블루머는 변화시키는 리더로서 예수님이 우리의 이상적인 모델임을 제시하면서 '변화시키는 리더십(transformational leadership)의 유형'과 '거래계약적인 리더십(transactional leadership)의 유형'을 비교했다. 예수님은 인간의 구원을 위해 자신의 생명을 바친 리더였으나 사단은 계약적이다. 오직 자신에게 철저히 복종하면 그 대가로서 애매모호한 약속만을 줄 뿐이다.

변화시키는 리더가 이끄는 단체나 팀은 '항상 비전을 바라보며, 창조적이고 적극적인 자세'로 다양함을 받아들이고, 일치를 이루고, 의사소통이 원활하며, 팀원들이 서로 조화롭고 역동적인 작업 환경을 이룬 반면에 거래 계약적인 리더가 이끄는 단체는 '계층적이며, 권위주의적이고, 조종하는 형태'가 되어 구획과 부서가 서로 나뉘며, 많은 규칙들에 의해 통제를 받고, 충성심을 진리보다 우위에 두며, 주요한 결정들은 일방적으로 통보되어 파벌을 형성하고 토의 과정도 거치지 않는다. 모든 정보는 소수의 리더들이 쥐며, 그룹 구성원들 사이에는 오직 질투와 경쟁만이 팽배할 뿐이다.

모든 그리스도인 리더들은 거래계약적인 리더가 되지 않도록 늘 경계해야 된다. 예수께서 제자들을 불러모으시고 이 두 가지 유형의 리더십에 대하여 설명하셨다. "이방인의 집권자들이 저희를 임의로 주관하고 그 대인들이 저희에게 권세를 부리는 줄을 너희가 알거니와 너희 중에는 그렇지 아니하니 너희 중에 누구든지 크고자 하는 자는 너희를 섬기는 자가 되고 너희 중에 누구든지 으뜸이 되고자 하는 자는 너희 종이 되어야 하리라 인자가 온 것은 섬김을 받으려 함이 아니라 도리어 섬기려 하고 자기 목숨을 많은 사람의 대속물로 주려 함이니라"(마 20:25-28).

그리스도인 리더는 지도함으로 섬기는 것이 아니라 섬김으로 지도하는 사명을 받았다. 바울은 다음과 같이 말했다. "우리가 다 수건을 벗은 얼굴로 거울을 보는 것같이 주의 영광을 보매 저와 같은 형상으로 화하여 영광으로 영광에 이르니 곧 주의 영으로 말미암음이니라"(고후 3:18). 우리가 구할 때 예수님은 그의 형상으로 우리를 변화시켜 주신다.

>>> 승리를 쟁취하라

제2차 세계대전 동안 영국 수상이었던 윈스턴 처칠은 전쟁이 가장 치열하고 비관적인 때에 다음과 같은 고무적이고 감동적인 연설을 했다.

> 우리는 어떠한 대가를 지불하더라도 이 섬나라를 방어할
> 것입니다. 우리는 해안에서, 들판에서, 거리에서, 고지에서
> 싸울 것이며 결코 항복하지 않을 것입니다.
> 이 섬이 정복되어 굶주리는 한이 있더라도
> 우리의 제국은 싸움을 멈추지 않을 것입니다.
> 때가 되어 하나님이 모든 능력과 권능으로 대영 제국을
> 구원하고 해방시켜 주실 때까지 우리의 투쟁은 계속될 것입니다.

처칠은 영국이 전쟁을 계속하기로 결정했음을 모든 국민들에게 알렸고 그의 확신에 찬 모습은 국민들에게 영국이 궁극적으로 승리할 수 있다는 희망과 확신을 주었다. 수많은 용맹한 사람들이 그 약속된 승리를 목격하지 못했지만 전쟁에 가담했다.

바울은 그의 노년에 다음과 같이 위대한 승리의 고백을 했다. "내가 선한 싸움을 싸우고 나의 달려갈 길을 마치고 믿음을 지켰으니 이제 후로는 나를 위하여 의의 면류관이 예비되었으므로 주 곧 의로우신 재판장이 그 날에 내게 주실 것이니 내게만 아니라 주의 나타나심을 사모하는 모든 자에게니라"(딤후 4:7-8).

히브리서의 믿음장은 이렇게 강조한다. "믿음이 없이는 기쁘시게 못하나니 하나님께 나아가는 자는 반드시 그가 계신 것과 또한 그가 자기를 찾는 자들에게 상 주시는 이심을 믿어야 할지니라 믿음으로 노아는 아직 보지 못하는 일에 경고하심을 받아 경외함으로 방주를 예비하여 그 집을 구원하였으니 이로 말미암아 세상을 정죄하고 믿음을 좇는 의의 후사가 되었느니라"(히 11:6-7).

계속해서 성경 기록자는 아브라함, 이삭, 야곱, 요셉, 모세, 라합 등이 보인 믿음에 관해 다음과 같이 기록하고 있다.

> "내가 무슨 말을 더 하리요 기드온, 바락, 삼손, 입다와 다윗과 사무엘과 및 선지자들의 일을 말하려면 내게 시간이 부족하리로다 저희가 믿음으로 나라들을 이기기도 하며 의를 행하기도 하며 약속을 받기도 하며 사자들의 입을 막기도 하며 불의 세력을 멸하기도 하며 칼날을 피하기도 하며 연약한 가운데서 강하게 되기도 하며 전쟁에 용맹되어 이방 사람들의 진을 물리치기도 하며 여자들은 자기의 죽은 자를 부활로 받기도 하며 또 어떤 이들은 더 좋은 부활을 얻고자 하여 악형을 받되 구차히 면하지 아니하였으며 또 어떤 이들은 희롱과 채찍질뿐 아니라 결박과 옥에 갇히는 시험도 받았으며 돌로 치는 것과 톱으로 켜는 것과 시험과 칼에 죽는 것을 당하고 양과 염소의 가죽을 입고 유리하여 궁핍과 환난과 학대를 받았으니 (이런 사람은 세상이 감당치 못하도다) 저희가 광야와 산중과 암혈과 토굴에 유리하였느니라 이 사람들이 다 믿음으로 말미암아 증거를 받았으나 약속을 받지 못하였으니 이는 하나님이 우리를 위하여 더 좋은 것을 예비하셨은즉 우리가 아니면 저희로 온전함을 이루지 못하게 하려 하심이니라" (히 11: 32-40).

옛 성도들은 이러한 믿음으로 땅 위의 승리를 얻었다. 그러나 최후의 궁극적인 승리는 오직 창조주 하나님과 함께하는 영원한 삶에서 완성될 것이다. 이것은 하나님이 동기부여하신 프로젝트가 완성되기 전에 주님 곁으로 가는 모든 사람들에게도 동일한 진리다. 프로젝트의 목표가 달성되고 사명이 끝나 승리를 축하한다 해도 완전한 것은 아니다. 그들의 상급은 후에 하나님께로부터 직접 받게 될 것이다.

>>> 하나님께 영광을 돌리라

예수님은 십자가에 못 박히시기 전에 하늘을 우러러 보시며 하나님 아버지께 짧게 기도하셨다. "아버지께서 내게 하라고 주신 일을 내가 이루어 아버지를 이 세상에서 영화롭게 하였사오니" (요 17:4).

목표에 도달하고 과업이 완수되었다고 말할 때, 우리는 걷잡을 수 없는 기쁨과 감격을 느낀다. 프로젝트가 매 단계마다 하나님의 관여와 지도에 의해 완성되었기에 오직 영광은 하나님께 돌아가야 한다. 예수님은 이렇게 말씀하셨다. "너희가 내 안에 거하고 내 말이 너희 안에 거하면 무엇이든지 원하는 대로 구하라 그리하면 이루리라 너희가 과실을 많이 맺으면 내 아버지께서 영광을 받으실 것이요 너희가 내 제자가 되리라" (요 15:7-8).

이 책의 서두에서 우리는 동역의 기회를 주신 하나님께 감사했었다. 이제 이 책의 끝 부분에도 역시 하나님께 영광을 돌리며 감사의 말로 맺음이 바람직할 것이다. 우리는 지극히 인격적이시고 무한하신 하나님께, 그리고 2천 년 전에 진정한 리더이신 예수 그리스도를 통하여 삶을 바꾸며 세계를 변화시키는 놀라운 프로젝트를 시작하신 하나님께 존귀와 영광과 찬양과 감사를 드린다. 또한 여러 세대에 걸쳐 오랫동안 인류의 삶을 변화시키는 아버지와 아들과 성령 하나님께 깊은 감사를 드린다.

우리는 이 책을 읽는 모든 사람들이 그들이 속한 세계를 변화시키고 하나님께 존귀와 영광을 돌리기 위해 하나님과 동역하는 용기 있는 리더들이 되기를 진심으로 기도한다.

참고도서 및 추천도서

Carey, Christ and Cultural Transformation. The Life and Influence of William Carey; by Ruth and Vishal Mangalwadi: OM Publishing, 1997.

Leadership is an Art, by Max De Pree, Dell Publishers, 1989. 「리더십은 예술이다」

Lend Me Your Ears; Great Speeches in History; Selected by William Saffire; N. W. Norton, Inc. Publisher, N.Y., London, 1992.

The Crown of Christian Heritage; Abraham Kuyper's famous L. T. Stone lectures at Princeton University. Nivedit Good Books, Distributor, Pvt. LTD Publisher, India, 1994. It contains an execellent introduction by Vishal Mangalwadi about Kuyper's life.

Lincoln at Gettysburg-The Words That Remade America; by Gary Wells, Simon and Shuster Pub. 1992.

How the Irish Saved Western Civilization; by Thomas Cahill; Anchor Books, Doubleday Pub. 1995. Includes the prayer known as "St. Patrick's Breastplate."

Great Souls-Six Who Changed the Century, by David Aikman, former Senior Correspondent for *Time* Magazine; Word Publishing, 1998; contains outstanding biographical information including Aleksandr Soltzhenitsyn and Mother Teresa.

Dimensions for Living; great prayers including the Prayer of Saint Francis; Lion Publishing, Nashville, TN, 1998.

Christian Growth Study Bible; New International Version contains the YWAM 30-path Study Guide; Zondervan Publishing House, 1997.

My Utmost for His Highest; Oswald Chambers, published by Barbour and Company, Inc., New Jersey; Copyright by Dodd, Mead & Company Inc. 1935.

Contemporary Black Biography, Vol. 4; B. C. Bigelow Ed.; pub. Gale Research Inc., 1993. Includes a brief biography of George Washington Carver.

Economic Effects of Revival; by Alv Magnus; in Proceedings of the University of the Nations Bi-Annual Leadership Workshop, 1995; Restenas, Sweden. Presents the impact of Hans Hauge ministry which led to transformation of a nation.

A Treasury of the World's Great Speeches; Houston Peterson; Pub. Simon and Schuster, Inc., N. Y. 1954, 1965; includes Sir Winston Churchill's famous speech "This was their finest hour" in June 1940, and the "Blood, Toil, Tears and Sweat" speech to Parliament, May 13, 1940.

The Leader of the Future; F. Hesselbein, M. Goldsmith, R. Beckhard, Editors; The Peter F. Drucker Foundation, N. Y., 1996.

Reflections on Leadership; How Robert K. Greenleaf's Theory of Servant-Leadership Influenced Today's Top Management Thinkers; edited by Larry C. Spears; Pub. John Wiley & Sons, Inc., 1995.

Let the Nations Be Glad! The Supremacy of God in Missions; by John Piper; Pub. by Baker Books, MI, 1973.

Knowing God; by J. I. Packer; printed by InterVarsity Press, Illinois, with permission of Holder and Sloughton, Ltd., England, 1973.

Selling the Dream; by Guy Kawasaki; published by Harper Collins Publishers, NY, 1991.

University of the Nations Catalogue; published by U of N 1999; includes the Foundational Principles.

Transformational Vs Transactional Leadership; by Thomas Bloomer; a talk to an international Leadership Training School in South Africa, 1998, via the GENESIS network.

Management; A Biblical Approach; by Myron Ruth; published by Victor Books, a division of SP Publication, Inc. 1998.

부록 _ 5단계 지도자 계획 양식

지도자 계획-1단계 양식
종합적인 목표 결정하기

프로젝트·프로그램 명칭 :

비전·목적 :

종합적인 목표 :

종합적인 목표 달성에 필요한 시간·목표 일자 :

종합적인 목표 달성으로 완성될 것들 :
그래픽, 도형, 스케치 사용   간결한 문장으로 기술하시오.

지도자 계획-2단계 양식
성취필요항목 아이디어 쓰기

성취필요항목들을 설명하여 기록하기(과업수행의 성과들, 해결책들, 구체적인 예상 결과들, 꼭 바라는 것들)

세부수준				
1	2	3	4	간략하게 기술하기(명사 또는 설명 기법 사용, 동사나 묘사는 안 됨)

지도자 계획-3단계 양식
이정표 세우기

세부수준	시작 이정표들	완성 이정표들
1 2 3	(성취필요항목 시작)	(성취필요항목 완료)

지도자 계획-4단계 양식
주요과업들 확인하기

세부수준	주요 과업들(세부수준 1과 2)과 과업들(세부수준 3과 4) 간략한 묘사
1 2 3 4	3단계에서 개발한 이정표들 사이에 필요한 주요(그리고 선택적인)과업들 묘사 (동사 + 명사를 사용할 것)

지도자 계획-5단계 양식
필요 자원 평가하기

세부수준 1 2 3 4	주요 과업/과업(간략한 묘사) (4단계에서 개발한 것)	책임자	예상 소요 시간 (주간)	예상 소요 비용

옮긴이 소개 *

김모세

고려대학교 법과대학 졸업
한국해외개발공사 근무
장로회신학대학원 M.Div. 졸업
목사 안수 후 소속 교단 총회선교사로 파송됨

1985년, 동부 아프리카 케냐에서 아내 송용은 선교사와 선교 사역을 시작한 이래 아프리카 여러 나라들을 비롯해서 인도, 스위스 등 수십 개국을 다니며 사역해 왔다. 현재 국제 예수전도단(YWAM)의 하와이 열방대학에서 지도위원, 국제관계 디렉터 및 International DTS 책임자로 섬기고 있으며 슬하에는 주선과 주영 두 아들이 있다.

리더십, 사명을 성취하는 힘

지은이	하워드 맘스태드 · 데이비드 해밀턴 · 제임스 할콤
옮긴이	김모세

2003년 12월 10일 1판 1쇄 펴냄
2011년 2월 23일 1판 4쇄 펴냄

펴낸이	이창기
펴낸곳	도서출판 예수전도단
출판 등록	1989년 2월 24일(제2-761호)
주소	경기도 고양시 일산동구 백석2동 1329 성지 밀레니엄리젠시 301호
전화	031-901-9812 · **팩스** 031-901-9851
전자우편	publ@ywam.co.kr
홈페이지	www.ywam.kr
주문	전화 031-908-9987 · 팩스 031-908-9986

ISBN 978-89-5536-152-1

책값은 뒤표지에 있습니다.
잘못된 책은 바꾸어 드립니다.